贵阳市家庭教育指导优秀教学设计选编

贵阳市教育科学研究所◎编

九州出版社

JIUZHOUPRESS

图书在版编目（CIP）数据

贵阳市家庭教育指导优秀教学设计选编 / 贵阳市教育科学研究所编. —北京：九州出版社，2021.12

ISBN 978-7-5225-0754-5

Ⅰ.①贵… Ⅱ.①贵… Ⅲ.①学前儿童—家庭教育—文集 Ⅳ.①G781-53

中国版本图书馆CIP数据核字（2021）第257467号

贵阳市家庭教育指导优秀教学设计选编

作　　者	贵阳市教育科学研究所　编	
责任编辑	陈春玲	
出版发行	九州出版社	
地　　址	北京市西城区阜外大街甲35号（100037）	
发行电话	（010）68992190/3/5/6	
网　　址	www.jiuzhoupress.com	
印　　刷	贵阳佳迅印务有限公司	
开　　本	787毫米×1092毫米　16开	
印　　张	24	
字　　数	362千字	
版　　次	2021年12月第1版	
印　　次	2021年12月第1次印刷	
书　　号	ISBN 978-7-5225-0754-5	
定　　价	88.00元	

编 委 会

主　　编：赵　兵

副 主 编：张海凤　郭　欣

执行主编：厉　飒

编　　委：（按姓氏笔画排序）

厉　飒　田　芳　张海凤　肖　兰　李　越

林　岚　赵　兵　郭　欣　喻　梅　葛晓穗

前　言

2018 年，贵阳市教育局组织出版了《家庭教育知行读本》一书六册，请家庭教育专家孙云晓老师写了序，2021 年修订再版，请教育部关工委李卫红主任又加写了序。三年来，随着"序"的丰厚，贵阳市的家庭教育工作，也逐步得到了肯定和认可。从"摸着石头过河"发展到了贵阳市家庭教育工作体系构建初见雏形和家庭教育指导初见成效。

尤其值得骄傲的是，贵阳市有了一支热爱家庭教育工作、无私奉献的师资队伍。这支队伍像播种机，在新时代乘势而为，把"更好的帮助孩子成长"的种子播撒到了家庭，播撒到了学校，播撒到了社区。三年前，这支队伍在对家长需求进行调研的基础上编写了《家庭教育知行读本》，让家庭教育指导者有了可以借鉴的生动案例，有了对案例的准确分析和科学指导。现在大家放在案头的这本《贵阳市家庭教育指导优秀教学设计选编》，是这支队伍在使用《家庭教育知行读本》进行案例教学法的具体实践，也是他们对家庭教育指导课思考、探索、研究的结果。

教育者经常把孩子比喻成生机勃勃的树木，那么，家庭就是阳光和空气，将始终伴随孩子成长。家庭对孩子的影响是终其一生的，希望通过这本书，能够为家庭教育指导者上好家庭指导课提供参考。希望每一位指导教师都能呈现精彩的家长课堂，让家长们不断掌握科学的家庭教育理念和方法，提供更多温暖的阳光和洁净的空气滋养孩子。今年正值《家庭教育促进法》公布，"家事"变成了"国事"，家庭、学校、社会将履行法定职责，紧密结合，协同育人，希望这本教学设计能在贵阳市乃至贵州省家长学校、家长课堂上发挥积极作用。

参与撰写教学设计的每一位教师都有着这样的美好愿望：愿每一个孩子都健康成长，每一个家庭都幸福美满，我们的社会更加和谐美好！大家正朝着这个愿望不断前行——

贵州省教育关工委常务副主任

贵州省人民政府督学顾问

目 录
CONTENTS

第三篇　初中段

第四篇　高中段

第一篇　学前段

爱玩的孩子

贵阳市第一幼儿园　李　莉

一、案例来源

（一）案例内容摘要

案例选自《家庭教育知行读本》（3—6岁分册）中的《只知道玩的博博》一文。案例讲的是，妈妈把上中班的博博送到幼儿园，期待孩子在幼儿园多多学习数学、识字、拼音等方面的知识，以免输在起跑线上。因此妈妈格外关注博博在幼儿园的学习情况，每天下午接博博放学时都会问："博博今天幼儿园教了什么啊？"博博则每次都说："哦，妈妈，今天老师带我们玩了好多好多的游戏，有老鹰抓小鸡，有拼图游戏。""今天老师让我们画画，老师还给我们讲故事。""今天老师带我们去参观菜场了。"时间一长，博博的妈妈就怀疑这个幼儿园的老师是不是不愿或不会教孩子，是不是老师不够负责，不够专业啊？于是就开始担心孩子若天天这样玩，不学习，以后就比别人落后了。

（二）案例分析

案例中这位妈妈格外期待孩子"学习"知识，总是认为孩子不能输在起跑线上，忽视了孩子的年龄特点，认为用"拔苗助长"的方式可以帮助孩子快速学习。殊不知，这种违背孩子学习特点的方式，会使孩子终身产生厌学情绪。

二、教学背景

在与家长们的聊天、交流中，我们经常会听到"公办幼儿园什么都不教，孩子什么都学不到"的负面言辞，也确实看到很多家长从中班开始就在外面为孩子报各种兴趣班，经常挂在嘴上的话就是"不早点学，上小学就跟不上"……伴随当今升学、就业等各种压力的增加，家长们对孩子"学习"的热情也是越来越提前，越来越热情高涨。面对这些言辞、现象，我们决定调整疫情常态化下的家园沟通途径，在公众平台上增设"家园论教"线上专栏，定期收集家长们的问题、现象，特约专家、老师、家长共同开展"线上聊"，定期开展"家园论道"的线下家长沙龙，更大化地促进家园教育观念一致，教育方法一致。

经过前期问卷调查，我们发现家长们对目前4—5岁孩子的学习特点并不了解，虽说每天也会收到一些孩子的视频、照片，家长们也看见孩子的各种活动，问卷整理中尽管体现出88.7%的家长认同游戏是孩子的基本学习方式，但是在"孩子在幼儿园的学习和生活有何建议"时，仍然有大多数家长提出建议幼儿园增加一些知识性的学习，82%的家长要求增加识字，58%的家长建议开设数学思维课，48%的家长希望开设拼音教学，还有家长建议幼儿园增加舞蹈等课程，满足孩子的多样化学习。

三、授课对象

4—5岁孩子的父母。

四、学情分析

（一）学生基本情况分析

4—5岁孩子是三年学前教育中承上启下的阶段，也是幼儿身心发展的重要时期。他们在集体中行为的有意性增加了，注意力也较以前延长了，语言能力、思维想象、动作发展都比小班阶段强很多。因此，在这个年龄段的孩子，开始有了很强烈的自主意识，有了自己的想法，不愿意完全按照成人的意愿进行活动。而且有了自己的玩伴，对活动的要求开始变广、变大，经历旺盛，随时处于"玩"的状态，因为对孩子来说，什么都可以是游戏，游戏就是他们反复学习的有效途径。这样的现象，就会给家长造成"孩子就是很爱玩"的假象。

（二）家长基本情况分析

针对中班的孩子，家长们也似乎觉得孩子们长大了，应该开始真正的学习了，所以才有了前面的各种"学习班""兴趣班"。家长们认为，中班开始，孩子应该在正式的学习场所接受正式的学习方式了。

这种"焦虑、恐慌"情绪在家长们彼此的相互影响下，越来越严重，对孩子们的要求也越来越高。比如要求孩子背各种诗歌、学习一门技能、提升社交能力、增加运动量、开发思维……每个周末都被安排得很满，孩子和家长一起"连轴转"，很多孩子甚至从周五下午就开始进入各种学习场所，"周五提前接"的现象已经成了常态。似乎只要看到孩子"学习"了，家长自己的心才能安放。这些现象都是因为家长们对孩子的学习特点并不清楚，只看见了短期效应，并未真正着力于孩子的长远发展。由此可见，家长们对儿童身心特点也并不了解。

五、教学目标

（一）学习理解 4—5 岁孩子的学习特点。

（二）掌握支持孩子学习发展的有效策略。

（三）尊重孩子，认同并接纳孩子独有的个性。

六、教学重难点

（一）教学重点：理解 4—5 岁孩子的学习特点，并掌握支持孩子学习发展的有效方法。

（二）教学难点：理解孩子，认同并接纳孩子独特的个性。

七、教学策略与方法

1. 小组研讨。平衡分组，相互影响，共同学习。在分组时，我有意识地把家长们尽可能均衡地安排在一桌，让活跃的家长带动安静的家长，让观念不一致的家长在一组，因为同伴影响胜过"老师的说教"。

2. 运用"案例分析法"。用身边的普遍现象说话,用数据说话,引发家长们的共鸣,使他们愿意参与话题讨论。

3. 互动交流,相信群集智慧解决问题。在活动中,把更多的时间和空间交给家长,让他们能够充分去交流、讨论、表述,在相互交流中,其实也就是思想的碰撞、内心的吸收。最后的成果源于小组中的每一个人,也让家长们找到自信心。

4. 体验法。将游戏引入教学,引导家长们玩游戏,亲身体验游戏的魅力。鼓励家长在游戏中敞开心扉,充分利用了"交流场"中的一切资源,引导他们跳出自己内心的局限,不断向书本学习,与专家对话,向同伴吸收。

八、教学过程

(一)环节一:破冰游戏(5分钟)

1. 拼图游戏:家长们在音乐声中快速将自己手中的图片进行拼图,拼成一张图片的家长成为一个小组。

2. 小组成员相互熟悉,选出组长(2分钟)。

3. 由组长快速介绍本组成员的特点(每组介绍30秒)。

【设计意图】让家长们快速初步认识,打破僵局,又不占用太多时间。

(二)环节二:案例重现,自由表述

1. 案例呈现(5分钟)

博博是幼儿园中班的小朋友,妈妈把博博送到幼儿园就是期待博博在幼儿园多多学习数学、识字、拼音等方面的知识,以免输在起跑线上。因此妈妈格外关注博博在幼儿园的学习情况,每天下午接博博时都会进行亲子交流。猜猜看,妈妈和孩子会交流些什么呢?

(1)家长自由猜想、表达。

(2)作为家长,你每次接到孩子一般会和孩子交流什么呢?

（3）家长自由表达。

（4）继续呈现案例：我们看看博博妈和孩子的交流。

"博博今天幼儿园教了什么啊？"博博每次都开心地说："哦，妈妈，今天老师带我们玩了好多好多的游戏，有老鹰抓小鸡，有拼图游戏。""今天老师让我们画画，老师还给我们讲故事。""今天我和小伙伴一起挖了一个好大好大的坑。"时间一长，博博的妈妈就怀疑幼儿园的老师是不是不愿意或不会教孩子，老师是不是不负责、不专业啊？开始担心孩子天天这样玩，不学习，以后就比别人落后了。于是，妈妈开始为孩子在校外寻找并报了多种兴趣班和学习班，和孩子一起开始了"学习马拉松"……

2. 现场采访、自由表述（2分钟）

（1）总结：听了孩子的这些回答，各位家长们你们有怎样的想法呢？（采用接龙的方式进行表述。）

（2）教师小结：在孩子眼中，"好玩"的事情就是那么简单，抓住孩子的学习特点是我们每个父母和教师的必修课。案例中的"妈妈"是我们身边大多数家长的影子。我们究竟该怎么做呢？

【设计意图】家长对孩子的期待往往会忽略孩子的年龄特点，情不自禁开始"拔苗助长"。这个环节通过案例，引导家长们自己猜、自己说，在交流中了解家长们对孩子的期望，也可以引发家长们主动思考：每天接到孩子究竟要交流哪些内容？

（三）环节三：分析分享（15分钟）

1. 游戏体验：顶锅盖（1分钟）

2. 视频观看：孩子的游戏（2分钟）

3. 分析分享

（1）自由分享：在游戏中我们获得了哪些经验？（2分钟）

（2）小组分析：孩子在游戏中有哪些学习在发生？4—5岁孩子的学习学习特点是什么？（5分钟）介绍讨论中可使用的资源：网络、书籍、现场中的所有人。介绍材料和要求：画布上呈现组名、拼图。

4. 整理关键词，总结孩子的学习特点，由小组代表进行分享。（每组分享时间 1 分钟，不重复。）

5. 教师小结（3 分钟）：第一，学前孩子的学习特点。体验中学习、操作中学习、生活中学习；孩子是天生的学习者。第二，游戏是孩子学习的基本形式，也是主要形式。游戏顺应孩子的天性；游戏促进孩子个性和社会性发展；孩子在游戏中发生学习；借助游戏聚焦解读孩子的学习。

【设计意图】体验游戏的愉悦，亲身感受后，分析游戏中的学习。

（四）环节四：知行合一

1. 我们究竟该如何理解、支持、认同、接纳孩子的学习呢？（5 分钟）

2. 自由分享表达（观点不重复）。

3. 教师小结：第一，顺应孩子的兴趣，让孩子体会在兴趣驱使下探究的快乐，观察了解评估孩子的兴趣，从兴趣入手，把学习过程变得丰富多彩。第二，接纳孩子的学习方式和特点，《庄子》的葫芦故事告诉我们，遵循葫芦本身的需要很重要，讲究适宜，过多、过少、不科学的管理都是致命的。第三，善用鼓励和赏识。善用并合理地善用，不能把"善用"变"滥用"。第四，家长的有效陪伴与示范。第五，努力创设适宜的环境，主要指家庭中的学习环境与幸福生活环境。

（五）环节五：余音淼淼（1 分钟）

1. 资源推荐：图画书《牵着蜗牛去散步》、家长书籍《孩子，别慌》《老子的养育智慧》《周正亲子二十法》。

2. 教学小结（5 分钟）：今天我们的"家园论道"活动在愉快中度过，大家一起贡献智慧，让我们重新认识了孩子的学习方式，理解了孩子的游戏。栏目的最后，我们共同总结了今天研讨的重点——尊重孩子，接纳孩子，顺应孩子的自然成长。

【设计意图】寻找真正解决问题、探究根源、形成结论的方法是每次指导课的重点，也是本次活动的难点。在这个环节中，家长们一起听故事、共同讨论，将彼此的经验相互整合，组织者在此基础上，结合日常中的现象帮助家长们凝聚经验。

【延伸拓展】

1. 教师在班级群中发送幼儿游戏视频、照片时，必须要配上解读孩子学习的语言，让家长潜移默化地接受孩子的学习特点，看到孩子在游戏生活中的学习和品质、能力的形成。

2. 特约今天的部分学习者和教师、专家共同开展线上"家园论教"交流，让家长影响家长，达到共同学习，共同成长的目的。

3. 发出倡议，家长们在家庭中捕捉孩子的游戏片段，并作一定的解读，定期将这些作品发送在公众号上，宣传游戏识别和游戏精神。

九、附 录

【顶锅盖游戏儿歌】

1. "顶锅盖，油炒菜，一口风，两口风，三口风，呼——"每个人的左手打开手掌，右手伸出食指，用食指顶住右边人的手掌心，听到"呼——"的同时用手掌抓手指。

2. 游戏人横排站立，左手伸出手掌，右手伸出食指，每个人的食指顶住旁人的手掌心。组织者念一段文字，听到某一个文字（组织者定）时，每个人要迅速用左手的手掌抓左边人的手指，右手的食指逃脱右边人的手掌。

自理，是孩子成长的第一步

北京市北海幼儿园贵阳分园　张　旋

一、案例来源

（一）案例内容摘要

本次案例教学来源于《家庭教育知行读本》（3—6岁分册）中的《孩子的生活自理能力弱怎么办》。案例一：大班小朋友婷婷在吃饭时半天也吃不了一口，妈妈不断提醒，催促她快吃，但收效甚微。婷婷实在不愿意吃饭时，妈妈还要喂她吃饭。案例二：刚上小班的小轩开学一周以来，几乎每天都会尿湿几条裤子，和家长沟通了解到，小轩在家大都使用纸尿裤，没有自己控制大小便的意识。

（二）案例分析

案例中的家长普遍存在过度包办的现象，导致孩子的生活自理能力较弱。

二、教学背景

《全国家庭教育指导大纲》中指出，指导家长重视养成教育，防止溺爱造成孩子的依赖性，注重儿童生活自立意识的培养：创设家庭环境，坚持从细微处入手，以激励为主，提高幼儿的生活自理能力，养成生活自理习惯。现在的家长总觉得自己的孩子太小，总担心孩子做不好，所以总是事事包办代替，让孩子错过了自理能力培养的关键期。3—6岁是培养孩子独立生活能力的最佳时机，一旦错过就会造成孩子过度依赖成人。因此自理能力的培养将成为孩子成长的第一步，所以特开展本次活动，希望能帮助家长更好地了解孩子自理能力发展的影响因素，并帮助家长转变观念，学习放手。

三、授课对象

本次授课的对象为城市 3—4 岁年龄段幼儿家长。

四、学情分析

（一）学生基本情况分析

由于家庭因素，很多孩子在家都是"衣来伸手，饭来张口"，像小皇帝、小公主一样被大人哄着，所以孩子们缺少自己动手做事的环境。

（二）家长基本情况分析

当孩子渴望自己动手时，家长会怕麻烦、担心孩子做不好，从而阻碍了孩子的尝试，因此家长忽略了孩子自理能力的培养。

五、教学目标

1. 知识目标：了解孩子自理能力发展的影响因素。
2. 能力目标：掌握引导孩子自理能力发展的方法。
3. 情感目标：转变教育观念，学会放手，正确看待拖沓、动作慢等现象。

六、教学重点、难点

1. 活动重点：了解孩子自理能力发展的影响因素。
2. 活动难点：掌握引导孩子自理能力发展的方法。

七、教学策略与方法

1. 教 法
（1）直观演示法：以直观的情境和视频引起家长的共鸣和反思。
（2）谈论法：通过教师将问题抛出，引发家长的思考并给予回应。

2．学　法

观察：家长运用感官观察表演、图片、视频等，引发家长思考。

八、教学过程

（一）案例呈现及分享（5分钟）

1．观看图片，引出主题

图1　孩子在家的状态

提问：图片看完了，请家长说一说看了图片的感受？（家长畅所欲言）

小结：图片上描述的是如今的部分孩子在吃饭习惯及自主进餐的能力上的一种现状，其实，生活自理能力是孩子自己照顾自己、自我服务的一种能力。

2．畅所欲言

谈一谈：孩子生活自理能力的具体表现。

【设计意图】以图片作为主线引导家长说出他们的感受，引发家长对孩子自理能力的重视。邀请家长分享孩子在家中自理能力的情况，让老师了解目前幼儿出现的自理能力问题，同时，引出自理能力的内容，自理能力的内容不仅仅是吃饭，还有穿衣、喝水、洗手等方面。扩宽家长思路，为下一个环节做好铺垫。

（二）追根溯源（16分钟）

1．分析孩子自理能力发展的影响因素

观看情景表演《木乃伊人生》，引起家长共鸣，激发家长反思（活动附后）。

说一说：你在看完情景表演后，有什么感受？

小结：我们不希望孩子将来成为刚才的那个木乃伊，但往往很多时候，我们的行为会在不经意间给孩子很多的限制，所以我们需要转变、需要放手，需要了解到底哪些因素影响了幼儿的自理能力的发展。

2. 总结孩子自理能力发展的影响因素

（1）家庭因素

第一，忽视自理能力的培养。在生活中家长会把精力放在孩子智力的投资上，而忽视孩子生活自理能力的培养，总认为孩子还小，很多能力在孩子成长后就能自己掌握，慢慢长大自然而然地就学会了，从而错过培养孩子自理能力的关键期。

第二，过度溺爱。认为帮孩子做事就是爱孩子的表现，就像体验活动中的那些家长一样，什么都帮孩子做，"过度的溺爱""包办代替"，长此以往，孩子就会逐渐失去生活自理的能力。

（2）自身因素

第一，生理因素。越小的孩子越会出现吃饭撒饭、扣不了扣子的现象，这是为什么呢？是因为孩子手部肌肉发展不够协调，精细的动作还不够完善，所以他们会表现出自理能力弱的现象。

第二，发展因素。一方面，幼儿的发展具有个体差异。每一个孩子都不是一模一样的，幼儿的发展水平是不同的，所以在能力上具有差异性，所以自理能力也会不同，有的孩子自理能力弱，但语言表达能力强。有的孩子虽然这段时间扣不了扣子，但是幼儿的学习方式由年龄特点决定。另一方面，幼儿的学习方式也会决定自理能力的发展，比如拉拉链这件事，我们大人会把拉拉链当成一件事来完成，我们的孩子会将拉拉链当成游戏，当成学习，一会儿拉上来，一会儿拉下去，他有可能在探索拉链为什么可以拉动，拉链上上下下很好玩，所以会出现重复拉拉链的现象。通常家长会认为孩子在拖沓、做事慢，但我们忽略了孩子把拉拉链当成游戏，会在游戏中学习的独特学习方式。

【设计意图】第一，观看情景表演环节中，家长以观察者的身份，在现场通过观察，并借助表演内容去审视、反思自己的行为，以此来引发现场每一位家长的思考与感悟，是为了更好地引起家长的共鸣与碰撞，获得新的启示。第二，通过家庭因素、生理因素、心理因素三个方面的专业分析和引领，让家长知道影响孩子自理能力发展的因素是什么，让家长能更全面了解孩子，读懂孩子的行为。

（三）知行合一（16分钟）

1. 家长经验分享

提问：您在培养孩子自理能力方面有哪些做法？（家长畅所欲言）

2. 教师策略共享

策略1：开展亲子活动促进动作协调。

出示图片，引发思考。

图2　开展亲子活动

小结：其实，家庭环境是锻炼孩子自理能力最好的场所，家长们要充分利用日常中的契机，让孩子们在生活中学习。

策略2：放手、鼓励孩子大胆尝试。

出示《倒果汁的孩子》视频，引发讨论。

提问：如果视频中是您的孩子，您通常会怎么处理？

小结：放手、鼓励孩子大胆尝试。

【设计意图】先让家长畅所欲言地表达自己在培养幼儿自理能力方面的方法，

充分调动家长的积极性，激发家长在实践中的思考，引发家长思想上的碰撞。然后教师再进行专业地引领，这样能更好地构建更加全面、多元的家长育儿理念，从而走进孩子的世界，读懂孩子。通过观看视频中"倒果汁的男孩"家长的处理办法，引导家长们学会放手、鼓励孩子的每一次尝试，把培养自理能力变成生活中的常态。

九、教学小结及延伸拓展

推荐视频《日本娃娃换尿布》（3分钟）。

再次引发思考：为什么视频中的小男孩能做力所能及的事情？

结束语：希望家长记得今天的思考，学会转变观念，和孩子一起成长，让有质量的家庭教育陪伴孩子走过快乐的童年。

十、教学评价设计

本节活动内容选择符合本学段家庭的实际问题和家长需求，目标及重难点把握准确、思路清晰、层次分明，通过情景表演、策略分享、视频案例等方式，激发了家长参与的积极性，同时能引发家长的反思，从而有效达成目标。

十一、设计特色简述

本次活动注重家长的感受和体验，在《木乃伊人生》的情景表演中，家长看到孩子慢慢被妈妈有限制的爱缠绕成了木乃伊，而家长平时的溺爱变成了束缚孩子的布条，由此而引起家长的共鸣。让他们通过直观的情景体验进行反思自身行为。在策略共享的环节中教师以退为进，引发思考，在家长提升育儿观念方面留有自我思考和内化的空间，目的是充分调动家长参与的积极性。教师并没有急于把一些策略、观点告诉家长，而是让他们畅所欲言。让家长把自己培养自理能力好的策略进行分享，共同学习。支持家长敢于发出声音，营造出宽松开放的家庭活动氛围。真正将家长调动起来，激发家长在实践中的思考，引发家长思想上的碰撞。

有了思想的碰撞，结合专业的引领，才能更好地构建更加全面、多元家长育儿理念，从而走进孩子的世界，读懂孩子。通过观看《倒果汁的男孩》视频中家长的处理办法，引导家长们学会放手、鼓励孩子的每一次尝试，把培养自理能力变成生活中的常态，比如生活中包饺子、打扫卫生或是帮厨活动，以具体的生活中实际的例子，让家长们学会举一反三，能有针对性地去培养孩子的自理能力。

十二、附 件

情景表演内容《木乃伊人生》

人物：表演者两名，一名扮妈妈，一名扮孩子。

工具：纸棒一根、卷纸一卷。

第一幕

（背景音乐起）

孩子：妈妈，我想自己吃饭。

妈妈：不行（每说一次"不行"，"妈妈"就将纸卷从"孩子"的脚下向上缠绕若干圈），孩子，一会儿饭都凉了，再说你吃得满身满地都是，我来喂你好了。

孩子：奶奶，我想自己穿衣服。

奶奶：不行（纸卷缠绕），孩子，你动作太慢了，天气又冷，万一感冒了怎么办？还要进医院打针，我来帮你穿吧。

孩子：爷爷爷爷，你看，我能自己穿鞋了！

爷爷：你看看，你都穿反了，来来来，脱下来，我来帮你穿。

孩子：妈妈，我想自己倒水喝。

妈妈：不行不行（纸卷缠绕），你看你，衣服袖子都弄湿了，还洒得满地都是，坐着，我帮你倒。

孩子：妈妈你看，我能自己洗袜子了！

妈妈：天哪！我的乖孩子，你又在干什么？看看，衣服全湿了，袜子放下，过来，我帮你把衣服换了，你还小，坐着去，这些事情大人会帮你做。

孩子：奶奶，我想刷牙了。

奶奶：来了来了，马上帮你接水挤牙膏，你别动，我的小祖宗，小心弄湿衣服。

第二幕

（此时，孩子慢慢长大了，已经到了展翅飞翔的时候了。我们的孩子已经变成了这样……）

妈妈：孩子，你已经长大了，你可以飞了，去做你想做的事情去吧，你飞呀飞呀（"妈妈"用纸棒抽打"孩子"），怎么飞不动呢？

妈妈：我花了这么多的心血在你身上，什么也不让你做，你飞呀飞呀（"妈妈"用纸棒抽打"孩子"），怎么飞不起来呢？你张开翅膀，飞啊！

孩子：我不会飞，我不知道要往哪里飞，怎么飞啊？妈妈，你帮我飞吧！

表扬也是一种智慧

北京市北海幼儿园贵阳分园　卢　敏

一、案例来源

（一）案例内容摘要

本次活动内容来源于《家庭教育知行读本》（3—6 岁分册）中的《孩子情绪不佳怎么办》的案例。在第一课时当中，我以案例重现的方式引导家长了解儿童情绪发展的特点，让家长学会了基于儿童的视角了解和感受幼儿情绪发生的原因，并探讨理解儿童接纳情绪的方法。在活动后，有家长向我提出，老师建议用正面表扬和具体的方式在日常生活中来鼓励和表扬孩子，但是家长不知道如何去表扬。于是就设计了第二课时——《表扬也是一种智慧》。

（二）案例分析

案例中的家长对于孩子的赞美之词，既是对孩子言行举止的认可，相反也是孩子巨大心理压力的来源，孩子为了塑造家长口中的"好孩子"，不允许自己变成"坏孩子"，当自己有一点不符合家长的期望时，孩子就会运用大吵大闹、发脾气的方式来宣示自己的感受和权利。

二、教学背景

家长都知道被夸奖的孩子会变得自信，所以家长从不吝啬表扬自己的孩子。但很多家长缺乏正确的表扬方式，常会使用"你真棒、你真聪明、好孩子"等表扬自己的孩子，这样的表扬只是单纯的赞美，让孩子不知道自己好在哪里，也会让孩子难以挑战有难度的事情，更有可能让孩子养成以自我为中心，经受不起挫折。所以，表扬也是需要技巧和方法的。

三、授课对象

本次活动指导对象是城市学前阶段 3—6 岁孩子的家长。

四、学情分析

（一）学生基本情况分析

幼儿阶段是良好性格特征形成的关键阶段，他们的情绪发展其实是一个不断观察与学习，不断形成新的条件反射和不断接受强化的过程。幼儿做出符合社会规范的情绪表达和认知方式是需要在成人与他们的不断交谈过程中逐渐形成的。

（二）家长基本情况分析

在调查中我们发现家长因为盲目地表扬孩子，或方式不当，给孩子带来了伤害和不利的影响；有的家长经常表扬孩子，但因为盲目和不具体的方式，并没有真正关注到孩子的成长，孩子并没有改变或成长。因此，我选择了"表扬也是一种智慧"作为本次活动的主题。

五、教学目标

1. 通过活动，知道有效的表扬对孩子发展的作用。
2. 掌握有效表扬的策略，学会用具体正面的语言去表扬孩子。

六、教学重难点

（一）教学重点

知道有效表扬对孩子发展的作用。

（二）教学难点

掌握有效表扬的策略。

七、教学策略与方法

游戏体验：热身活动运用游戏体验，让家长对比两种表扬给自己带来的感受。

提问：每个环节提出问题，引发家长的思考和共鸣。

案例讲解：运用三段案例，引导教家长进行分析和讲解。

现场练习：教师分享策略后，引导家长学以致用进行现场的练习。

八、教学过程

（一）案例重现（3分钟）

1. 热身活动：《桃花朵朵开》

（1）游戏玩法

让家长围成圆圈，教师说出指令：桃花桃花朵朵开，家长问：开几朵，教师答：开 × 朵，家长按教师说出的数字，× 个家长快速围在一起，落单的家长接受任务标签。

（2）游戏中表扬家长，引发感受

第一轮：采用泛泛的表扬语。（你们真棒！你们真厉害！你们真聪明！）

第二轮：采用具体表扬语。（表扬家长反应灵敏，速度快；表扬家长认真倾听规则，并按规则游戏；表扬家长谦让，在游戏中家长已经组好队，没有强行加入。）

（3）引发思考，分享感受

提问：

①在刚才的热身游戏中，我是怎么表扬你们的？

②哪种表扬让你印象更深？感受更深？

【设计意图】热身游戏既能调动家长们参与活动的积极性，又能让家长感受到两种不同的表扬方式的效果，为下一环节做好铺垫，自然地切入主题。

2. 追根溯源

（1）出示关键词，引发思考

"你真聪明""你真棒""你是个乖孩子"。

提问：这些泛泛的表扬真的对孩子有效果吗？（家长讨论、分享）

（2）观看视频：樊登老师《不同的表扬》

提问：不同的表扬可能会带来不同的结果，泛泛的表扬可能会给孩子带来什么结果呢？（家长小组讨论、分享）

教师小结："你真棒""你真好""你真是个乖孩子（你真是个好孩子）"……这样泛泛的表扬不仅会让孩子不知道好在哪里，还会让孩子开始取悦家长成为家长口中的好孩子。当取悦不了时，孩子会在心里认为自己是一个坏孩子。所以，这些泛泛的表扬忽略了孩子做事过程中的努力和好的方法，没有实质性作用。

【设计意图】让家长以旁观者的视角观看樊登老师《不同的表扬》视频，引发家长思考，反省自己在与孩子沟通交流时所使用的表达方式方面是否有欠缺，由此产生学习的动力。

（二）分析分享：学会有效地表扬策略（10分钟）

提问：看完视频后家长们认为要怎样表扬孩子呢？（家长小组讨论、分享）

教师小结：学前阶段的孩子自我意识发展迅速，我们的表扬之所以要具体，不仅仅是因为要鼓励，也是要帮助他们建立更全面的自我认识，让他们知道自己好在哪儿，棒在哪儿。这样的表扬更有效，也更利于孩子的发展。

1. 策略共享

孩子可以从以下四个方面去关注孩子做事的过程。

第一，表扬态度。态度就是良好的学习品质，态度包括了专注、坚持、不怕困难、细心观察、团结协作、主动帮助别人等。无论是在学习、工作还是生活上，态度决定品质。当孩子们很积极地去完成任务时，一定要记得肯定他们的态度。

第二，表扬进步。当孩子某一方面有了进步，一定要及时鼓励，让孩子感受到家长细心的关注。"表扬进步"还要注意一定是纵向比较，而不是横向比较，今天和昨天比，这个月和上个月比，不要出现"别人家的孩子"的现象。

第三，表扬创意。孩子的想象力比较丰富，他们的创意是思维创造性的积累，表扬他们的创意能更好地鼓励孩子主动想办法解决生活中的问题。

第四，表扬细节。当孩子的能力在某种程度上得到提高时，要记得表扬具体提高的细节，这样更能让孩子注意到自己哪一细节做得好，往往细节决定成败。

【设计意图】此环节预留较长的时间，让家长以小组为单位畅所欲言。这样的形式可以让不善于表达的家长也能参与讨论，提高家长们参与活动的积极性。最后教师将家长们讨论的策略进行整合，帮助家长在相互学习中获得有效的表扬策略。

2. 知行合一

【观看视频】观看幼儿游戏片段，进行实操。

提问：你想表扬谁？假如他是你的孩子，你要怎么表扬他？

【家长现场体验】我看到你把木板搭在围栏上做成了跷跷板，你可真有想法，你能告诉我你是怎么想到的吗？

小结：当孩子的能力在某种程度上得到提高，表扬具体的细节，这样更能让孩子注意到自己细节，往往细节决定成败。

【设计意图】此环节设计的幼儿游戏片段和现场体验是为了让家长能将学到的不同表扬方式进行内化，从而迁移到孩子的生活教育中。

九、教学小结

我们在家长的分享和思考中，掌握了表扬的策略，希望大家能够将这些策略运用到我们的生活中，做智慧的家长。在孩子成长的路上，让我们携手同行。

十、教学评价设计

本次活动目标清晰、活动内容明确，活动环节有层次，目标达成度高。在游戏体验中能够让家长产生共鸣，感受不同的表扬方式产生的不同结果，通过观看视频—小组讨论—分享—总结的环节，让家长学会从态度、进步、想法、细节四个方面掌握表扬策略，在现场练习的过程中，让家长学会有效表扬，帮助孩子发现自己的特点和优势。

十一、设计特色简述

本次活动注重家长的感受和体验，在《桃花朵朵开》的游戏中，家长感受到不同的表扬方式带来的不同效果。由此引起家长的共鸣。在策略共享的环节中教师并没有急于把一些策略观点告诉家长，而是让他们畅所欲言，引发思考，真正将家长调动起来，使家长在实操中学会活学活用，最终掌握有效表扬的方法。

生二胎三胎，您做好准备了吗？

贵阳市实验幼儿园　罗品品

一、案例来源

（一）案例内容摘要

本次案例教学中使用的案例选自《家庭教育知行读本》（3—6岁分册）中的《讨厌弟弟的遥遥》一文。案例讲述了遥遥在妈妈生了二胎后性情大变，导致家庭关系紧张，一家人不得安宁的故事。

（二）案例分析

案例中遥遥的行为并不是个例，很多二胎家庭也都或多或少有过类似情况，主要原因是家庭未做好生育二胎的准备。

二、教学背景

随着2016年国家二胎政策的开放，许多爸爸妈妈响应政策号召，开启了"二胎时代"，2021年，国家再次放开生育政策，"三胎时代"也随之来临。其中生育二胎、三胎的主要以"80后""90后"父母居多。然而，时代在变化，养儿育女的问题也在变化。2017年《中国儿童安全成长报告》便指出：父母生二胎，是孩子最焦虑的事情之一。这群"80后""90后"父母，恰恰成长于独生子女时代，很多人都没有同胞兄弟姐妹的体验，而他们的父母也缺乏养育多个孩子的经验，因而如何平衡好多个孩子的关系，让老大的心理健康地发展，让多个孩子能相互扶持成长，成为家长们非常关心的话题。

三、授课对象

幼儿园中班儿童家长（城市）。

四、学情分析

（一）学生基本情况分析

本班为中班，幼儿年龄在 5—5.5 岁。他们对于家中兄弟姊妹的情感比较矛盾，一方面由于年龄及经历所限，他们大部分人以自我为中心，希望享受全家人的独特关注，不喜欢有兄弟姊妹；另一方面，他们又享受着有兄弟姊妹陪伴的快乐。同时，他们很敏感，如果父母将他们与兄弟姊妹区别对待，他们会很伤心。因而需要引导他们正确面对兄弟姊妹，学会与兄弟姊妹友好相处，彼此陪伴，共同成长。

（二）家长基本情况分析

在当前国家放开二胎三胎的政策下，越来越多的家庭选择生育多个孩子，幼儿园大部分家庭也都是二胎、三胎家庭，这部分家庭的家长大多成长于独生子女时代，没有和兄弟姐妹相处的经验。本班共 41 位小朋友，其中 21 位小朋友的家庭都是二胎、三胎家庭，还有部分家庭有生二胎、三胎的打算。本班家长均为"80 后""90 后"，他们学历普遍较高，能接受新时代理念。但本班家长多为独生子女，由于二胎、三胎出生或准备要二胎、三胎，所带来的家庭教育问题较多。最近以来，不少家长都向我咨询："罗老师，最近我们家生了二宝，感觉大宝好像有点和以前不一样了……""罗老师，我们家准备要个二宝/三宝，不知道怎么和宝贝说……"

五、教学目标

1. 知道要倾听和尊重孩子对于家中兄弟姊妹的想法和感受。

2. 学习在二胎、三胎家庭中处理孩子之间矛盾的基本方法，平衡多个孩子的关系。

3. 理解幼儿的不安情绪，正确看待兄弟姐妹之间的关系，积极合理进行家庭教育。

六、教学重难点

（一）教学重点：引导家长正确看待兄弟姐妹之间的关系，知道要倾听和尊重孩子的想法和感受。

（二）教学难点：引导家长学习在二胎、三胎家庭中平衡多个孩子的关系。

七、教学策略与方法

通过将实际案例分析和专业知识的讲述结合，并以此开展活动，在活动中运用讲授法、讨论法、体验法等教学方法。

八、教学过程

（一）导入（2分钟）

教师：最近，接连有几个家长向我反映孩子有些变了，经过深入了解，我发现这几个小朋友的家庭都是二胎家庭，而且家长们反映的问题都是和二胎或者三胎相关的。咱们班级有一半以上孩子都是二胎、三胎家庭，家长们都非常想要知道如何平衡好家里几个孩子的关系，让老大的心理健康地发展，让几个孩子相互扶持成长。今天，我们就一起来讨论一下关于二胎、三胎家庭的教育问题。

【设计意图】此环节作为活动的导入，以班级具体情况进行分析，让家长感受到老师对他们的关注；将主题与家长进行分享，也让家长了解本次活动的主要内容。

（二）环节一：案例重现（3分钟）

师：在这里，我有一个案例想和大家分享一下。

出示案例文稿内容，分享案例《讨厌弟弟的遥遥》（详见附件1）。

教师小结：这是一个真实的二胎家庭案例，这样的情况在很多二胎家庭都出现过，这让家长们头疼不已，原想一家四口和和美美，没想到二胎的出现反而让家庭变成了一个"战场"。

【设计意图】此环节通过实际案例的分享，让二胎家庭的家长产生共鸣，非二胎家庭的家长也能从案例中感受到二胎家庭家长的无助，产生共情心理。对于非二胎家庭家长，若有生育二胎的意愿，则能引发他们思考二胎出生之前，要针对第一个孩子做哪些心理准备等。

（三）环节二：案例讨论（7分钟）

师：听完这个案例，是不是有些家长很有共鸣，那么，现在请大家沉下心来想一想，你认为遥遥为什么会出现这样的行为呢？

请家长分小组自由讨论3分钟，并将小组讨论结果记录分享。

教师小结：案例中遥遥的各种行为表现实际上是在向父母宣告自己的存在，却因表达方式的错误，给自己和父母都带去了很大的困扰。正如大家分析的那样，遥遥出现这些行为，家长是有责任的。

【设计意图】倾听家长的真实想法，如果老师直接给家长分析这个案例，家长没有自己的思考，印象不深，对于指导他们没有深刻的体会。但通过小组讨论，大家可以了解别人的想法，也可以更加深入地剖析案例，加深家长们对案例的认识，也对下一环节老师仔细分析案例做铺垫。

（四）环节三：案例分析（8分钟）

师：遥遥出现这些行为，主要原因有以下几点。

1. 父母的准备不充分

父母在新生命到来之前，没有预先思考新成员的加入会对现有的家庭结构带来什么变化？会对已经形成且稳固的家庭关系带来什么新的问题和挑战？父母思想和行动上准备得不充分也传递给了孩子，孩子才会感到措手不及、无所适从。

2. 未与孩子进行沟通

大多数的父母只顾及了新生命到来之前的物质上的准备，却没有考虑到在这个准备的过程中也是需要第一个孩子的参与，不仅要让孩子感受到家庭环境上发生的变化，也要在孩子的心理上给予一个过渡空间，让孩子自己独立接受和消化这个既成事实。假若这个前提没有做，或者做得不够好，第一个孩子在无奈之下被迫接受，就会在心里产生不情愿、焦虑或者愤怒的情绪。

3. 没有给孩子表达感受的机会

很多父母会认为自己用曾经给予第一个孩子的家庭生活样态、教育方式也复制在第二个孩子身上，这是公平的，因为两个孩子都享受到了公平的待遇。但父母需要意识到的是，所谓公平，其实是一种主观、选择性很强的想法——对一个人公平的事情可能在另一个人看起来就不公平，父母越是努力做到公平，孩子就越容易在公平问题上小题大做，公平不等于平等。父母们无法做到在生活中的方方面面都公平，但父母们能做到倾听孩子的内心，有回应的平等对待孩子的需求。孩子的观察能力很强，但是解释能力却很差。当一个新生命诞生时，大一点的孩子往往会认为：妈妈爱我不像爱小弟弟那样多。或者当孩子再长大一点时，他们会错误地相信一个家庭中只能有一个人独占鳌头，尤其是独生子女，他们想要的是独一无二。当父母们能够意识到孩子的这种想法了，也就能够接纳和理解孩子的感受，并且允许孩子用自己的方式表达自己的感受。

4. "爱"的分割，安全感消失

家，是孩子们认定自己归属状况如何、获得父母完整的爱的第一个场所，每个人都需要感觉到自己在家庭中存在的价值感。孩子们常常会错误地认为，当父母专注于其他人或其他事情时，他们自身的归属和自我价值就会受到威胁。对于第一个孩子来说，小弟弟的到来并没有让自己感受到多了一个同伴所带来的快乐，相反，孩子感受到更多的是父母的爱被重新分配，原来完整的一份爱现在只能得到一半，这种假设的成立让孩子自己内心无比恐慌。

对于孩子的表现，父母并没有意识到孩子是在向自己发出信号——关注我！当父母的关注不够时孩子变本加厉地彰显自己的存在，渴望得到父母的随时关注。

孩子无理取闹是行为表现，不是原因，无理取闹的背后其实就是父母忽视了孩子。

教师小结：由此可见，孩子的问题不全是孩子自己的原因，更多是家长的引导方式。

【设计意图】通过对案例的全面分析，让家长了解二胎家庭中出现种种问题的原因，一方面解决了家长的困惑，另一方面也展示了教师的专业能力，为后期进行指导、提供建议奠定基础。

（五）环节四：同胞关系的探讨（10分钟）

1. 师：说到这里，我想和家长们探讨一个问题，那就是同胞关系。我们二胎家庭中，两个宝贝的关系到底是怎样的？

2. 请家长观看视频，自由思考讨论3分钟，并用视频、自身或身边案例说明自己得出的关于同胞关系如何处理的结论。

3. 师：我相信所有拥有二胎和准备要二胎的家庭，都有一份期待，希望孩子们能相互陪伴、相亲相爱，这其实是对同胞关系的一种美化，真正的同胞关系是"相爱相杀"的。曹植的《七步诗》大家都听过："煮豆燃豆萁，豆在釜中泣。本是同根生，相煎何太急。"这首诗就很形象地写出了同胞生死之争，虽然这说的只是利益纠葛所产生的争斗，不完全符合现代的同胞竞争关系，但这也从一个侧面反映出了家长们往往会忽略，或是不知如何处理这种竞争关系。

从心理学上看，父母与子女间的关系是一种三角闭合的关系。男人和女人结合，有了孩子，孩子的出生赋予男人女人以爸爸妈妈的身份，这是一种相互依存的关系。而同胞关系就不一样了，它是一种谁先谁后、谁长谁幼的序列关系，缺了一方，另一方仍然能独立存在。就像一个跷跷板一样，总是要一头压过另一头。所以，同胞关系间蕴含着一种最基本的恐惧，即我的存在与否，或许都无关紧要。同胞间的竞争远比互助更趋向人的本能，早期的同胞关系也主要以竞争为主。

讲到这里，家长们也不要被吓到，因为同胞关系富有攻击属性的同时，也有温柔亲密的一面。在生物学上，具有相同的生物学父亲和生物学母亲的多个子代个体即为同胞，而同胞关系则是家庭中兄弟姐妹之间彼此作用、互相影响而形成的核心心理关系，这是一种"强制性"的依恋关系。兄弟姊妹之间确实是能相互支持、彼此陪伴的，年长的哥哥姐姐可以照顾年幼的弟弟妹妹，兄弟姊妹间会彼此学习、互相模仿和认同，这些也都是从亲子关系里得不到的。一些研究也表明，相比较于独生子女，非独生子女表现出低依赖性、低自我中心化，以及高集体自我和高合作性格。

教师小结：大家分析得都很到位，也都发现了同胞关系的一些特点。其实同胞关系是我们一个人生命中最早也是最为持久的人际关系，它对我们长大成人后的性格、婚姻、工作都有深远影响，但影响同胞关系最主要的因素主要还是家庭。

【设计意图】通过家长讨论和教师指导，深入剖析同胞关系，从根源上找到二胎家庭中孩子间出现矛盾的深层原因。

（六）环节五：二胎家庭经验分享（7分钟）

师：那么，如何平衡好对孩子的爱，使他们从"同胞相侵"转向"同胞相亲"呢？

师：在我们班级里，有些家庭里的两个孩子相处愉快、相亲相爱，他们是怎么做到的呢？今天，我也邀请了我们班级的两个妈妈来和大家一起分享她们的经验，我们一起来看看她们是怎么处理二胎关系的。

邀请有经验的家长分享她们的经验（提前与家长联系并对接好内容），并进行小结。

1. 做好准备

（1）意识到位

父母们需要对未来的生活状态进行一个预先的规划，能够预见会遇到的问题，提前准备可借鉴参考的解决方案。注意对第一个孩子的养成教育、第二个孩子的养育方式需要认真、仔细的思考，特别是在处理同胞关系中需要考虑全面、细致。

（2）心理对接

父母们有必要和第一个孩子有一次认真的交流，了解孩子对增加家庭新成员的看法和态度。同时，也要告诉孩子，父母并不会因为增加一个人而减少对他的爱，注意充分给孩子传达这样的理念。

2. 倾听并认可孩子的感受

我们需要清醒地认识到，即便父母们大多数情况下考虑并兼顾了两个孩子的需要，但难免总有照顾不周的地方。如果第一个孩子因此而发脾气，父母们要给足时间和空间允许孩子宣泄，运用自己的同理心，尽量感受孩子的心情。等待孩子宣泄结束后，再尝试和孩子聊聊他自己的心理感受。

3. 关注每个人

通常情况下，年龄小的孩子可能会获得父母更多的照顾，但第一个孩子并不会认同这一点，他认为自己和弟弟（妹妹）是一样的，应该得到父母的同等对待。所以当孩子发现"年龄小"是一种赢得父母照顾的方法，他可能会做出很多撒泼、打闹、耍小脾气、使小性子的幼稚行为来吸引父母的注意力，当孩子认为父母对自己的爱是有条件的时候，就会出现问题。所以，父母们要确保将爱的信息传递给每一个孩子，并让孩子们知道，他们都是独特的个体，且都被父母爱着。所以要注意，第一，不要在孩子面前滔滔不绝地谈论年龄小的孩子，这会强化并夸大孩子认为自己已经被"取代"的想法。第二，要确保每天与每个孩子都有一段单独相处的特别时光，在这段时光中父母是专属的，让孩子能在这段时光中充分与父母进行情感上的交流和联结。

4. 不是所有要求都满足

中国古代有句话叫："不患寡而患不均。"可见自古以来人们都会害怕不能被公平公正地对待。家庭里要让父母做到绝对的公平比较困难，只能说首先，父母们要有这种意识，即使生了二胎、三胎，在时间上对老大的关注和陪伴也不能少，如果妈妈的精力主要放在照顾年龄小的那个身上，那么这个时候爸爸或其他的家人就需要给予年龄大的那个更多支持，积极分担养孩子的一些事务。在物质上，如吃穿用等方面也尽量做到公平。在教育孩子上也不例外，对孩子用同样的要求、统一的标准。最后是在公平的原则上，要差异化养育孩子。二胎三胎来了后，父母们不再像第一次做爸妈时那么紧张慌张了，而是很自然地把养第一个孩子的经验迁移、复制到第二个孩子身上来，那么在两个孩子之间，难免就会出现各种各样的比较。世界上没有两片完全相同的叶子，也不会有两个养出来一模一样的人。适当的比较有利于培养孩子们的竞争意识，而简单粗暴的比较，只会让两个孩子的关系更加紧张。

孩子要求得越多，父母给他们的关注就越多，无论是正面的还是负面的。但实际上，那些总是"烦人"的孩子往往是得到了太多——而不是太少——的关注，对于那些认为只有得到持续关注才能找到归属感的孩子来说，再多的关注也无法满足。所以，父母们应该让孩子从小确立自己的关注原则，要使孩子知道父母给予的关注是有界线的，不合理的要求不能被关注。这样，即使家中有了兄弟姊妹，孩子也会减少因为关注变少而导致的心理落差。

5. 为孩子寻找归属感

孩子从父母那里获得归属感是极其重要的事情，但归属感的获得不是只有随时和父母粘在一起这唯一的途径。父母可以让孩子参与照顾小宝宝，提供机会和条件让孩子行使作为哥哥（姐姐）的职责，让他们从合作和贡献中找到归属感。

教师小结：在今天的活动中，大家都了解了为什么孩子们会出现各种问题，也学到了一些小经验，但家庭与家庭是不同的，孩子和孩子也是不同的。"纸上得来终觉浅"，希望家长们多多实践这些方法，找到适合自己家庭的教育方式。在今后的时间里，也希望家长们在群里多多分享交流自己运用到的好方法。

【设计意图】通过同伴分享经验，能让家长们学习到切实可行的方法，这比老师直接灌输的理论更容易让家长接受，同时，在最后环节，通过小结，教给家长一些可实施的方法。

九、教学小结及延伸拓展（3分钟）

（一）小 结

家是孩子的第一课堂，也是孩子一辈子的课堂。一个孩子的性格、习惯的养成受到家庭潜移默化的影响，而多个孩子的家庭教育对于选择生二胎的家庭来说也确实是一个难题。用孩子的心态考虑孩子的事情，而不要用成人的思维和处事法则要求孩子，给予孩子们足够的爱与关怀。要不要孩子是一个人生选择，而怎么教育和培养孩子则是每个家长一生的必修课。

（二）延伸拓展

推荐阅读图书：《为何家会伤人》《二孩家庭：爸妈、大宝和二宝这样沟通》《读懂二孩心理》。

推荐阅读绘本：《我家多了个弟弟》《不一样的世界》《可爱的小尾巴》《好想变成小宝宝》《最棒的小弟弟》《妈妈肚子里有座房子》《大宝小宝向前冲》《我当大哥哥 / 大姐姐了》。

推荐观看纪录片：《你的孩子其实并不是你的孩子》。

十、板书设计

案例分析

1. 父母的准备不足。

2. 未与孩子进行沟通。

3. 没有给孩子表达感受的机会。

4. "爱"的分割，安全感消失。

十一、附　录

案例《讨厌弟弟的遥遥》

3 岁半的遥遥，过去是父母的心肝宝贝，可最近妈妈生了一个小弟弟，情况就发生了很大的变化。父母把遥遥曾经玩过的玩具拿给 1 岁的弟弟玩，遥遥就会大哭大闹，还凶狠地打、掐弟弟，即便是遥遥早已经不玩的玩具他也不给弟弟。一家人在吃饭的时候只要父母离开去哄哄弟弟，遥遥就不再吃饭，而且甩碗甩筷，闹得一家人都不能好好吃饭。

以往遥遥都是自己睡觉，可现在他要求妈妈必须陪他睡觉，有时父母不满足他的要求，他会寻找许多的借口，比如要吃水果、要上厕所，或是要妈妈讲故事，如果妈妈对他的要求不理睬，甚至是去陪小弟弟睡觉，他就会跑到睡房"大闹天宫"，吵得小弟弟也不能安睡。尤其不能容忍的是妈妈喂小弟弟吃奶，遥遥只要看见了就会跑过去，从弟弟的嘴里拔出妈妈的乳头，用手挡住弟弟的嘴，并大声吼叫不让妈妈给弟弟喂奶，妈妈讲道理遥遥也不听，有时候妈妈气不过就强行把遥遥拉开继续喂奶，这时，遥遥就会变本加厉地打弟弟，或者用嘴咬弟弟。这样的事情天天不断，父母也没辙只好想方设法避开遥遥去照顾小弟弟，结果不但解决不了问题，反而遥遥变得越来越敏感，随时"监视"父母的行动，一旦有任何动静，遥遥就会闹腾不止，把一家人搞得不得安宁。

课堂用表

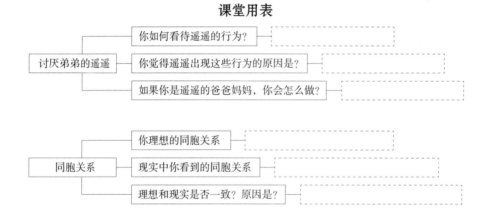

参考文献：

[1] 李明昌. 家庭教育知行读本 3—6 岁分册 [M]. 北京：东方出版社，2018：159-167.

[2] 谢光梅. 幼儿园开展二孩家庭教育指导工作的策略 [J]. 今日教育（幼教金刊），2021（05）：57.

[3] 刘薇薇. 浅谈"二胎"时代下的家庭教育 [J]. 文理导航（下旬），2021（02）：86+88.

[4] 柴秉毅，赵颖. 二胎时代下大学生参与辅助家庭教育模式研究 [J]. 大众标准化，2020（09）：99-100+104.

[5] 邹京村，俞爱宗. 家庭会议的意义探讨 [J]. 延边教育学院学报，2017，31（03）：36-40.

[6] 常萍. "二胎时代"对家庭教育的冲击 [J]. 教育现代化，2017，4（18）：218-222.

[7] Michael Rutter. (1996). Transitions and turning points in developmental psychopathology: as applied to the age span between childhood and mid-adulthood. *International Journal of Behavioral Development*, 19(3): 603-626.

[8] 苏静. 二胎家庭中对"老大"家庭教育的缺失与弥补措施 [J]. 家长，2021（15）：179-180.

孩子的家园"两面派"

贵阳市第十一幼儿园　王　恋

一、案例来源

（一）案例内容摘要

本次案例教学中使用的案例选自《家庭教育知行读本》（3—6岁分册）中的《"两面派"的昊昊》一文。案例讲述的是，昊昊的爸爸老年得子，一家六个大人都以昊昊为中心，全家人的宠爱慢慢让昊昊的脾气越来越大，他在家是一个小霸王，而出了家门到陌生的环境，面对陌生人时，说话却不敢看人，有时还会害怕大哭。

（二）案例分析

案例中这个"四二一"的家庭结构模式，往往容易导致家长众星捧月般地围着一个孩子转，过分溺爱使得孩子以自我为中心，使孩子缺乏独立性、责任感、胆小怕事，应对和解决问题的能力较差，变成在家唯我独尊和在外胆小怕事相互矛盾的"两面派"。

二、教学背景

在与家长沟通幼儿情况的时候总是发现这样的现象。一是，家长反映孩子在家特别调皮，但是老师却说孩子在幼儿园特别乖巧听话；二是，孩子在幼儿园什么事都可以自己做，回到家就什么都不会做。为什么孩子会出现这种家、园"两面派"的情况，遇到这样的情况我们又应该怎么办？

三、授课对象

幼儿园中班、家长（城市）。

四、学情分析

（一）学生基本情况分析

城市家庭的孩子，家长过度宠爱，事事包办代替，孩子们享受着几个大人无微不至的照顾，造成孩子缺乏独立性和责任感。而在幼儿园里就需要自己事事独立自主，这才让我们觉得孩子在家里和在幼儿园表现不一样。

（二）家长基本情况分析

城市家庭的家长，受教育程度普遍较高，对孩子良好的习惯培养是有认识的，但是很多家长对孩子溺爱、包办代替过多，教养方式和态度不一定科学。现在的家长和孩子生长在一个经济飞速发展、信息多元化时代，在复杂的社会背景下，家长望子成龙、望女成凤的愿望更加强烈，希望通过更多的智育去培养孩子，不让孩子输在起跑线上，从而轻视了劳动教育。以至于忽略了孩子的家园"两面派"行为或者是当孩子出现家园"两面派"行为的时候家长不知道该怎去教育孩子。

五、教学目标

1. 通过案例讨论孩子"两面派"的行为有哪些。
2. 通过相互交流、讨论，知道孩子的家园"两面派"问题产生的原因。
3. 知道如何避免及应对孩子的家园"两面派"的行为。

六、教学重难点

（一）教学重点

知道孩子家园"两面派"的行为有哪些，认识孩子家园"两面派"行为产生的原因。

（二）教学难点

知道如何避免及应对孩子的家园"两面派"行为。

七、教学方法和策略

（一）教 法

本次教学活动中运用到的教学方法是情境教学法和讨论法。

1. 情境教学法是通过直观视频的播放，让家长进入情境，引发家长对孩子的家园"两面派"行为的思考。

2. 讨论法能充分调动家长的学习主动性和积极性，改变家长在培训中的地位，家长既是信息的接受者，更是信息的发出者，为了证明自己的观点，主动、积极地去对已有的知识经验进行分析、加工、论证等一系列思维活动，所以家长的思维不再受教师的限制。

（二）策 略

运用启发式的教学策略，创设了情境，抛出问题启发家长思考，将主动权交给家长，让家长发表见解，让家长成为课堂教学的主体。根据家长的观点给予总结归纳，重点问题给予科学阐述。抓住家长反映、关心的孩子家园"两面派"行为问题，总结反思教育教养态度，从而掌握科学的育儿经验。

八、教学过程

（一）环节一：孩子家园"两面派"行为的表现（10分钟）

1. 视频导入

各位家长，您们好！首先请各位家长将目光移至大屏幕，观看真实案例同一个幼儿的两个视频。

（1）视频一：在家特别调皮、不听长辈的话，以自我为中心的幼儿视频。

（2）视频二：在幼儿园表现很乖很听话的幼儿视频。

2. 孩子家园"两面派"行为的表现

看完这两个视频，是否有家长发现自己的孩子也有这样的情况？您的孩子在家和在幼儿园里的表现是一致的吗？会有哪些不一致的表现，请举例说明。

教师小结：大家都发现孩子有的在家里和在幼儿园表现是一致的，也有的不一致，如宝贝在家会没有规矩意识，长时间看电视或者玩手机，一旦关掉电视或者是拿走手机，会大哭大闹；有的是在家里什么都不会做，都要等家长来完成；还有的是没有礼貌，不会尊重自己的家人，在家很调皮，而在幼儿园则尊重老师、团结同伴、规则意识较强，自己的事情自己做等完全另一副样子。从大家的踊跃发言中，我们共同发现，孩子家园"两面派"归纳为以下两个主要行为表现：一是孩子在家表现调皮，在幼儿园表现很乖。二是在幼儿园什么都会做，在家什么事都不会自己动手。今天我们就各位发现的孩子家园"两面派"行为和家长朋友们进行分享交流。

【设计意图】通过视频展示孩子在家和在幼儿园的不同状态，观看视频后抛出问题与家长产生共情，让家长去发现和分析孩子家园"两面派"的行为有哪些，为下文分析家园"两面派"行为产生的原因做铺垫，从而引起家长对孩子家园"两面派"行为的重视。

（二）环节二：孩子家园"两面派"行为产生的原因（20分钟）

1. 小组讨论分享

刚才的讨论中我们发现了孩子家园"两面派"行为的两种典型表现，是什么原因让孩子产生家园"两面派"的行为呢？请家长带着这个问题，以小组为单位进行讨论，将您们认为孩子产生家园"两面派"的原因写在纸上，以小组的形式来分享你们的结论。

（1）小组进行讨论（计时10分钟）。

（2）家长分享小组讨论的结果（计时3分钟）。

教师小结：在家长们的讨论发言中看到了大家的思考，大家的答案很多，例如是因为家中老人比较溺爱、自己不知道怎么管孩子、认为孩子到学校老师会教育好的、工作太忙没时间教育等。那孩子出现家园"两面派"行为到底是为什么呢？社会心理学中有个理论叫"群动力学"，主要观点是个体的行为是由个性特征和环境相互作用的结果。就是说人的本身人格与环境是相互影响的，其行为是这两种因素相互作用的结果，那当然也适用于孩子。通常孩子所接触的环境主要是家庭环境、社会环境和学校环境，这三个环境都对孩子的发展变化起重要作用。因此孩子的家园"两面派"行为是他们在适应家庭环境、社会环境和学校环境中相互作用的结果。

2. 梳理归纳孩子家园"两面派"行为产生的原因（7分钟）

现在我们将大家的观点进行分类，孩子产生家园"两面派"行为的主要原因归纳为以下两个方面。

（1）家庭环境影响：对孩子过于溺爱

现在大多数家庭都是"四二一"的结构模式，成人无原则的溺爱是造成孩子家园"两面派"的罪魁祸首。孩子是全家的宝贝，他本身观察能力很强，祖父辈的关爱、亲朋的关注，都让他感受到自己地位的优越，这种家庭过分的溺爱让孩子习惯于以自我为中心；而在幼儿园，生活在一个人人平等的环境里，没有祖父辈无微不至的呵护，只有老师"雨露均沾"的关爱，事事都需要亲力亲为，自然而然孩子在幼儿园就像变了个人。例如，昊昊的爸爸老年得子，爷爷奶奶、外公外婆、爸爸妈妈都以他为中心，全家人的宠爱让昊昊的脾气越来越大，性格专断蛮横，在家就是一个小霸王，但出门到了陌生的环境，面对陌生人时不敢说话也不敢看人，有时还会害怕大哭。

（2）幼儿园的影响：幼儿园和家庭对孩子的要求不一致

幼儿园根据幼儿身心发展规律，科学合理地安排了一日生活，有常规要求，且规则比较稳定。老师为了班级管理、公平公正，会严格要求孩子遵守规则。在家时，由于家庭的个性化特点，家庭的部分规则与幼儿园不一致，也易更改，还有的家长并未要求孩子严格遵守规则，往往会比较随意，导致孩子有时会撒娇、耍赖和故意犯错等。家庭教育没有保持与幼儿园教育的一致性，以至于孩子在家一个标准，在幼儿园另一个标准，从而产生了孩子家园"两面派"行为现象。

教师小结：我们了解到孩子家园"两面派"行为产生的两个主要原因后，应该找到帮助孩子改变孩子家园"两面派"行为的教育方法，共同呵护孩子的健康成长。

【设计意图】通过小组讨论引发家长思考，家长将自己置于问题当中，引发思考。根据孩子家园"两面派"行为的表现去寻找产生问题的原因，以小组讨论的形式开展，这样有利于活跃课堂氛围，拉近家长间的距离，有利于思维的碰撞，引发头脑风暴在小组内达成共识。通过分析、归纳、总结，教会家长正确分析导致孩子家园"两面派"现象产生的原因，帮助家长对问题产生的原因进行归纳梳理。

（三）环节三：家长如何避免孩子的家园"两面派"行为（20分钟）

1. 小组讨论分享

刚才我们共同梳理了孩子产生家园"两面派"行为的原因，那作为父母，我们应该怎样帮助孩子避免家园"两面派"行为的产生呢？请家长们再次以小组为单位进行讨论，根据孩子家园"两面派"行为产生的原因，给出您的解决策略。

（1）小组进行讨论（计时10分钟）。

（2）家长分享小组讨论的结果（计时3分钟）。

在各位家长给出的解决策略中，有不溺爱孩子、抽出时间陪伴孩子、给孩子立规矩、改变自己的教育方式等。

2. 梳理归纳避免孩子家园"两面派"行为的策略（7分钟）

大家对孩子家园"两面派"行为的解决办法有自己独特的见解，将大家的观点分类后，主要总结为以下两个方面：

（1）家庭内部教养观统一。父母要多与长辈沟通，统一家庭教养观念，不溺爱孩子，学会适当的放手，不能事事包办代替，多给予孩子锻炼的机会，学会对孩子的不合理要求说"不"，及时去除"窝里横"的苗头。

（2）家园教养观统一。加强家园互动，多与老师沟通，了解孩子在园情况，同时把孩子在家的情况如实向老师反映，才更有利于全面了解孩子，做好家园共育。在家可参照幼儿园和老师的要求去规范孩子的行为，制定科学合理的规则，做一个有原则的家长，这样孩子才不会因不同的要求表现出家园"两面派"行为。

教师小结：李玫瑾教授说过，孩子的"两面派"性格简单地说就是表里不一，孩子出现"两面派"的现象是很自然的，但是我们不能随其发展，否则可能会导致孩子成年后变成真正的"两面派"。

【设计意图】通过小组讨论引发家长思考，结合现象追寻问题产生的原因，有助于家长加深对孩子家园"两面派"行为的认识，并能真正地去思考和反思。引用李玫瑾教授的话，再次引起家长的重视，关注孩子家园"两面派"现象所带来的后果。

九、教学小结及延伸拓展（5分钟）

（一）教学小结

大家越来越关注孩子的心理健康，我们在分析产生问题的原因的过程中，能看出大家对孩子家园"两面派"行为的重视。教育理念的不一致会影响孩子的行为，轻则让他们养成不好的行为习惯，重则会影响到孩子的心理健康。他们会变成见人说人话的模样，形成对立的不同思维，从而影响家人或幼儿园对他们积极的分析与判断，错失教育良机，对孩子的成长与发展影响非常不利。孩子的家园"两面派"行为在每个孩子身上的表现是不同的，细心的家长会很容易意识到教育方式可能出现了问题，然后想办法解决。而如果家长没有关注到存在的问题，长此以往就会对孩子产生很大的影响。爱孩子是本能，教育孩子就要学会一些科学的方法，帮助孩子养成良好的行为习惯，在各种场合言行一致，从此不做家园"两面派"。

（二）延伸拓展

推荐阅读书目：马利琴著，沈阳出版社出版的《没有教不好的孩子，只有不会教的父母：改变教养方式，熊孩子变乖孩子》

正确认识孩子的玩与学

花溪区教育培训研究中心　闫　卓

一、案例来源

（一）案例内容摘要

本次案例教学使用的案例选自《家庭教育知行读本》（3—6岁分册）中的《只知道"玩"的博博》一文。案例讲述了博博是幼儿园中班的小朋友，妈妈期待博博在幼儿园多多学习数学、识字、拼音等方面的知识，以免输在起跑线上，妈妈每天都会问博博："今天幼儿园教了什么呀？"而博博每次都开心地说："老师带我们玩了好多好多的游戏""老师让我们画画""老师还给我们讲故事""老师带我们去参观菜场了"……时间一长，博博的妈妈就怀疑幼儿园的老师不愿或不会教孩子，老师不够负责，不够专业，担心孩子天天这样玩不学习，以后会落后于别人。

（二）案例分析

案例中博博的妈妈对幼儿学习的认识有误区，认为幼儿的学习和小学生一样，只有在规定的地点，学习某种专门的知识或技能，用读、写的方式进行的活动才是学习，并用此标准来评价幼儿园的教育方法和孩子的学习成果。她不清楚游戏是幼儿的基本活动形式，幼儿园是以游戏为主要活动的，同时对幼儿园教师专业性的认识有偏差。

二、教学背景

卢梭曾经说过："大自然希望儿童在成人以前，就要有儿童的样子。"儿童的样子是什么样的呢？好奇、探索、快乐、自由就是儿童的样子、儿童的天性。玩是孩子的天性，他们天生就是玩的行家。但是常听到父母叹息："我家的孩子太贪玩，这样不行，人家孩子会背古诗、会念儿歌、会做数学题……"家长怕孩子输在起跑线上，所以总希望孩子在幼儿园里多学习一些小学的知识内容，要端正地坐在课堂上，接受学习，殊不知这是违背了幼儿的学习规律，幼儿园去"小学化"工作便成了当前的重要工作。教育部印发通知，要求开展幼儿园"小学化"专项治理工作，对于幼儿园提前教授汉语拼音、识字、计算、英语等小学课程内容的，要坚决予以禁止；对于幼儿园布置幼儿完成小学内容家庭作业、组织小学内容有关考试测验的，要坚决予以纠正；社会培训机构也不得以学前班、幼小衔接等名义提前教授小学内容。

但是有很多家长认为幼儿园去"小学化"，就是让孩子玩，什么都不学，担心孩子上了小学什么都不会，案例中的博博小朋友的家长就是许多家长的缩影，因此，转变家长的这种观念，打消他们的顾虑是我们幼儿教师需要面临的一大难题。

三、授课对象

农村幼儿园中班幼儿的家长。

四、学情分析

（一）学生基本情况分析

中班幼儿已经适应了幼儿园的集体生活，养成了一定的生活规律，喜欢与同伴一起游戏，对探索、冒险、建构、创造类的游戏产生了浓厚的兴趣，且游戏水平不断提高，在园中能够充分享受游戏的快乐。

（二）家长基本情况分析

中班幼儿的家长在幼儿上小班时，更多的是关注孩子的吃穿住行，而到了中班，便开始关注孩子的学习情况，会时常听到他们夸赞附近民办幼儿园，教孩子学拼音、数学等，抱怨公办园什么也不教，孩子一天到晚就是玩。由于农村幼儿园的许多家长都是附近做小生意的和进城务工人员，所以他们平时很少参与幼儿园的活动，对于幼儿家庭教育重视程度不高，对幼儿的学习特点了解不够，陪伴孩子游戏的时间不多。

五、教学目标

1. 知识目标：了解游戏是孩子的基本活动形式，理解游戏的价值。
2. 能力目标：尝试用鼓励、欣赏、观察、交流等方式支持幼儿开展游戏。
3. 情感目标：通过讨论分享转变教育观念，正确看待幼儿的玩与学。

六、教学重难点

（一）教学重点

了解游戏是孩子的基本活动形式，理解游戏的价值。

（二）教学难点

通过讨论分享转变教育观念，正确看待幼儿的玩与学。

七、教学方法与策略

（一）教　法

1. 提问法：通过提问，让家长们回忆自己童年的经历，从而对幼儿的游戏有新的认识和理解，同时为家长指点迷津，如何支持幼儿进一步开展游戏，获得新经验。

2. 讨论法：针对本次活动重难点，请家长观看幼儿游戏视频，开展主题讨论，在讨论中让家长自主发现游戏的特点，讨论法还能够帮助家长进行问题预设，激发家长的参与兴趣。

3. 讲授法：通过微讲座，让家长正确看待幼儿的玩与学，同时学习一些支持幼儿游戏的方法。

（二）策　略

1. 体验法：通过唱老歌、玩传统游戏，让家长体验游戏带来的愉悦感，并使之进入心驰神往、跃跃欲试的良好认知状态之中，将家长的参与状态调整到最佳。

2. 合作法：通过暖身活动，家长们消除了陌生感，为进一步的小组合作讨论奠定基础。能够顺利开展小组合作，有效梳理出幼儿游戏的优势，直接助力本次活动的目标达成。

3. 观察法：通过观看视频，观察幼儿玩的过程，感受幼儿在游戏中的愉悦感，并从中分析幼儿的学习品质。

八、教学过程

（一）导入：暖身游戏（3分钟）

1. 家长按照抽签卡分成三组，每组选出组长一名。

2. 播放背景音乐《童年》，提议每组成员想一个童年时的游戏并上台展示玩法，如"跳山羊""翻花绳"等。

（二）环节一：案例重现（3分钟）

1. 介绍案例中博博小朋友的情况。

2. 请个别幼儿家长谈谈自己对游戏的看法。引发家长共情，理解幼儿在游戏中的愉悦情绪体验。

3. 结合本班孩子情况，向家长们做介绍：孩子们升入中班了，开始喜欢各种探索、冒险和有趣的游戏，同伴之间一起合作的能力逐步增强，但是，许多家长总认为孩子到了中班就要开始正式进行一些知识性的学习，博博小朋友的母亲就和你们的心情一样，总是担心爱"玩"的博博什么也不会。

教师小结：游戏是我们整个童年最愉快的事情，也是我们记忆最深刻的，今天我们一起回忆了童年的游戏，我们的孩子也和你们一样，非常喜欢玩，许多家长总是担心孩子只知道玩，会耽误学习，那么，接下来我们就要来仔细了解一下"玩的价值"。

【设计意图】分组的目的是为了后面的讨论做准备，而暖身游戏则是带领家长回忆自己小时候经常玩的游戏，是为了缓解家长的陌生感，在后续的回答问题中能够愿意畅所欲言。案例的重现，把家长们的担忧提出来，引发接下来的思考。

（三）环节二：观察分析，了解幼儿的学习方式有哪些（5分钟）

1. 提问："您了解孩子在幼儿园都玩些什么吗？"
2. 播放本班幼儿游戏的视频（玩沙、玩水、搭积木等）。
3. 提问："视频里的孩子在游戏中的表现是怎样的？"（引导家长从孩子的表情、语言、动作、解决问题能力等方面观察幼儿）。
4. 向家长展示2—3篇教师撰写的幼儿学习故事或者是观察笔记片段，从专业的角度告诉家长如何解读孩子的"玩"。

教师小结：《纲要》《指南》中明确指出，幼儿在园的生活学习要以游戏为主，孩子在玩中学，在学中玩，当对孩子的学习方式有了深入的了解之后，家长们的顾虑才会打消。

【设计意图】用他们最感兴趣的视频引发对游戏的关注，了解幼儿一日生活均离不开游戏，同时通过赏析教师撰写的学习故事，初步感知幼儿的游戏是有价值的。

（四）环节三：讨论分享，充分挖掘出幼儿游戏的价值（10分钟）

1. 家长分成三组，每组针对一个视频内容进行观察讨论。

讨论一：您看到了孩子的哪些本领？孩子在玩中学到了什么？

讨论二：您觉得该游戏中，孩子还能得到什么经验？您是否会支持孩子玩此类的游戏？

2. 分别将讨论的结果用一句话或者一个词语描述，并用水彩笔记录在词条上，轮流进行分享。

教师小结：通过讨论，我们都发现了游戏其实蕴含了一定的知识，孩子在游戏中学到了一些知识和本领，幼儿的学习与发展的途径就是游戏。

①在游戏中培养幼儿的观察力和创造力、想象力。如捉迷藏、角色游戏等。

②充分锻炼幼儿的语言表达能力与合作交流能力。如表演游戏、角色游戏等。

③获得有关科学类的知识。如在玩沙、玩水中感知沙、水的特性等。

④获得数学经验。如在玩搭积木中学习数数、形状、立体几何等。

⑤注意力和认知能力、思维能力得到发展。如智力游戏、棋类游戏、九宫格、走迷宫等游戏。

【设计意图】通过讨论和分享，让家长们自主发现游戏的背后蕴藏了许多学习价值，充分调动家长学习的主动性。

（五）环节四：追根溯源，案例中博博妈妈焦虑的原因（5分钟）

1. 家长不了解孩子学习特点

换位思考：您小时候最喜欢玩什么游戏？由家长爆米花式回答：跳皮筋、扔沙包、抓石子、滚铁环、玩泥巴……

提问：这些游戏给您带来了什么体验？您的孩子最喜欢玩什么游戏呢？

2. 家长们陪伴孩子的时间太少

家长没有太多机会陪伴和支持孩子游戏，也不知道怎么去支持。

　　许多家长的陪伴形式就是，孩子一个人玩，家长在一旁玩手机，不观察孩子在游戏中的发展，也不同孩子一起游戏。

　　3. 家长间容易产生攀比心

　　家长焦虑有时候会来源于周围邻居朋友家的孩子，人家会背唐诗、三字经就是特别聪明，研究表明，孩子三年级以后超前学的那些知识就不占优势了，因此家长们不必攀比，不要超前小学化学习。

　　教师小结：我们家长都希望自己的孩子健康、快乐、积极、乐观……孩子们在游戏中就能够获取健康与快乐。积极与乐观等许多良好的学习品质，我们现在已经了解到了游戏的重要性，那该如何支持孩子进一步开展游戏呢？一起来学习一下吧！

　　【设计意图】帮助家长正视自己对待孩子游戏的态度。

（六）环节五：知行合一，学习如何支持孩子游戏（10分钟）

　　1. 支持孩子的游戏方法：

　　①多观察：不干预孩子的游戏，充分让孩子在游戏中探索。

　　②多支持：给予适时的帮助，如：提供丰富的游戏材料和工具等。

　　③多陪伴：为孩子提供良好的游戏环境，适时引导他们探索问题的结果。

　　④多鼓励：用赏识的眼光看等待孩子的游戏，给予孩子表扬赞美，让孩子更有自信。

　　⑤多交流：游戏后和孩子交流，进行总结，对下一次的游戏有所启发和帮助。

　　2. 尝试说一句赞扬的话鼓励孩子游戏。

　　3. 讨论、分享：如果视频里的孩子是您自己的孩子，您将如何做呢？

　　4. 请个别家长说说今天学习后的感悟。

　　5. 好书推荐：《儿童发起的游戏和学习》《游戏·学习·发展》《自主游戏》等。

　　教师小结："玩"对孩子的智能发展有着极其重要的作用，意义也非常重大，幼儿在玩中学，学中玩，通过"玩"启发他们的求知欲望，培养学习能力和学习兴趣，在"玩"的过程中自由快乐地学习和探索。我们成人不要再小看孩子的"玩"，会玩的孩子一定会更聪明。我们要走出对幼儿学习认识的误区，只要孩子在尝试认识探究和解决问题，那就是在学习，游戏不仅可以促进智力发育，还有助于培养健全的人格和培养良好的行为习惯等，所以我们要充分尊重孩子、相信孩子，顺应孩子的学习方式和特点，做孩子的榜样。

【设计意图】通过微培训，家长学习到一些非常实用的方法去支持幼儿的游戏，只有当家长对游戏加以肯定之后，才会认真去学习方法。通过说感悟和小结，家长加深了对儿童游戏的理解和认识，充分肯定孩子的游戏行为。

九、教学小结及延伸拓展

（一）教学小结

本次教学设计的每个环节层层递进，紧紧围绕目标；教学活动形式多样，有体验、有互动、有讨论、有培训等，动静交替，改变了以往教师讲、家长听的状态，家长不会感觉枯燥乏味；适时借助幼儿室内外的游戏照片、视频、游戏故事等活动材料，引起共情，充分调动家长学习的积极性，一步步使其认识到游戏的价值；最后还学到了一些支持孩子游戏的方法，对教师专业度的认可也大大提高，从而达到本次活动的教学目标。

（二）延伸拓展

1. 邀请家长到幼儿园实地观察自己孩子的游戏行为。
2. 尝试为自己的孩子撰写一篇学习故事（观察记录），并读给孩子听。

【设计意图】期待家长们学会高质量的陪伴与支持，以促进孩子在玩中学，学中玩。

小餐桌，大教育

紫兴街道南兴幼儿园　曹　丹

一、案例来源

（一）案例内容摘要

本次案例教学中使用的案例选自《父母课堂》中的《小餐桌，大教育》一文。案例讲述了婷婷跟爸爸妈妈和爷爷奶奶一起参加小叔家弟弟生日宴的事。吃饭的时候，婷婷用餐时的行为习惯较好，与其他孩子形成鲜明的对比，婷婷良好的行为表现来自妈妈从小对她的教育和培养。

（二）案例分析

案例中婷婷的良好用餐习惯正是来自家长对婷婷进行的餐桌教育，如今用餐是孩子学习独立最重要的环节，也是家长们最容易忽视的环节，幼儿期恰好是孩子行为习惯养成的关键期，餐桌教育显得尤为重要。

二、教学背景

政策背景：在 2020 年开阳县教育局印发《开阳县教育系统开展杜绝"舌尖上的浪费"暨"厉行勤俭节约 反对餐饮浪费"主题活动的实施方案》的通知后，各行各业开始重视文明用餐，拒绝浪费。可见培养孩子餐桌上的良好行为习惯是尤为重要的。

幼儿园课程背景：餐桌教育，是幼儿园健康教育的重要内容之一。我园在 2020 年就开展了系列的餐桌教育主题活动，如"文明用餐""光盘行动"等，逐步培养孩子用餐时良好的行为习惯，但由于我园的极大部分家长来自农村，所以对于孩子用餐的行为习惯的养成意识淡薄。

班级实况：小班孩子正是培养良好的行为习惯的关键期，他们的进餐是家长及教师最为关心的问题，90%的孩子在用餐时会出现很多不良习惯，如看电视、与其他人讲话、到处乱跑等，长此以往，不利于孩子身体发展及良好行为习惯的养成。

三、授课对象

城乡结合幼儿园的小班家长。

四、学情分析

（一）幼儿基本情况分析

小班幼儿的自我控制能力和规则意识较差，在用餐环节，幼儿常常出现坐姿不端、剩菜、撒饭、挑食、厌食等情况；还有的幼儿卫生习惯较差，常常出现饭后不擦嘴，饭前不洗手等现象。

（二）家长基本情况分析

由于是在城乡结合地区，大部分家长是进城务工人员，有的孩子日常起居都由老人照顾，他们常常忽视孩子的用餐环节。大部分家长无餐桌教育的意识，对孩子用餐不管不问，从未对孩子进行餐桌教育，少数家长有意识对孩子进行餐桌教育，但因为不知道具体怎样做，所以效果不明显。

五、教学目标

1. 认识到餐桌教育的重要意义。
2. 学会科学的餐桌教育方法，培养幼儿良好的进餐行为。
3. 愿意在孩子进餐时，客观看待幼儿的进餐行为，抓住时机对幼儿进行餐桌教育。

六、教学重难点

（一）教学重点：引导家长认识到餐桌教育的重要意义，学会科学的餐桌教育方法。

（二）教学难点：引导家长能在孩子进餐时，客观看待幼儿的进餐行为，抓住时机对幼儿进行餐桌教育。

七、教学策略与方法

（一）教学方法

1. 问卷调查法：利用问卷，了解并分析关于幼儿在家进餐行为习惯的现状，为教学活动的前期做准备。

2. 游戏法：采用游戏法，让家长放下焦虑紧张的心情，营造轻松愉悦的谈话氛围。

3. 情境法：将平时幼儿进餐的行为还原在家长眼前，引发家长对自己孩子进餐行为的思考，激起家长主动探究解决孩子吃饭问题的欲望。

4. 谈话法：在每个环节中，都有教师的提问及对家长的交流分享，通过层层递进的提问和分析，准确找出孩子用餐时存在的问题，提出餐桌教育的内容及策略。

5. 直观演示法：采用多媒体课件的演示及图片的展示方法，让家长在图文并茂的情况下更容易了解餐桌教育的内容，掌握餐桌教育的策略。

6. 案例分析法：通过真实的案例，让家长亲自讲述及分析，引发家长们的共鸣，并使之有所收获。

（二）教学策略

游戏引出主题，营造轻松氛围；以景深思，引起重视；分析案例，思考方法；亲身讲述，实践出真理；共同探索，建言献策促成长。

八、教学过程

（一）以游戏导入，活跃气氛（5分钟）

教师：家长们下午好，很开心能和大家见面，在活动开始之前，我们先玩一个小游戏——"抓手指"。请家长们围成一个圈，每位间隔30厘米左右，每位家长将左手掌朝下伸向左前方，右手食指伸出并朝上顶在右侧家长伸出的左手掌心中，食指必须与掌心接触，我会喊出各种词语，当我念到"餐桌教育"时，所有参加游戏的家长需要迅速地用左手抓住左侧家长的食指，同时也要迅速将自己的右手食指缩回，不要被右侧的人抓住。

教师：在游戏中，我们屡次提到了"餐桌教育"，你觉得"餐桌教育"是什么？（家长交流发言）

教师总结：餐桌教育，是指在吃饭时的餐桌上对幼儿进行各方面知识与能力的教育。用餐是我们生活中必不可少的环节，有的家长可能会说，就吃个饭，还用得着教育孩子吗？我们一起来瞧一瞧。

【设计意图】以游戏的形式来活跃氛围，让家长们放松心情，相互认识，为下面家长们能大胆发言做准备，通过简单的谈话引发家长对餐桌教育的思考。

（二）案例重现（6分钟）

下午，婷婷和妈妈一起吃饭，在吃饭前，妈妈提醒婷婷先洗手，洗完手后，婷婷准备吃饭，妈妈开始提醒婷婷坐好，不翻菜盘，打喷嚏时捂住鼻口。这时，婷婷开始挑剔菜里没有炸鸡，不好吃，妈妈语重心长鼓励婷婷多吃蔬菜，给婷婷讲了很多蔬菜的营养知识，婷婷在妈妈的鼓励下开始吃饭。可是没过一会儿，婷婷就说："妈妈，我不想吃了，我想去玩。"这时，妈妈又给婷婷讲了关于农民伯伯辛勤劳作的故事，婷婷在妈妈的鼓励下终于吃完了碗里的饭。吃完饭后，妈妈鼓励婷婷和她一起擦桌子、收碗等。一次周末，婷婷跟爸爸妈妈和爷爷奶奶一起参加小叔家弟弟的生日宴，吃饭的时候，婷婷坐在餐桌旁边，一手扶着碗一手用筷子夹菜，安安静静的，而其他几个亲戚家的孩子，有的吵吵闹闹，有的用手抓饭吃，还有的把喜欢吃的食物转到自己面前并且不停地往自己碗里夹。大人们都夸婷婷懂事、有规矩。奶奶说婷婷之所以能有今天的表现，多亏妈妈从小对她的教育和培养。

教师：你认为"餐桌教育"重要吗？为什么？（家长自由发言）

教师小结：餐桌，是教养的课堂，体现了家庭氛围和父母的教养方式；餐桌，让孩子学会自理，尝试整理餐具、收拾桌面等，从而使孩子养成良好的行为习惯。餐桌教育，不仅帮助幼儿养成良好的饮食习惯，有益身体健康，还可以培养孩子的责任感、分享意识等，对孩子的身心发展起着重要的作用。

（三）分析分享（15分钟）

1. 教师：在案例中我们发现，婷婷妈妈对婷婷进行的"餐桌教育"让婷婷养成了良好的用餐习惯，你认为婷婷妈妈对她做了哪些"餐桌教育"呢？家长们可以进行分组讨论，每组可派两名家长代表说一说。

2. 教师组织家长分组讨论，并将家长们的发言出示在幻灯片上，教师进行总结。

3. 教师总结：在案例中，婷婷的妈妈给婷婷做了四点餐桌教育内容，第一，生活卫生习惯教育；第二，品德行为习惯教育；第三，饮食知识教育；第四，劳动习惯教育。

【设计意图】通过案例分析，家长可以直观地了解到在吃饭时可以给孩子哪些教育，从重视餐桌教育到认识餐桌教育的内容，层层递进。

（四）追根溯源（15分钟）

1. 情景表演《吃饭》

一名教师表演不同孩子在家吃饭时的不同情景：模仿大人边看电视边吃饭、挑食、爱吃油炸和垃圾食品、剩饭、吃饭环境吵闹导致孩子跟着吵闹、不吃等情况；另一名教师则扮演家长，与孩子表演者一起表演在家吃饭时的情境，家长表演者要表演出喂饭、边吃边玩、剩饭剩菜、点外卖、大声呵斥等。

2. 教师根据每个不同的表演片段进行提问

师：您觉得孩子为什么会出现这样的情况？家长的做法合适吗？为什么？

3. 家长交流分享

4. 教师总结：孩子们在用餐时的不良习惯的养成，有的来自对父母的模仿，有的来自用餐时的环境氛围、家庭习惯，有的来自用餐时幼儿自身的情绪和食欲问题（研究表明，幼儿口味偏轻，成人口味偏重，若同样的菜式家长与幼儿一同进食，幼儿的肠胃功能就会紊乱，进而影响幼儿的食欲，导致孩子挑食、不吃等行为习惯），可想而知，家庭对孩子的用餐行为习惯有多重要，那作为父母的我们该怎么做呢？

【设计意图】以情景表演的方式，贴近家长的生活，引发家长们的共鸣，引导家长们关注孩子的餐桌教育，通过孩子吃饭的情况，认识到在家庭教育中家长对孩子餐桌教育的影响力。

（五）知行合一（15分钟）

1. 教师分别请孩子用餐行为习惯良好的家长讲述自己是怎样对孩子进行餐桌教育的。

师：在班级里，我们发现了两位小朋友在用餐时行为习惯较好，现在两位小朋友的家长来分享一下孩子在用餐时他们是怎么做的吧！（教师在家长讲述时，出示孩子用餐图片。）

师：除了刚才两位家长的分享，你们觉得在给孩子餐桌教育时还应注意些什么？还可以怎么做？（家长交流分享）

2. 教师总结家长们的建议并将家长们的建议利用幻灯片展示出来，进行归纳总结。

在餐桌上，我们还可以采用以下的方法进行教育：

（1）榜样作用

家长要做好表率，要求孩子不能做的自己也不做，并且要共同坚持，帮助孩子养成好习惯。

（2）讲解示范，循序渐进

当孩子可以独立进餐时，家长首先要教会他们如何使用勺、叉，等他们再长大些时，可教其使用筷子。根据孩子的发展情况，用亲身示范的方式帮助孩子养成好习惯。

（3）耐心细致，和颜悦色

在进餐过程中，孩子难免会出现这样或那样的问题，家长们要尊重孩子的年龄特点，有耐心，不要大声呵斥孩子，要给予孩子鼓励。

教师小结：感谢家长们的分享，通过这次活动，我们知道"餐桌教育"对孩子的健康成长产生着重要的影响，而餐桌教育不是一蹴而就的，需要家长们和孩子持之以恒。

【设计意图】通过家长们的交流和分享，教师进行总结，帮助家长梳理进行餐桌教育的策略，达到知行合一。

九、教学小结及延伸拓展（5分钟）

（一）小　结

本次活动，意在让家长们通过学习和研讨，意识到餐桌教育的重要性，也知道该怎样去教育孩子，以及教育的策略，希望家长们能学有所得，将学习经验运用于实际生活，持之以恒，共同促进孩子身心健康发展。

（二）延伸拓展

活动结束后，邀请家长们通过园内的家长开放日等活动，观察一下孩子们在园内用餐的情况，教师利用班级的网络平台，开设用餐时礼仪教育等评选活动，鼓励家长积极参与，将孩子用餐时的情况分享至群中。

参考文献：

[1] 闫洪波. 小餐桌，大教育 [J]. 父母课堂，2021（5）：18-19.

给孩子适宜的爱

——减少家庭教育中的过度保护

贵阳市六一幼儿园　宋竹蕊

一、案例来源

（一）案例描述

本节案例选自《家庭教育行知读本》（3—6 岁分册）中的《"两面派"的昊昊》一文，案例讲述了小班孩子昊昊在家享尽父母的宠爱，性格肆意妄为，但走出家门，面对陌生人就变得害怕胆小的反差现象。

（二）案例分析

案例中的家长行为在三代同堂家庭中极容易出现，家长认为是为孩子好，却没意识到，在长期溺爱的教养下，孩子容易产生依赖以及各项独立能力缺失的现象。

二、教学背景

幼儿园城市家庭多数呈现三代同堂的家庭结构，祖辈参与家庭教育的机会较大，极易出现对孙子辈的溺爱情况。在家长与教师的交流中，我们得到反馈，孩子进入幼儿园后，在园中的表现和家中表现"不一样"，在家里活泼好动，在幼儿园内向胆小，家长担心是不是在幼儿园被同学欺负了。有的家长则反映，孩子在家"无法无天"，在外面也常常淘气调皮让自己感到很苦恼。

每当出现上述问题，我们都要向家长了解是否在家存在"过度保护"孩子的行为，家长总是说："没有溺爱孩子。"由此可见，家长容易将溺爱与过度保护画等号，对过度保护行为认识单一。

三、授课对象

幼儿园 3—4 岁孩子家长（城市）。

四、学情分析

（一）家长情况分析

城市家长因为工作原因，家庭结构大多呈现三代同堂的模式。首先，在这样的情况下，家庭教育容易受到祖辈的干扰和影响。由于"隔代亲"的育儿理念，祖辈在教育孩子时容易出现过度保护的心理。其次，社会竞争越发强烈，年轻家长对孩子的未来极为担忧，促使年轻家长对孩子要求过高，常常无视孩子的内心发展需求，干涉孩子的兴趣，要求孩子赢在起点。

（二）学生情况分析

3—4 岁是幼儿社会性形成的重要阶段，幼儿为了在社会化的过程中保持圆满的关系，会迁移自己的生活经验进行人际交往。同时，这个阶段幼儿的好奇心和求知欲增加，想要探索更多的可能，表现出更多的好奇心。因此这个阶段的引导尤为重要，如一味的包办或抑制，则会大大削弱孩子的探索欲望，从而产生依赖。

五、教学目标

1. 通过案例梳理家庭中过度保护的表现及其影响。
2. 了解家庭教育中适度保护的方式及方法。
3. 唤醒家长适宜的爱，能尊重和理解幼儿，调整教养态度，建立和谐亲子关系。

六、教学重难点

（一）教学重点

理解家庭教育中过度保护对孩子的影响。

（二）教学难点

引导家长学会适度保护，科学引导孩子的社交方式，建立规则意识。调整教养态度，建立和谐亲子关系。

七、教学策略与方法

（一）教　法

1. 案例分析法：通过案例呈现，引导家长发现案例中存在的问题，引发家长思考：过度保护会对孩子的成长有什么影响？

2. 讨论法：通过讨论，引导家长了解家庭教育中过度保护的表现及影响。以"怎样给予孩子适当的保护"为谈话主题，家长进行分享交流。

3. 情景再现法：通过创设游戏情景，让家长感受过度保护下孩子的真实想法。

（二）学　法

1. 探究学习：针对案例展开探究，发现案例中存在的问题，继而引发思考：过度保护会对孩子有什么影响？

2. 合作学习：家长们进行小组讨论，相互帮助，通过与老师的互动，找到避免过度保护的方法。

3. 体验学习：通过游戏中的情景再现，感知生活中容易出现过度保护的具体事例，唤起家长对教养方式的反思。

八、教学过程

（一）案例重现

1. 引　言

首先，感谢家长们来到我们今天的家庭教育讲堂，在今天的活动开始前，我想问大家一个问题：您是否遇到过孩子在家与在外行为表现反差很大的情况？哪位家长能够主动分享一下？

2. 案例重现

幼儿园小班一开学，我们班一个内向又胆小的孩子吸引了我的注意，每天清晨，她总是哭闹着松开姥姥的手，被老师抱进班里。在班上她不和小朋友说话，不参加集体活动，做早操或者晨间活动时，她总是呆呆地站在一旁，提不起兴趣。经过一段时间的观察后，我和豆豆的妈妈进行了一次谈话，并给豆豆妈妈观看了豆豆在园的视频，豆豆妈妈对豆豆的表现非常惊讶，她告诉我们，豆豆在家是一个活泼且热爱运动的小女孩，爬树、蹦蹦跳跳是常事，每天都在小区里和伙伴玩上好半天，和幼儿园里的她完全不一样。

针对孩子的反差现象，我们对豆豆的家庭情况进行了深入了解：因为爸爸妈妈都是医生，工作比较忙，豆豆从小和姥姥、姥爷生活在一起，姥姥姥爷对外孙女极度宠爱，捧在手里怕摔了，含在嘴里怕化了，豆豆在家不管提出什么要求，姥姥姥爷总是第一时间满足她，生活中的一切事务也代替豆豆完成。久而久之，豆豆对姥姥、姥爷很依赖，尤其在入园初期，豆豆对陌生的环境和人都还不适应，加上失去了姥姥姥爷的陪伴，她就十分没有安全感。

3. 理解分析

（1）提问

师：通过聆听刚才的案例，请您猜想：引起豆豆在园和在家性格反差的原因是什么？如果豆豆是您的孩子您会怎么做？哪位家长能分享自己的想法？

（2）分析

师：从案例中，我们可以看出，在姥姥姥爷一直以来的呵护下，豆豆习惯

61

于姥姥姥爷在身边陪伴呵护，因此，当到了幼儿园，面对一个新的环境，原本活泼爱动的豆豆表现得极其不适应。这种以溺爱为特征的教养方式，称为"过度保护"，过度保护是指家长为了不使孩子受到伤害，过分给予保护以致影响其独立性发展的倾向。随着生活水平的提升，家长想给孩子更多的爱，过度保护在家庭教育中出现得越来越频繁。

（3）讨论

提问：请您回顾，您家里是否有豆豆这样类似的情况出现？您认为是什么原因引起的？请家长们分享自己的育儿故事。

4. 教师小结

由于祖辈参与家庭教育，或是因缺少陪伴想要弥补孩子的心理，在育儿过程中，我们或多或少会出现过度保护的育儿方式，然而我们的孩子在这些行为的影响下，自身的社交能力、自理能力、环境适应力会受到一定影响。

【设计意图】通过案例，找出案例中"豆豆"反差性格的原因，引出本次活动关键词——过度保护，帮助家长引发思考，在家庭教育中，是否存在过度保护的行为。

（二）过度保护的成因及表现

1. 游戏：《为了你好》

准备物品：信息字条，椅子一把，绳子若干。

玩法：家长扮演者抽取信息字条，站在幼儿扮演者对面。幼儿扮演者坐在椅子上对每位家长扮演者表说："爸爸/妈妈，我想玩小朋友的玩具……"家长扮演者对孩子扮演者说出字条上的内容："好，我去帮你要过来。"说完后在幼儿扮演者的身体上轻轻捆上一根绳子。

2. 理解分析

游戏中家长们的行为，其实都属于过度保护，过度保护其实就体现在生活中的点点滴滴。这是因为许多家长认为，帮助孩子完成能节省时间，避免孩子遭受挫折，能够为孩子规避风险。久而久之，过度保护的育儿习惯就植根于教养方式中，却忽略孩子也需要学会自己承担。尤其在祖辈的参与下，父母的教育措施会受到干扰，不同教育理念的碰撞造成家庭教育缺乏一致性，导致有的孩子成为家人眼里的"两面派"

3. 讨 论

师：除以上行为外，在生活中，您还发现哪些过度保护行为？请您将答案写在纸条上，我们收集起来进行讨论。

4. 教师小结

许多家长认为，溺爱才是过度保护的表现，其实生活中，干涉幼儿的交友、要求孩子一味的服从也是过度保护的表现，因此，我们将过度保护分为两种类别：

表 1　家长过度保护的两种类型表现

极端约束型过度保护	极端放纵型过度保护
要服从家长说的道理	将自己和孩子看做一个整体
打断孩子的发言，没有倾听孩子说话的习惯	乐于做孩子的代言人
以爱的名义阻止幼儿的探索欲望	受孩子的情绪所支配，放弃原则
干涉孩子的交友	成为孩子的生活代理人

这两种不同类别的过度保护，对孩子性格、行为习惯的影响也极为不同。

【设计意图】本环节利用游戏直击家庭教育中容易触发家长过度保护的具体事例，通过实景展现，让家长体验过度保护的具体表现，感受在过度保护的环境下成长起来的幼儿是如何逐渐丧失各项能力的。同时通过分析讨论，引导家长认识到过度保护的产生其实源于对生活中的小事没有进行正确引导，进而与家人达成共识，积极寻找解决的办法。

（三）过度保护对幼儿的影响

1. 互 动

（1）根据刚才的介绍，请您回忆一下，在您的家庭中出现过哪种类型的过度保护？

（2）您家中对孩子过度保护最严重的家长是谁？请您分享。

2. 分　析

大部分家庭中，极端约束型过度保护多出现在父母的教养过程中，极端放纵型过度保护多出现在祖辈家长的教养过程中。父母作为孩子的监护人，受社会环境所影响，希望孩子在学习、生活中更加具备竞争力，会以成人视角干涉孩子的思维与想法。爷爷奶奶、姥姥姥爷年龄较大，对于家中宝贝总是想给予最多的爱，在情感的驱使下，无条件满足孩子的需求，将孩子宠成小霸王。

3. 讨　论

师：您认为，过度保护行为给您的孩子带来了那些影响？请您将答案写在纸条上，我们收集起来进行讨论。

4. 教师小结

从家长们的答案中看出，大家对过度保护带来的影响有了一定的认识，在这里，我们将过度保护带来的影响做一个简单的归纳。

表 2　家长过度保护的两种类型影响

极端约束型过度保护的影响	极端放纵型过度保护的影响
独立性差	目中无人，以自我为中心
情绪表达障碍，出现自残、心理压抑、抑郁	过分依赖他人
幸福感低	暴力行为
自卑，不自信	不尊重他人

从上表中我们可以看出，家长的过度保护行为经过长期持续，孩子的性格、能力将大受影响，甚至出现性格缺陷、心理障碍，恰恰违背了家长希望孩子好的初衷。

【设计意图】引导家长明确两种不同类型的过度保护带来的影响，并反思自己的育儿行为，为积极寻找解决方法做铺垫。

（四）如何避免过度保护

1. 提　问

（1）面对过度保护，您认为有什么方法能帮助改善过度保护的教养方式?

（2）请您将答案写在纸条上，我们收集起来进行讨论。

2. 分　析

从家长们的回答中，我们归纳出以下几点。

表 3　改善两种过度保护的方法

怎样改善极端约束型过度保护	怎样改善极端放纵型过度保护
尊重孩子的想法	认识到孩子是独立的个体
学会倾听孩子的发言	让孩子自己面对力所能及的问题
放手让孩子探索	坚持原则，不以孩子的意志为转移
尊重孩子的交友权利	让孩子自己完成生活中力所能及的事

3. 讨　论

您认为改善过度保护的育儿行为中哪一点对您最困难?

4. 教师小结

家长们担心的关键主要聚焦在：害怕孩子不适应、家人之间无法达成共识、不知道怎样从生活中逐步调整。接下来我将从幼儿身心发展特点出发，就如何给予孩子"适度保护"向大家做一些分享。

（1）学会拒绝，减少孩子依赖

①在生活中对孩子适当放手，鼓励孩子自己完成力所能及的事。

②与同伴发生矛盾或其他交往问题时，教给孩子解决方法，鼓励孩子自己解决社交问题。

③引导孩子学会担当，孩子也需要有肩膀，能承担。

（2）鼓励信任，给孩子自由的空间

①孩子是独立的人，拥有自己的想法，转变意识，相信他们可以。

②别剥夺孩子选择的权利，鼓励孩子大胆选择心中所想。

③建立平等、自由的亲子关系，让您成为孩子最好的朋友。

④学会倾听孩子的话，孩子也有自由发言的权利。

（3）安全教育，学会保护自己的方法

①正视孩子的冒险心理，体验是最好的老师。

②最好的守护者是自己，教会孩子自我保护比贴身守卫更加有效。

（4）教育一致，共同引导健康成长

①统一教育观念，与祖辈达成共识，一同帮助孩子成长。

②过度保护并不是爱的体现形式，健康的爱能让孩子更好地面对未来。

【设计意图】在认识到过度保护带来的影响后，向家长介绍适度保护的育儿方法，为家长改变教养态度和方式提供参考。

九、教学小结及延伸拓展

（一）教师小结

还记得 2014 年全国学前教育宣传月的主题是"给孩子适宜的爱"，适宜的爱，是理性把握爱的温度和尺度，是尊重孩子的独立人格，是遵循孩子的发展规律。作为孩子成长的引导者，我们要知道，想要保护孩子的成长，最好的方法是让孩子学会自我保护。

（二）延伸拓展

针对权威型过度保护和包办型过度保护的家长，特制作了"适度保护任务表"帮助大家养成适度保护的育儿习惯，以 21 天为一个周期，看看您能获得多少分？

表 4　适度保护任务表一

权威型过度保护自测表			
序号	问题	选项	
1	是否干涉孩子的正常交友？	是（0分）	否（10分）
2	是否干涉孩子的游戏活动？	是（0分）	否（10分）

续 表

权威型过度保护自测表		
序号	问题	选项
3	没有倾听孩子的想法，打断孩子的发言。	是（0分） 否（10分）
4	是否强迫命令式地让孩子完成任务？	是（0分） 否（10分）
5	是否用打骂的方式让孩子服从自己的命令	是（0分） 否（10分）
6	孩子犯错误是否让你感到很生气，不能接受？	是（0分） 否（10分）
7	认为我是一家之长，孩子必须听我的。	是（0分） 否（10分）
8	认为和孩子要保持距离才能建立权威。	是（0分） 否（10分）
9	在没有商量的情况下替孩子做选择（例如兴趣班的内容等）。	是（0分） 否（10分）
10	是否常常用"我是为了你好"类似的语言教育孩子？	是（0分） 否（10分）
说明	得分 0~30 分：您的过度保护行为严重地干涉孩子的发展，请及时调整。	
	得分 31~60 分：您的教养方式中存在过度保护的行为，请注意调整。	
	得分 61~90 分：您的教养方式中存在少量的过度保护行为，稍作调整会更棒！	
	得分 91~100 分：您的教养方式较健康，请继续保持！	

表 5 适度保护任务表二

包办型过度保护任务表		
序号	问题	选项
1	今天是否给孩子喂饭？	是（0分） 否（10分）
2	今天是否给孩子收玩具？	是（0分） 否（10分）
3	今天是否在孩子能自己完成的情况下帮助孩子穿脱衣物？	是（0分） 否（10分）
4	孩子在家地位高人一等，所有家人为孩子服务。	是（0分） 否（10分）
5	过分关注孩子，时刻以孩子为中心。	是（0分） 否（10分）
6	轻易满足孩子的需求，要什么给什么。	是（0分） 否（10分）
7	允许孩子的饮食起居、学习没有规律。	是（0分） 否（10分）
8	央求祷告孩子完成家长安排的事宜。	是（0分） 否（10分）
9	对孩子受伤、生病表现得惊慌失措，使得孩子很娇气。	是（0分） 否（10分）
10	当孩子犯错后，不批评指正，反而当面袒护。	是（0分） 否（10分）

包办型过度保护任务表		
序号	问题	选项
说明	得分 0~30 分：您的过度保护行为严重地干涉了孩子的发展，请及时调整。	
	得分 31~60 分：您的教养方式中存在过度保护的行为，请注意调整。	
	得分 61~90 分：您的教养方式中存在少量的过度保护行为，稍作调整会更棒。	
	得分 91~100 分：您的教养方式较健康，请继续保持。	

十、附　录

学员用表

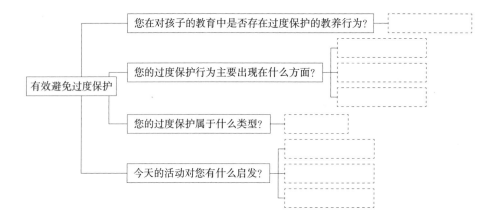

如何减少幼儿在园尿裤子的行为

贵阳市中心实验幼儿园　马明菊

一、案例来源

（一）案例内容摘要

本次教学中使用的案例选自《家庭教育知行读本》（学前版）中的《总是尿裤子的小轩》一文。案例讲述了小轩是幼儿园小班的新生，他是一个内向、胆小有点倔强的孩子，在幼儿园不喜欢和老师说话，常常一个人坐在一边。开学一周以来，小轩几乎每天都会尿湿几条裤子。上幼儿园后，小轩每天回到家里就会告诉妈妈，他害怕在幼儿园上厕所，不会自己尿尿，也不会自己擦屁股，听得妈妈心疼极了。

（二）案例分析

案例中像小轩这种处在入园适应期尿湿裤子的孩子在幼儿园是非常常见的。尿裤子的原因从外显的环境变化到孩子内隐的心理过程是复杂多元的。如果没有寻根溯源，找到尿裤子的原因和解决方法，总是尿裤子这件事会增加孩子在园的挫败感，让孩子的入园适应过程变得漫长而困难。

二、教学背景

在小班班级群中，家长们的讨论总是很热闹，从入园前给孩子物品上准备的讨论，到入园适应，在入园一周左右又热烈地讨论着孩子尿裤子一事。有家长反映："我的孩子在家能自主如厕，怎么到幼儿园就不会了，老是尿湿。""我家孩子上小小班的时候都不会尿裤子，到这也经常尿裤子。"甚至有家长提出："我家在家都是抱着上厕所的，在幼儿园上厕所的时候能不能麻烦老师抱着上一下厕所。""我家什么时候在幼儿园尿湿的都不知道，今天还是穿着湿裤子回家的。""每天都要尿湿好几条裤子，都快没裤子换了……"作为一名妈妈，大家的担心和焦虑，我也经历过；作为一名幼儿园老师，我也想把我在幼儿园看到的关于孩子们如厕的情况和经验和家长们分享。

三、授课对象

以新入园的城市或农村的幼儿园家长为主。

四、学情分析

（一）幼儿基本情况分析

如厕是幼儿园一日生活中非常重要的生活环节，良好的如厕习惯和能力能帮助幼儿更好地适应幼儿园的生活，建立自信，减少入园焦虑。

在幼儿园，有的孩子是偶尔尿湿裤子，有的孩子因为各种原因总是尿湿裤子。常见的幼儿尿裤子情况有：不会用蹲式便池、尿的过程中不会拉裤子或不会脱裤子而尿湿、玩得太兴奋而尿裤子、上集体活动或者午睡时不敢说而尿湿。

（二）家长基本情况分析

对于新入园的幼儿家长，由于和班级老师还没建立信任感亦或是没找到合适的沟通方式，家长总会担心老师会不会及时发现孩子的如厕需求，孩子会不会主动给老师讲，长时间穿湿裤子会不会让孩子受凉感冒等。孩子在幼儿园总是尿湿裤子的行为也会让家长长期处在焦灼的情绪中。

五、教学目标

1. 了解幼儿生理心理发展特点，从而理解幼儿在不同环境下尿裤子的原因。
2. 能用恰当的教育方法帮助幼儿减少在幼儿园尿裤子的行为。

3. 家园合作帮助幼儿养成独立如厕的好习惯，走进幼儿，建立亲密的亲子关系。

六、教学重难点

（一）教学重点

了解孩子尿裤子的原因，能用恰当的方法减少幼儿在园尿裤子的行为。

（二）教学难点

用科学的方法帮助孩子建立独立如厕的好习惯。

七．教学策略与方法

（一）教学策略

启发式教学策略：以案例分析、情景扮演、观看视频等多种方式启发家长去思考，寻找孩子尿裤子的原因，并理解孩子尿裤子的行为。

分享式教学策略：以案例分享与分析探讨孩子尿裤子的原因。以教师经验分享帮助家长获得缓解幼儿尿裤子的方法。

情景式教学策略：以情景扮演的方式，引导家长转变视角，感受孩子"尿裤子"后接收不同言语和处理方式的心理过程。

（二）教学方法

讲授法：教师通过口头语言，辅助以 PPT 课件向家长传递幼儿尿裤子的原因及缓解策略。

讨论法：通过小组讨论，分析案例中轩轩尿裤子的原因，在小组讨论中，相互启发。

游戏互动：在开场环节，以游戏"扑克组合"导入，营造轻松的互动氛围，同时还引出协助和沟通是"打得一手好牌（家园沟通）"的关键。

视频法：通过观看对幼儿的采访视频，更进一步了解孩子。

八、教学过程

（一）导 入

师：家长朋友们，大家好！我是贵阳市中心实验幼儿园的马明菊老师。同时和各位家长有一个相同的身份，一位新入园的小班孩子的家长。我相信，我们在今天的分享中会产生很多共鸣。

在今天的分享开始之前，我准备了一个有趣的小游戏——扑克组合！我来向大家介绍一下游戏规则。

1. 每位家长抽一张牌，自由组合成 5 人的小组，小组内各人的牌组合在一起后的牌面必须是玩扑克牌游戏中最好的一手牌。

2. 请参与的老师开始比较，选出牌面最好的一组作为优胜队，可以抽取家长填写的标签。

3. 请获胜的家长来讲他们取胜的经验。如何才能又快又好地组成牌面最好的小组？在游戏过程中家长有什么想法？

教师小结：如何在众多的家长中选择 5 人，自由组合成一副好牌面，一开始可能会产生混乱，但经过大家协助和不断地沟通，渐渐有了头绪，最后终于组成了一副好牌。我们家长在教育孩子的过程中，也会出现一些问题，这也需要我们家园双方不断地进行沟通和合作，才能解决已出现的问题，共同教育好孩子。

【设计意图】本环节在拉近教师与家长距离的同时，也让家长与家长之间产生互动，活跃现场气氛，为情景扮演等环节做铺垫。同时还引出协助和沟通是"打得一手好牌（家园沟通）"的关键。

（二）案例重现

师：作为一名幼儿园教师，同时也是一位三岁小朋友的妈妈，曾经我和大多数家长一样，也焦虑过孩子入园的各种问题。担心孩子在幼儿园能不能独立吃饭、能不能独立午睡、能不能独立穿脱衣服、能不能向老师表达清楚自己的需要、能不能在一个陌生的环境中很快适应下来……当然能不能独立上厕所也是家长最为担心的一方面。

1. 案例分享与分析

小轩是幼儿园小班的新生，他是一个内向、胆小有点倔强的孩子，在幼儿园不喜欢和老师说话，常常一个人坐在一边。老师组织小朋友们集体上厕所时，小轩都不愿意去，实在憋不住了，就会尿湿裤子。开学一周以来，小轩几乎每天都会尿湿几条裤子。下午离园的时候，老师和父母沟通后了解到，小轩上幼儿园以前在家中使用纸尿裤，没有自己控制大小便的意识和定时排便的习惯。上幼儿园后，小轩每天回到家里就会告诉妈妈，他害怕在幼儿园上厕所，不会自己尿尿，也不会自己擦屁股，听得妈妈心疼极了。

提问：案例里的小轩为什么会出现经常尿裤子的现象呢？

请家长小组讨论后发表见解。

（预设答案：不会表达、环境不适应……）

2. 追根溯源，了解孩子尿裤子的原因

孩子出现尿裤子的原因是多方面的，我们来看看哪些因素会影响孩子尿裤子呢？

（1）生理原因

①生活自理行为开始出现，但动作发展缓慢

3 岁的幼儿，生活自理行为开始出现。幼儿在日常生活中开始表现出独立的倾向。他们尝试着自己洗手，用小匙进食，自己穿脱衣服、鞋袜等。在如厕方面懂得表示需要，并能在成人帮助下自行如厕。但由于受动作能力发展的制约，动作仍然迟缓、笨拙，身体控制能力差，生活自理行为还需要成人帮助。

②脊髓排尿中枢没有发育成熟，憋不住尿

3 岁左右的孩子，由于脊髓排尿中枢没有发育成熟，对尿液控制能力比较弱。膀胱容量较小，喝水后膀胱充盈过度，导致憋不住尿。一般随着年龄的增加，脊髓排尿中枢逐渐发育完全，膀胱容量逐渐增大后，憋不住尿的现象会减少和消失，尿裤子的现象也会逐渐减少。

③幼儿的语言表达能力弱，有时不会说

部分孩子缺乏表达的经验，有需求时不能及时表达出来。家长要鼓励孩子主动用语言表达如厕的需求和愿望，养成"说"的习惯，以此让老师及时知道孩子的需求并给予满足。

（2）心理原因

①环境的改变

入园后，孩子在幼儿园这个陌生的环境容易产生紧张的心理。在家经常使用马桶的孩子用不惯幼儿园的蹲厕，不会蹲，或者担心踩进厕所里。抑或在家上厕所时都有家人陪伴，在幼儿园上厕所只能自己去。在家一人一厕，在幼儿园要好多人同时使用厕所。

②社交焦虑

当孩子在新的环境中，新的班级群体中，很容易出现社交焦虑，特别是同伴对孩子尿裤子的行为所做出的的反应，会影响孩子的心理，从而变得焦虑、担忧，因此家长和教师要引导周围的人正确地看待尿裤子事件，不能嘲笑、指责，而要包容和淡化。

③羞耻感

2—4岁是孩子自主性和羞怯疑虑相对发展的阶段。3岁左右的孩子，逐渐有了羞耻感，他们会考虑，哪些事情要在家做，哪些事情不适合在家以外的场合做，特别是一些性格慢热的孩子，他们认为上厕所是私密的行为，不想让别人知道，或者担心给老师讲上厕所会被同伴笑。

教师小结：原来，看似常见的尿裤子行为的背后，从孩子们的角度来看，还有这么多生理或是心理方面的原因。

【设计意图】分析原因，读懂孩子。

（三）视频呈现，了解孩子尿裤子后的感受

1. 提问互动

当孩子尿裤子后，我们作为家长有时是着急上火的，有时是无奈的，有时会觉得孩子不争气。

提问：那孩子尿裤子后，他的内心世界是怎样的呢？

2. 播放视频

孩子的想法到底是不是如各位家长所说的那样呢？我们通过一段采访视频来走进孩子。

3. 分享感受

提问：看完视频后，大家能分享下自己的想法与感受吗？

教师小结：我们总以孩子还小为理由而忽视他们的感受。我们总以了解孩子为依据而错判他们的感受。在孩子多次"犯错"后，我们往往不能接受，尤其是多次反复后，很多家长可能立马就炸了，开始简单粗暴地批评、指责，回想下我们有没有静下心来，抱抱孩子，理解他此时此刻的心情，再给出孩子具体的方法。

【设计意图】通过播放对幼儿的采访视频，让家长更直接地走近幼儿，倾听他们关于尿裤子这件事的心声。

（四）情景扮演，感受不同应对方法对孩子的影响

1. 介绍情景扮演的规则

孩子对于尿裤子的心理感受影响着他在下次应对这件事时的行为。当孩子尿裤子后，我们习以为常的言行会对孩子产生哪些影响呢？哪些言行是恰当的，哪些是欠妥的呢？接下来，我们通过一段情景扮演再次走近孩子。

我们有请入场时抽到红桃 k 的 7 位幸运儿来共同扮演孩子尿裤子的情景。一位家长扮演多次尿裤子的孩子，其余 6 位家长扮演孩子的家人。（分角色准备好提示词）

2. 感受与反思

介绍情景：这是一个 3 岁左右刚入园没多久的孩子，在幼儿园多次尿湿裤子，今天接孩子的时候老师又向家长反映孩子在园尿湿裤子的情况。回到家没多久孩子再次尿裤子了。这时候，作为家长，你会说什么？

扮演者："妈妈，妈妈，我的裤子尿湿了。"

家人 A："怎么又尿裤子了？我不是教过你怎么上厕所的吗？"

家人 B："又尿裤子了，要被人家羞的。"

家人 C："你太贪玩了，你能不能提前去厕所啊？"

家人 D："我警告你，今天再把裤子尿湿了，我要打屁股的啊。"

家人 E："宝贝，裤子尿湿了你舒服吗？不舒服我们就把裤子换成干净的好吗？下次想要尿尿的时候要早点去厕所哦！"

家人 F："你尿裤子了？没关系，妈妈小时候也经常尿裤子，我们换条干净的裤子好吗？"

提问扮演者：在扑面而来的指责、嘲讽中，你的心情怎么样？在温暖、理解、包容的语言沟通中你的心情又是什么样的？

教师小结：感谢大家的情景再现，表演得非常真实。相信大家对于说什么是非常熟悉的，但是对于孩子在不同语言方式的回应下所产生的情绪和心理效果不一定认真地想过。通过这次体验，我们一起来思考下，如果我是孩子，我想要得到成人什么样的回应？希望大家在之后的回应中能够转变视角，而不是简单粗暴地回应孩子。

【设计意图】通过家长互动进行情景扮演"我尿裤子了"，帮助家长体验感受孩子尿裤子时，面对成人不同语言环境的情绪与心理。能够再次反思过往的言行，转变沟通视角。

（五）知行合一

在理解、读懂孩子的基础上，作为家长，我们具体应该怎么做呢？

1. 减少对尿裤子事件的"负面强化"

比如，孩子出现了尿裤子的现象，老师和成人要淡化这样的行为，不能加以强化，如果不断强化会增加孩子的印象和负担，反而会强化孩子的尿裤子行为。

2. 不用套路，真正共情

孩子尿裤子行为背后有他们无法表达的情绪，要解决尿裤子的问题，首先要接纳他们的情绪。到底是真的感同身受地理解孩子，还是采用"共情"的套路想改变孩子的行为，效果是有天壤之别的。如"尿裤子没事的，但是下次你记得提前和老师说哦"，这句话表面是理解孩子，其实还是会让孩子感受到压力。我们可以换成"你知道吗，尿裤子是件正常的事，我小时候也尿过好多好多次裤子，而且那时都已经6岁了"，用和孩子有过的相似经历来做到真正共情。

因此，当遇到孩子尿裤子的情况，先不要急着告诉孩子应该怎么做，而是真正地发自内心地理解孩子。

3. 循序渐进，培养孩子的如厕能力

现在的家庭养育结构，通常是"四对一"或者"六对一"，尤其是家中是长辈带孩子的，对孩子的各项事务容易形成过度包办，有的家长甚至还抱着孩子进行大小便。一方面总觉得孩子太小，还没有达到培养独立如厕的年龄；另一方面觉得孩子做事慢，成人替他做会更省时间更省事。

为了孩子更快适应幼儿园的生活，在幼儿园生活中更自信，家长可在入园前一个月对孩子独立如厕能力进行培养。培养的过程不要急于求成，这是一个循序渐进的过程。如第一周可以引导孩子对去厕所如厕感兴趣，男孩子的家庭可以安装有趣的小便池。通过绘本引导孩子"便便去哪里了？"了解生活中不同的厕所，探索怎么按冲水的按钮。第二周练习脱裤子、拉裤子。第三周在家人陪伴中如厕。第四周鼓励幼儿独立如厕。在这一过程中要给孩子穿宽松容易穿脱的裤子，并及时鼓励。

4. 帮助孩子熟悉幼儿园的厕所

我们家长/老师可以帮助孩子熟悉幼儿园厕所的位置，认识不同的如厕用具，练习使用的方法。

5. 当遇到孩子"不会说、不敢说"时

不会说。在发现孩子有如厕需要时，我们应该引导孩子这样表达需求：妈妈，我想要尿尿/拉粑粑。生活中孩子的一切需求我们都可以鼓励孩子表达出来，前提是父母要用简单明确的、易懂的、正确的语言去跟孩子说话。

不敢说。不少孩子在经历过尿裤子被成人批评后，心里就会形成"尿裤子是一种不好的行为"的印象,尿裤子后因为担心受到批评,怕家长/老师不喜欢这样的行为而不敢说出来。所以,在遇到孩子尿裤子的情况后,不要过分强调尿裤子这件事。我们一定要心平气和地和孩子沟通,如"宝贝,你尿裤子了,一定很不舒服吧""所有人小时候都尿裤子""下次尿裤子要告诉妈妈哦"。在充满宽松、有爱、自由、愉快、温馨的环境中,孩子才会勇于表达,敢于表达。

6. 玩一玩"我要上厕所"的游戏

和孩子进行角色扮演,让孩子扮演老师,父母扮演孩子。游戏的过程中,父母尽可能多地把孩子可能有的心理状态说出来:"我好想上厕所啊,我要不要举手和老师说呢?万一我说出来,小朋友们都听到,会不会笑话我呢?我还是不要说了,憋着吧,哎呀,我真的憋不住了。"

这个过程中,看看孩子是怎么引导我们的。这个游戏不仅给予孩子勇气和机会,也可以从侧面了解到幼儿园老师是怎么对待孩子的,也更加有助于我们去寻求老师的帮助。

7. 及时与老师交流、沟通

针对不同的幼儿情况及时与教师进行沟通,让教师了解幼儿在如厕方面的困难,家园一起努力帮助幼儿更好地解决尿裤子的问题。

教师小结:以上是我向各位家长分享的方法,每个家庭的教养方式是不一样的,方法也不是固定的,希望大家能找到适合自己孩子的方法策略。

【设计意图】在不同方式的互动中了解新入园孩子在幼儿园总是尿裤子的原因,并根据每个幼儿的不同原因寻找相应的方法,提升幼儿的生活自理能力、与人交往能力、适应环境的能力,帮助幼儿尽快适应幼儿园的生活,学习独立如厕的技能,减少尿裤子的现象;为顺利适应幼儿园的生活打下基础。通过简单具体的方法,家长能更容易操作,希望家长在本次分享活动后能将以上方法拿来能用,用之有效。

(六)好书推荐与分享

除了上述策略外,色彩鲜艳、形象生动的绘本能让上厕所这件事变得好玩有趣，帮助孩子认识上厕所是一件轻松自在的事。坐在马桶上的时候怎么尿尿？站着的时候怎么尿尿？在蹲便池又是怎么尿尿的？孩子能在绘本中一一得到答案与参考。

推荐绘本：《我会上厕所了》《尿尿大冒险》《憋不住，憋不住，快要憋不住了》《A Potty for Me》。

教师小结：德国心理学家赫尔巴特说："孩子需要爱，特别是当孩子不值得爱的时候。"孩子在成功过程中，总会遇到一些小磕绊。对于他们来说，父母温柔、平和的态度，是鼓励他们表达心里真实想法的动力。当我们能平心静气地面对孩子，孩子才能更有勇气地面对各种成长过程中的"难题"。

九、教学小结及延伸拓展

（一）教学小结

在本次设计活动中，我选取了目前家长讨论热度较高的话题"尿裤子"来进行分享。能围绕目标、紧扣目标完成教学预设。在教学过程中，层层推进，较好地完成预计的教学内容，家长有较高的参与性。还从转变家长和孩子沟通方式与态度着手，在情景扮演、案例分析等环节中引导家长探寻孩子尿裤子行为背后的诸多原因，最后提出可行的解决策略。

在本次活动中，设计了多处与家长互动的环节。有知识的传递，游戏体验、视频观看等互动交流，内容丰富、形式多样，很大程度上吸引了家长的注意，特别是播放的视频具有代表性，能触动家长的心灵，引发家长的共鸣，在轻松的氛围中发挥主人翁的参与意识并有所收获。

针对家长的指导课，需要的就是拿来能用，用之有效。因此主要从定量评价进行活动评价。"评价总分 = 学习收获（50）+ 自我评价（30）+ 学习感受（20）"的评价方式，拟定问卷星对活动进行追踪评价和反思，并做进一步的改进。

（二）延伸拓展

幼儿及家长在家里进行场景模拟、表演，教幼儿用语言表达自己如厕的诉求。

上幼儿园"您"准备好了吗？

——缓解幼儿分离焦虑

贵阳市第十一幼儿园　蔡玉琼

一、案例来源

（一）案例内容

本次案例教学中使用的案例选自《家庭教育知行读本》（3—6岁分册）中的《不愿意上幼儿园的孩子》一文。案例讲述了一个刚满3岁的小男孩阳阳，从入园第一周开始，一提到要去上幼儿园，他就开始在家里撕心裂肺地哭闹，不是说肚子疼就是说头疼；在父母的鼓励下，终于将其送到幼儿园，他却紧紧地抱着爸爸不肯下来。在幼儿园里不肯睡觉、不肯上厕所，甚至不肯喝水。整天哭着请老师带他去找奶奶，给奶奶打电话，老师怎么劝哄都没什么效果。下午，阳阳常常往教室外跑，在走廊上等奶奶来接，也不和其他小朋友一起玩；晚上，回到家里，要奶奶陪着才肯入睡。

（二）案例分析

大多数幼儿从家庭进入到幼儿园都会产生分离焦虑现象。幼儿园是幼儿离开家庭、独立迈向社会化环境的第一步，经常会出现分离焦虑现象，加上家长对幼儿入园前期准备不足，自身也存在一定焦虑情绪，更加加剧了幼儿分离焦虑的产生。

二、教学背景

小班新生入园初期易出现分离焦虑的现象，家长对于幼儿入园可能会出现的分离焦虑情况以及引导方法缺乏了解。小班新生入园之前家长对于幼儿在园所表现出的"反常"行为表示不理解，总担心是孩子在幼儿园没有得到老师的关注才出现哭闹焦虑的现象。为了促使家长帮助幼儿尽快适应幼儿园的集体生活，特设计本活动。

三、授课对象

幼儿园小班家长（城市）。

四、学情分析

（一）学生基本情况分析

幼儿 3 岁以前是以家庭为主要成长环境，没有独立在其他环境生活的社会性经验。幼儿大部分都由姥姥姥爷、爷爷奶奶照顾，因此造成家长对幼儿的溺爱现象比较严重，特别表现在对幼儿的自理能力方面，幼儿入园前生活经验不足，对自身在园独立进餐、如厕、穿脱衣物等方面缺乏自信心，会让家长感觉幼儿的分离焦虑现象尤为突出。

（二）家长基本情况分析

部分家长对幼儿的年龄特点了解不充分，不能正确面对幼儿的一些焦虑行为。如幼儿一直哭闹、食欲不振、爱发脾气等，有的时候对于幼儿的这种行为不解。很多家长由于对幼儿园不了解，对幼儿园的生活不了解，所以存在一定的担心和焦虑。回家总爱问幼儿"在幼儿园有没有小朋友打你？""老师吼你没有？""在幼儿园有没有吃饭？有没有睡觉？有没有喝水？有没有上厕所？"，等等，这样的行为不仅没有帮助幼儿建立良好的情绪，还潜移默化地将这种焦虑情绪传递给幼儿增加其焦虑。还有一部分家长知道小班幼儿会面临"分离焦虑"，认为自己给幼儿讲了去幼儿园的生活会有变化就是为幼儿做好了准备，实际上这样的准备只是停留在口头上，幼儿只是知晓这件事，家长并没有在教育行为上以及生活环境上做适当的调整，以便给幼儿一个过渡。

五、教学目标

1. 了解幼儿分离焦虑的行为表现及原因。
2. 知道缓解幼儿分离焦虑的正确方法。
3. 积极与幼儿园合作，帮助幼儿尽快适应幼儿园生活。

六、教学重难点

（一）教学重点

了解幼儿分离焦虑的原因，帮助家长正确看待幼儿的分离焦虑。

（二）教学难点

用科学的方法有效地缓解幼儿的分离焦虑，促进家园关系良性循环。

七、教学策略与方法

游戏体验法：通过体验游戏，让家长深刻地感受到幼儿分离焦虑的情绪。

观察比较法：通过直观观察对比两个表格内容的不同，让家长认识到环境和生活作息的巨大变化对幼儿心理的影响。

归纳总结法：通过家长的讨论，归纳总结分离焦虑的原因，以及正确对待幼儿分离焦虑的方法。

八、教学过程

（一）环节一：导入——让家长感受，虽然是细小的外部变化也会给人带来焦虑不安的情绪（2分钟）

1. 告知家长"换老师"这一信息，观察家长的情绪与态度

各位家长朋友，非常感谢大家今天能参与这次活动。本学期将由我和王老师带小一班的工作。之前和你们进行家访要带你们的邓老师和李老师由于各种原因无法继续小一班工作。（观察家长的反应）

2. 让家长明白什么是"分离焦虑"

提问：请问刚才大家突然听到教师变更的消息有什么感受？心理上有什么变化呢？相信大家或多或少都有些担心，而大家这种对未知情况的担心及顾虑就已经潜伏着咱们的焦虑情绪啦！

教师小结：所谓的"分离焦虑"是指幼儿与亲人或依恋对象分离而产生的烦躁、忧伤、紧张、恐慌、不安等情绪。一旦幼儿这种与被依恋者的接近企图受到阻碍，就出现分离焦虑。这种情况对于小班的幼儿是非常突出的。同时，这种焦虑、不安的情绪在我们小班家长身上也有表现，甚至有的家长的过度担心程度还远超过幼儿。

【设计意图】通过这个环节，让家长切身感受到什么是分离焦虑，这个导入的方式就是要让家长立马体会到"突然的变化"给人带来的情绪影响，为下一个环节做铺垫。

（二）环节二：案例重现——让家长知道幼儿的"分离焦虑"有哪些行为表现（5分钟）

1. 请家长观看幼儿第一周入园时的视频。

师：相信家长朋友们特别想知道也特别好奇幼儿在幼儿园的状况，下面我将播放幼儿第一周在园的一些情况。

2. 小组讨论的形式，记录观看视频的感受。

提问：看了这段视频，下面我们就以小组的形式讨论一下，您认为分离焦虑的行为表现都有哪些？两组组员分别讨论，并记录在大白纸上。

3. 小结幼儿入园分离焦虑的行为有哪些

（1）从幼儿园一日生活角度将分离焦虑划分为两个方面

自主活动：不吃、不喝、不睡觉。

集体活动：拒绝游戏、调皮捣蛋、不遵守规则、不说话。

（2）从幼儿身心状况划分为两个方面

身体状况：抵抗力减弱、生病。

精神状况：胆怯、紧张、赖床、博取同情，不想上幼儿园。

教师小结：其实幼儿的哭闹、拒绝吃饭、睡觉、一部分的尿湿行为、不停地喊老师等，这些都属于外部环境的改变刺激所引起的，属于"分离焦虑"产生的常见的现象。从视频中你们应该能看到幼儿在游戏时情绪还是相对稳定的，但遇到生活问题时会显得更加担心。所以作为家长我们首先要正面对待幼儿的这个问题，然后再去分析产生这些问题的原因，最后去寻求科学的解决问题的办法。

【设计意图】利用视频反映幼儿分离焦虑行为，让家长直观地看到并深刻感受到幼儿刚入园确实会出现大部分家长所担心的问题，但也正是这段视频可以说明幼儿不是无时无刻地哭闹，事实并没有家长想象得那么糟糕。让家长更理解幼儿的这些行为的同时也帮助家长缓解家长自身的焦虑情绪。用直观的视频和针对性地提问顺利引出今天所要探讨的话题。

（三）环节三：通过 3 个体验游戏，让家长更深刻地了解造成幼儿分离焦虑的 3 个主要原因（23 分钟）

下面我将带领大家一起做几个体验游戏，从游戏中我们去寻找造成幼儿焦虑的原因。

1. 游戏一：分组填表

（1）用猜拳的方法，赢的一方为 A 组，输的一方为 B 组。然后两组分别以小组为单位填写准备好的 A、B 两张大表。

（2）将两张大表贴在黑板上形成直观的比较，让家长一目了然地感受到幼儿在生活上的巨大改变。

（3）请两三名家长谈谈感受。

提问：如果是您在生活和工作上突然也发生这么多的变化，您会有什么想法？心情会有什么变化？（相信绝大部分的家长都会担心、害怕，对那些未知的变化产生些许的焦虑）

教师小结：幼儿生活的环境以及他的作息时间发生了巨大的变化，而家长却没有帮助他们做好充分的入园前准备，这是增加幼儿焦虑情绪的原因之一。

【设计意图】两组家长通过填表，然后从表格中发现明显的数据差异，这样能有效地给家长带来视觉冲击。通过两个表格中具体问题的比较，可以让家长立刻意识到：他们嘴上一句简单的"环境变化"对于幼儿来说有着很多实际的隐形的巨大变化，这个环境的变化并不是单纯地从"家"到"幼儿园"这么简单，外部的环境在变，内部的生活习惯也在变。

2. 游戏二：我来帮你吧！

（1）介绍游戏玩法。（详见附件）

（2）请两组家长代表及老师（旁白）共同完成游戏。

（3）请充当幼儿的家长谈感受，请两名观看的家长谈感受。

教师小结：这个游戏让我们明白，家长的这种溺爱无形地剥夺了幼儿学习的权利，他们会变得更依赖家长。当来到幼儿园这个集体中，他们会感觉失去了依赖，而这种失去会增加幼儿的恐慌和害怕。

【设计意图】其实家长知道溺爱、包办代替的行为不对，但却无法理智地面对这一现实问题。这个体验游戏的目的就在于让家长充分体验到、感受到幼儿在生活中被包办代替的失落感和挫败感，当幼儿多次失去尝试的机会，而被动选择放弃尝试的感受。

3. 游戏三：盲人过河

（1）介绍游戏玩法。（详见附件）

（2）两组家长共同游戏。

（3）分别请两名充当盲人和两名搀扶盲人过河的家长谈感受。

教师小结：很多情况下，搀扶的家长总是很用心，眼睛被蒙上的失明者却总是犹豫着，甚至摸索着，一定要自己摸到墙壁才肯向前跨出一小步。老师虽然没有让大家比赛。但搀扶者总是很着急，想要争第一，总想拉着失明者快一点向前。成长中的幼儿生理、心理都还不成熟，如果说幼儿是游戏中的失明者，那扶着幼儿前进的人就是我们的家长。通过这个游戏，我们明白，任何家长都不能替代幼儿的成长。幼儿让家长搀扶，是对家长的信任，但家长不能因为这种信任，就剥夺幼儿摸索的权利。

【设计意图】这个环节巧妙利用游戏中两个角色面临情况的不同，唤起家长的共鸣：失明者如同成长中的幼儿，他们虽然有担心但又有着强烈的成长愿望。搀扶者的感受如同家长，为了让幼儿成功不顾一切完全忽略孩子的担忧与害怕。

4. 教师小结，造成幼儿分离焦虑的 3 个主要原因

教师小结：通过刚才的 3 个体验游戏，相信家长朋友们都知道了造成幼儿分离焦虑最主要的原因：一，环境作息变化，家长没有做好入园前准备。二，家长溺爱、包办代替，扼杀幼儿独立性。三，家长焦虑、操之过急，违反幼儿成长规律。

【设计意图】简单地概括，帮助家长梳理总结造成幼儿分离焦虑最主要的 3 个原因。

（四）环节四：小组讨论——缓解幼儿分离焦虑的方法（5 分钟）

现在我们知道了什么是分离焦虑，以及幼儿产生分离焦虑最主要的原因，下面我们就以小组的形式讨论一下，到底有哪些方法可以帮助幼儿缓解这种情绪。

1. AB 两组组员分别讨论缓解幼儿分离焦虑的办法，并记录在大白纸上。然后将其讨论结果贴在黑板上相互分享，找出合理的方法。

2. 教师结合家长讨论的情况，总结缓解幼儿分离焦虑的正确方法

（1）正确看待分离焦虑，正面引导和抚慰

家长应正确看待幼儿入园问题，积极疏导幼儿的负面情绪，用语言和行为鼓

励幼儿，使之学会独立、交往和表达。

（2）提前做好入园准备，注重家园配合

①多与老师沟通了解幼儿园的生活制度，在家调整生活作息时间，尽快缩短家园的差距。

②提供幼儿的交往计划，扩大交往范围。研究表明，幼儿出生后，身边接触和玩耍的人越多，幼儿的社会性发展就越好，也较能接受和适应新的环境。

③给予幼儿适当的爱，学会放手。有意识地培养幼儿的生活自理能力，鼓励幼儿学会自己的事情自己做，循序渐进培养独立性。

（3）加强亲子之间的交流，建立安全感

教师小结：父母尽量每天安排一定的时间陪伴幼儿游戏、讲故事、谈话等，以增进亲子间的情感交流，建立起安全的、健康的亲子关系。

【设计意图】小组讨论的形式充分调动家长的参与性，家长通过头脑风暴集思广益寻找缓解幼儿分离焦虑的办法。老师适当的小结帮助家长树立科学的育儿经验，从而顺利完成教学目标。

（五）环节五：图片及视频分享，让家长进一步了解幼儿园的措施，形成良性的家园合作关系（5分钟）

图片展示幼儿园为了缓解幼儿分离焦虑情绪所采取的措施：

（1）家访

（2）新生亲子活动

（3）合理安排幼儿在园时间

（4）丰富幼儿游戏内容

教师小结：相信各位家长看了这一段视频后能感受到幼儿的成长及变化，我们也应该坚信在幼儿园的努力下，在你们的积极配合下，幼儿会更快地适应幼儿园的生活。

【设计意图】这个环节就是为突破教学难点而设置。为了让家长更进一步了解幼儿园的工作，了解幼儿园和老师们对于缓解幼儿分离焦虑所付出的一切，感受到幼儿园的专业及科学的教育。从而有效地帮助家长建立对幼儿园和老师的信任，最终形成良好的家园合作关系。

九、教学小结及延伸拓展

（一）教师小结

幼儿与父母间的相处就是一个渐行渐远的过程，父母与子女一生要面临很多次分离。幼儿从母体出生的那一刻，即是第一次分离，也是分离的开始。

分离是成长，也是走向独立的必经过程。幼儿终究要成人、要独立，教会幼儿灵活利用各类资源去应对生活，在需要时家长无条件帮助和支持，在必要时家长自愿、及时退出。放手的智慧，是为人父母的必修课。让我们多了解幼儿的成长特点，不断反思和调整自己的教育行为，让我们一起携手共进为孩子建造欢乐的家园。

（二）延伸拓展

1. 父母要学习审视自己家庭中的亲子关系是一个什么样的关系？反思和调整自己的教育行为，才能帮助幼儿顺利渡过分离焦虑期。

2. 向家长推荐几本有关分离焦虑的绘本：《魔法亲亲》《手心的魔法》《上学第一天》《爸爸妈妈，快回来吧》《不再害怕和妈妈分开》《存起来的吻》。

十、附　录

游戏一：分组填表

幼儿在家情况（A组）

起床时间	
进餐方式	
午睡情况	
陪伴人	
游戏时间	

幼儿在园情况（B组）

入园时间	
进餐方式	
午睡情况	
陪伴人	
游戏时间	

游戏二:《我来帮你吧》

道具:糖果、鞋子、衣服、水杯、袜子、筷子、碗、背景音乐。

规则:邀请两组家长来参加角色扮演游戏,一位家长演"爸爸/妈妈",一位家长演"幼儿",老师说指令,家长和幼儿听教师指令完成场景动作。特别注意,扮演幼儿者做动作时必须用左手,力求真实体验幼儿所处情境。

爸爸/妈妈:"宝宝,天气太热了要多喝水哦。"请幼儿扮演者用左手自己倒水;"水倒洒了,我来帮你吧。"请家长扮演者帮幼儿倒水。

爸爸/妈妈:"宝宝,要多吃饭身体才会越来越棒哦。"请幼儿扮演者用左手拿筷子吃饭。

爸爸/妈妈:"不会拿筷子没关系,我来喂你吃吧。"家长扮演者拿过碗筷,喂幼儿吃饭。

爸爸/妈妈:"宝宝,早上好,起床上幼儿了。"请幼儿扮演者用左手穿外套。"你穿得太慢了,我上班要迟到了,我来帮你吧。"家长扮演者帮幼儿穿上外套。

爸爸/妈妈:"宝宝,把袜子穿上吧。"请幼儿扮演者用左手穿上袜子;"袜子还没拉上去,我来帮你吧",请家长扮演者帮幼儿穿上袜子。

爸爸/妈妈:"宝宝,穿鞋子,我们要走咯。"请幼儿扮演者用左手穿鞋子;"你看你把鞋子穿反了,妈妈帮你换过来了吧。"请家长扮演者帮幼儿穿上鞋子。

爸爸/妈妈:"我们用剪刀剪个小鸭子吧。"请幼儿扮演者用左手使用剪刀;"剪歪了,我来帮你吧。"家长扮演者拿过剪刀,直接剪完小鸭子。

爸爸/妈妈:"宝宝,奖励你一颗小糖果,吃吧。"请幼儿扮演者用左手剥开糖果包装纸；"打不开，我来帮你吧。"请家长扮演者帮幼儿打开糖果。

......

游戏三：盲人过河

将家长分成两组，一组家长蒙上眼睛，扮演失明者，另一组家长扮演搀扶的好心人。在老师的带领下。一个搀着一个，走过一段有楼梯的路。

不能输在起跑线

贵阳市中心实验幼儿园　吴　蓉

一、案例来源

（一）案例内容摘要

本次案例教学中使用的案例选自《家庭教育知行读本》（3—6 岁分册）中的《不能输在起跑线》一文。案例讲述了南南今年 6 岁了，很快就要上小学了，妈妈希望孩子一进学校就能得到老师的关注，能考出好成绩，所以每天妈妈都给南南布置了很多任务，背诵唐诗、学习乘法口诀等，还报了很多周末的兴趣班，每个星期都把南南的时间排得满满当当的，最近一段时间，老师发现南南经常在集体活动时打瞌睡，玩游戏时精神不好，饭量也减少了许多，整个人看上去无精打采、疲惫不堪。

（二）案例分析

案例中南南的妈妈，在幼小衔接的过渡阶段，卷进了"不能输在起跑线"的焦虑中，不顾及 6 岁孩子的身心发展规律和学习特点，提前学习了小学内容，超前的学习导致孩子早早丧失学习兴趣，疲惫不堪。

二、教学背景

在当代社会竞争激烈的背景下，家长对孩子的教育越来越重视，各种学龄前幼儿的超前教育、小学化倾向的现象也日趋严重。教育部颁发了《严禁幼儿园教育小学化倾向》的文件，明确反对超前学习。家长由于不了解幼儿的身心发展规律和超前学习对孩子带来的不良影响，所以毫无顾忌地给幼儿报很多兴趣班，特别是大班的很多孩子周末全都排满了各种兴趣班，这些超前教育的兴趣班多数是传授式的教学，不符合孩子的年龄特点，会影响孩子学习的积极性、造成孩子重复学习、耗费孩子的时间和精力，同时占用了孩子游戏的时间和权利等，拔苗助长最终会影响孩子的终身发展。

三、授课对象

大班幼儿家长（城市）。

四、学情分析

（一）学生基本情况分析

大班儿童的思维特点是具体形象思维，游戏是他们认知世界的方式。在幼小衔接的过渡阶段，帮助幼儿进行科学、适宜的衔接，促进幼儿身心健康发展。

（二）家长基本情况分析

家长间攀比问题严重，家长们在平时的沟通中，往往谈论孩子会认多少个汉字、会做多少位数的加减法等超前教育问题。在小学新环境中，分数是衡量孩子学习效果的唯一标准。为了让孩子更好更快地适应小学生活，期末取得喜人的分数，家长被各种幼小衔接班的广告所诱惑，被身边家长的做法所影响。而家长们"望子成龙，望女成凤"心切，不自觉地把自己的希望寄托在孩子身上，使幼儿被迫接受超前教育的情况越来越严重。

五、教学目标

1. 了解超前教育的危害，正确理解"不能输在起跑线"的观念。
2. 知道学前儿童的身心发展规律，理解游戏是学前儿童独特的学习方式。
3. 尊重孩子、寓教于乐，潜移默化地影响孩子，增进亲子之间的感情。

六、教学重难点

（一）教学重点

了解儿童身心发展规律，知道超前教育的危害。

（二）教学难点

正确理解"不能输在起跑线"的观念，尊重孩子、寓教于乐，潜移默化地影响孩子。

七、教学策略与方法

（一）教　法

1. 通过讲授法、讨论法，帮助家长认识超前教育的危害。

2. 通过多媒体教学法、游戏法，帮助家长认识、了解孩子，转变观念科学育儿，知道科学的育儿方法和内容。

（二）学　法

通过多种形式体验式学习，帮助家长感受超前学习的危害，多角度思考、归纳出适合幼儿的科学的教育方法。

八、教学过程

（一）导入：观看视频《背乘法表》（3分钟）

师：各位家长朋友你们好！在和大家一起分享之前，我们一起来看一个小视频——《背乘法表》。

教师小结：通过视频我们发现，孩子在学龄前学习乘法是不合适的，因为孩子无法理解，只是机械地死记硬背，这并不能促进孩子逻辑思维能力、数学能力的培养，反而让孩子对数学学习产生抵触情绪，超前教育会造成孩子心理上的退缩，影响孩子发展。

【设计意图】生动的视频让家长直观地感受到孩子超前学习、负面学习时情绪的表现和状态。

（二）环节一：案例重现（5分钟）

孩子名叫南南，今年6岁，很快就要上小学了，妈妈希望孩子一进学校就能得到老师的关注，考出好成绩，所以每天妈妈都给南南布置了很多任务，背诵唐诗、学习乘法口诀等，还报了很多周末的兴趣班，每个星期都把南南的时间排得满满当当的，最近一段时间，老师经常发现南南在集体活动时打瞌睡，玩游戏时精神也不好，饭量也减少了许多，整个人看上去无精打采、疲惫不堪。

提问：案例中，孩子在面对超前学习任务时是什么表现？超前教育还会带给孩子什么危害？

（家长互动，请几个家长说说自己的看法）

教师小结：案例中的家长认为"不能输在起跑线"就意味着给幼儿安排各种超前的学习，让幼儿"抢先起跑"，违背了孩子生长发育规律和心理发展规律，透支幼儿身体和心理。

【设计意图】案例分享与家长产生共情，进而提出问题，引发家长共同探讨错误理解"不能输在起跑线"的教育给孩子造成的危害。

（三）环节二：追根溯源（10分钟）

1. 家长不了解自己的孩子

互动游戏：撕纸游戏。

玩法：请家长拿出一张A4纸，在教师的指令下完成撕纸。教师发出指令："先把A4纸对折，再对折，对折3次后，请家长撕下左上角，完成的家长请打开自己的作品。"家长打开A4纸后可能会发现自己与他人的作品不同。

师："通过这个游戏你发现了什么？"

教师小结：每一个人的思维、学习模式都是不同的，当老师发出同样的指令，结果也是完全不同的。作为家长，您了解大班孩子的身心发展有什么特点吗？只有找到适合孩子发展规律的教育，才能促进孩子良性的全面发展。

【设计意图】在游戏中体验不同的孩子学习方式亦不同，要尊重孩子的身心发展规律，做到科学育儿。

2. 家长间攀比心理及对孩子未来发展的焦虑

大班家长存在焦虑的心理，在家长群里"内卷"的现象也比较严重。家长们交流的内容都是孩子学了数学、英语、书法等知识，很多大班幼儿周五都不上幼儿园，而是去上各种兴趣班。心理学家认为，孩子在 5 岁前适宜兴趣培养，7 岁后才适宜技能学习，如果次序颠倒了，孩子就会出现厌学。学前期就如同修房子，地基要打得结实，房子才能坚固。因此，家长们要放平心态不要跟风、不要超前教育。

【设计意图】帮助家长正视自己超前教育的心理。

（四）环节三：知行合一（30 分钟）

1. 格塞尔"发展成熟理论"

事实表明，在遵循儿童身心发展规律和幼儿年龄特点的前提下，对其进行适宜性教育能促进幼儿更好的发展，但是不顾幼儿心理发展规律，便会阻碍幼儿的良好发展。著名心理学家格塞尔局提出了"发展成熟理论"。

格塞尔有一个"双胞胎爬楼实验"，实验内容是首先让哥哥在出生后第 48 周开始学习爬楼梯，这时候的哥哥还只是刚学会站立，每天训练 15 分钟，7 周后他才能自己独立爬楼梯。弟弟在 53 周的时候才开始练习爬楼梯，这时的孩子基本走路姿势已经比较稳定了，结果同样的训练强度和内容，他只用了 2 周就能独立地爬楼梯了。

教师小结：学前教育不要违背幼儿的身心发展规律，不要违背基因规定的顺序，违背了孩子的发展规律势必会让孩子和家长浪费更多的时间、精力，且效果也不好。

2. 心理学:"超限效应"

"超限效应"是指刺激过多、过强或作用时间过久,从而引起心理极不耐烦或逆反的心理现象。所以幼儿园每天只有一节集体活动,小班15—20分钟、中班20~25分钟、大班25~30分钟,这是根据孩子注意力集中的时间来确定的,其实就是为了避免出现"超限效应",让孩子在有效的时间内吸收知识,而长时间的学习就会造成孩子疲劳、注意力不集中而导致学习效率低。

(五)幼儿应以游戏为基本活动

3—6岁孩子的心理发展是形象思维为主,著名教育家蒙台梭利曾经说过:"对于幼儿来说'我听到了,我忘记了,我看到了,我记住了,我做过了,我理解了'。"说明幼儿期孩子的学习方式一定要操作、体验,在游戏中学。所以《纲要》里明确规定幼儿园要以游戏为基本活动,只有游戏才是适合幼儿身心发展规律的学习方式。

(六)游戏对幼儿发展的意义

视频:《幼儿户外自主游戏》

互动:通过游戏你看到孩子学习了什么?(家长自由发言)

教师小结:视频中孩子互相模仿学习吊环的游戏,传递自己的经验,小左会告诉同伴自己怎么玩的,展现、锻炼了孩子的社会性交往、语言表达能力;墨墨会关注安全、自己解决问题,这些游戏完全是孩子自发的,自己计划、自己选择,这些都充分体现了孩子的主动学习能力,培养了孩子坚持、专注、勇敢等良好的学习品质,是孩子终身学习的基石。

(七)学前儿童的学习内容

故事分享:一个诺贝尔获奖者故事

1978年,全世界诺贝尔奖获得者在法国巴黎聚会。有记者问诺贝尔物理学奖得主卡皮察:"您在哪所大学、哪个实验室里学到了您认为是最主要的东西?"

这位白发苍苍的老人回答道："是在幼儿园。"记者愣住了，又问："您在幼儿园学到了些什么呢？"老人说道："把自己的东西分一半给小伙伴们，不是自己的东西不要拿，东西要放整齐，吃饭前要洗手，做了错事要表示歉意，午饭后要休息，学习要多思考，要仔细观察大自然。从根本上说，我学到的全部东西就是这些。"

教师小结：幼儿期要培养孩子的兴趣爱好，兴趣是最好的老师，是人内在的驱动力。幼儿期培养孩子养成良好的学习品质，保证孩子学习的后劲；幼儿期还要培养孩子养成良好的生活习惯、学习习惯，保证孩子健康成长。

（八）科学的育儿方法

1. 尊重孩子的兴趣和需要

"兴趣是最好的老师"。著名心理学家皮亚杰曾说过："强迫工作是违反心理学原则的，而且一切有成效的活动，都必须以某种兴趣为先决条件。"这就是说孩子只有在做自己喜欢的事情时，才会倾向它、注意它，并且积极主动地去探求，孩子的能力和潜力才能得到最大限度地发挥。因此，家长只有尊重孩子的兴趣，善于启发引导，才能获得更好的教育效果。

2. 做好孩子的榜样

父母永远都是孩子学习的榜样。一个好学、善学的父母就是一个鲜活的教材，潜移默化的作用永远都是无穷的，作为父母我们应该做到：

（1）多带幼儿到大自然中，和孩子一起观察身边的事物。

（2）陪幼儿亲子阅读、养成看书的习惯。

（3）积极面对孩子的问题，与孩子一起探究如何解决问题。

（4）多陪伴幼儿，和幼儿一起游戏，在游戏中培养良好的学习品质。

3. 引导孩子自我管理

（1）鼓励幼儿自我管理、自我服务（与孩子一起拟定作息时间表、拟定每天的游戏时间、亲子阅读时间等）。

（2）鼓励幼儿参与家庭事务的管理。

（3）鼓励幼儿自己整理物品。在生活中有序，在学习上自然也有序。

（4）鼓励幼儿参与家务。

九、教学小结及延伸拓展（2分钟）

（一）教学小结

家长们，"百年树人"，孩子的培养不是一蹴而就的事，我们要相信孩子是有能力积极成长的，要留给孩子成长的空间，让孩子做每一个年龄阶段该做的事，让孩子成为自己，去感受、创造自己的人生。让我们一起耐心等待幼儿的成长，静待花开！

（二）延伸拓展

请家长写十条对孩子的希望，家长自己读一读，回家和您的孩子一起分享。

【设计意图】了解自己对孩子的希望，增进亲子感情。

十、板　书

发展成熟理论　　直觉行动思维　　游戏　　学习品质

十一、推荐书目

《格塞尔发展成熟理论》

第二篇　小学段

正确看待失败　提升孩子抗挫力

贵阳市世纪园小学　龚大林

一、案例来源

（一）案例内容摘要

本次案例教学中使用的案例选自《家庭教育知行读本》（小学 1—3 年级分册）中的《"输不起"的小南》一文。案例中讲述了小南在和哥哥下五子棋，眼看就要输了，小南开始耍赖，哥哥并没有理会。小南莫名地生起气来，胡乱走棋，依然输给了哥哥之后，妈妈安慰小南，让哥俩再下一次，可是小南赌气不下了。小南不仅在下棋上"输不起"，在和其他小朋友玩游戏时也这样，常常要输了就不想玩了，还容易哭闹，其他小朋友都不太愿意跟他玩。

（二）案例分析

像小南这样不愿意承认自己输的孩子在我们身边有很多，不管和谁玩游戏，他们都希望赢的是自己，一旦输了，就会特别地生气。

孩子因为年龄小，各方面都不成熟，在游戏或比赛中，总害怕输，希望通过得到周围人的认可，来获取"安全感"。越是怕输越紧张，心思反而越不在事情本身上，进而影响发挥，导致挫败感，也变得越来越不自信。

二、教学背景

本节课选择了生活中比较常见的话题作为切入点，以孩子"输不起"的现象作为激发家长科学关注孩子成长的对接点。"输不起"的小南并非仅存于教育教学理论中，他实际上是源自我们孩子们的日常生活，有可能每一位孩子都曾经是"输不起"的小南，而每一位家长也有可能曾经做过"小南"的家长，因为选题里的例子是一种普遍现象，所以家长们在日常生活中也会经常遇到这样类似的问题，故而能够较快吸引家长的注意力，也使此次选题具有一定的实际意义。

三、授课对象

1—3 年级学生的家长（城市）。

四、学情分析

（一）学生基本情况分析

在这个阶段的孩子的普遍心理特征可以用以下几个关键词概括：好奇、好动、喜欢模仿、情绪不稳定、自控力不强、强烈的表现欲，被忽视时会感到不安。"怕输"对于小学低龄段的孩子来说是一种正常心理。小学低年级的孩子处于以自我为中心的阶段，价值观还没有形成的孩子有些想法比较偏激，非黑即白。

（二）家长基本情况分析

此次授课的对象主要是低年段的家长朋友们，从参与的家长情况进行分析主要呈现出了以下两点具体情况：其一，家长们对孩子的教育非常关心，但是缺乏比较科学的方法，所以容易出现关心则乱的情况；其二，家长们在对孩子的教育过程中容易忽略孩子的身心发展规律，习惯沿用传统教子方法，未曾考虑孩子的身心健康。所以从总体情况来看，家长们既高度关注孩子的教育但又缺乏有效的方法，需要对其进行科学的引导，促使家长们进行科学教子。

五、教学目标

1. 帮助家长了解孩子成长过程中不能正确面对挫折的 4 个原因。
2. 家长掌握正确引导孩子从容面对挫折的 4 种方法。

3．家长能够在明白孩子现阶段的身心发展规律的基础上，尊重孩子、支持孩子，给予孩子"安全感"。

六、教学重难点

（一）教学重点

引导家长正确客观地看待孩子目前存在的问题。帮助家长对孩子出现"输不起"的情况进行科学的指导，将解决问题的策略学以致用。

（二）教学难点

在充分遵循孩子身心发展的基础上来分析问题，寻找解决问题的方案，在教师的引导下提升科学教子效率。

七、教学策略与方法

（一）教学策略

1．用"问题教学策略"来解决"孩子输不起的表现有哪些"的问题。

2．用"追根溯源策略"来解决"孩子为什么输不起的原因"的问题。

3．用"情境教学策略"来解决"如何引导孩子正确面对输赢"的问题。

（二）教学方法

1．此次教学主要采取了案例分析法和合作讨论法。由教师抛出"输不起"的小南的教学案例，然后引导家长针对这一问题进行案例分析、合作讨论，最后再由教师进行归纳和总结，进行科学教子方法的归纳和讲授，并希望能够以此来促进家长对科学教子的有效理解。

2．采用互动演绎、合作讨论、交流与分享来促使家长对科学教子的方法进行全面理解，并让家长在活跃的课堂氛围中充分发挥主观能动性，让家长根据案例的实际情况进行自觉、生动的思维活动。

八、教学过程

（一）导入（4分钟）

师：各位家长朋友们，大家好，很高兴今天能和大家齐聚一堂，共同探讨家庭教育话题。今天和各位家长是第一次见面，相聚是缘，为了增加我们彼此之间的熟悉度，我们一起先来玩一个小游戏吧！希望各位加油。（家长微信扫码参与手机小游戏）

师：感谢大家的热情参与，在刚才的游戏中我们有几十名家长参与比赛，但是最终只有一位家长得了第一名。我想问问其他参与比赛但是输了的家长，此时此刻你的感受是什么？（采访举手的家长，家长可能会说遗憾、可惜……）

师：我们是成年人，觉得玩游戏就肯定有输赢，输了可能会可惜，但也很正常。但是如果是我们6—8岁的孩子呢？可能他就会有不一样的表现。

这就是我们今天要共同探讨的主题：孩子"输不起"怎么办？聚焦的核心问题是：如何正确看待失败，提升孩子抗挫力？

【设计意图】通过游戏热场，拉进教师和家长之间的距离。充分调动家长的互动积极性，为后续和教师的互动配合做好铺垫，同时通过参与游戏引出输赢的问题，出示课题。

（二）环节一：案例重现（8分钟）

今天的主人翁是小南同学，为什么说小南"输不起"呢？我们一起来听一听他的故事。（播放音频）

师：其实像小南这样不愿意承认自己输的孩子在我们身边还有很多，不管和谁玩游戏，他们都希望赢的是自己，一旦输了，就会特别生气。我猜想此时此刻各位家长心里的感觉可能很复杂，焦虑、担心孩子如果也有类似的情况而自己的教育措施不合理，引发孩子的叛逆和反感；也会无措，自己的孩子可能或多或少已经出现了这样的苗头，但是却不知道应该如何解决。那么接下来，请各位家长们分享一下你家的孩子有没有遇到过类似"输不起"的情况吧。

（家长一起讨论。）

教师小结：刚才大家都发表了自己的观点，也听到的确实很多孩子或多或少都出现过"输不起"的问题。不同性格的孩子，表现的方式也不一样。大致可以分为以下两种：一种是，一些孩子面对挫折、失败，他会采取回避的态度来逃避困难。另外一种是，性格急躁的孩子一旦在游戏中输了，就会大发脾气，哭闹以示宣泄等。

那我们来思考这样一个问题，你们觉得成年人是否也会有类似"输不起"的情况？有时候我们也能在新闻上看到成年人因为比赛输了和对方起冲突，虽然有些新闻的标题可能会夸大其词，但不可否认的是，这样的情况确实在成年人中也时有发生。其实成年人也会有这样类似"输不起"的情况，只不过大人的心智会更加成熟，可以比较快地调整好自己的情绪和状态，就好比刚才我们一起进行的小游戏，虽然大家也有输赢，但是我们不会像小南或是视频中的小朋友那样表现出来，对吧？而孩子因为年龄小，心智还不成熟，在游戏或比赛中，总害怕输，希望通过赢得周围人的认可来获取"安全感"。越是怕输越紧张，心思反而越不在事情本身上，越影响发挥。

【设计意图】通过家长结合自己孩子的情况互动讨论，进一步推动家长对这一问题进行更深层次的探究。

（三）环节二：追根溯源（7分钟）

师：孩子"输不起"的原因到底是什么？为什么本该单纯可爱的孩子却在生活中出现了"耍赖皮""脾气暴躁"等行为呢？在我们深挖原因之前，作为我们1—3年级孩子的父母，我们应该先要来了解一下，在这个阶段的孩子的普遍心理特征是什么？我们一起来看看。

看完以后请你对照一下你家的孩子有没有这样的情况？可能有吧？当然这只是普遍现象，并不是这个阶段所有的孩子都会有这样的情况。基于孩子这样的心理特点，在孩子输不起这件事的根源上可以大致归纳为以下四点：

（1）处于以自我为中心的阶段

小学低年级的孩子大多处于以自我为中心的阶段，更多的只考虑自己的"利益"，希望自己什么都能做到最好，希望自己总是赢，希望整个世界都喜欢他。

（2）认为输了就等于被否定了

在他们眼中，赢了等于是对他整个人的肯定，"你总是最棒的"；输了就等于是对他整个人的否定，"你什么都不行"，所以他们会在乎每一次的输赢。

（3）认为输一次就是永远的输

价值观还没有形成的低年龄段孩子，有些想法比较偏激。输一次就会害怕自己一直输下去，觉得输了内心世界都崩塌了。

（4）父母自己对成功的渴望很强烈

有的父母，当孩子失败时，自己比孩子还失落；当孩子成功时，自己比孩子更欢欣雀跃。父母自己对成功的过分渴望让孩子潜意识里觉得"我赢了，父母会很开心，会更爱我""我输了，父母会不开心，不爱我"，导致孩子非常害怕输，输不起。虽然父母也会安慰孩子不要太在意，但敏感的孩子却能感觉得出你非常地在意。如果父母自己都不允许孩子输，孩子怎么可能成为一个输得起的人，怎么有勇气承担这一次的失败？

教师小结：我想问下在座的父母，你们觉得孩子有这些表现，跟我们父母有关系吗？肯定是有的，这也体现了父母在家庭教育中这个方面做得还不够好，没有教会孩子如何面对输赢。现在小南遇到的事都还是一些较小的事情，如果父母没有合理的引导，以后遇到更加复杂的问题，孩子仍然会是经不起一点挫折的状态，所以提升孩子的抗挫力尤为重要。

【设计意图】引导家长在充分了解该年龄段孩子的心理特点的基础上更为全面地认识到孩子"输不起"的原因，并为接下来提出有效的解决方案而打下基础。

（四）环节三：知行合一（10分钟）

师：刚才探讨了孩子出现"问题"的原因，那我们究竟应该如何解决呢？我相信在座的家长朋友们都曾经询问过自己的亲朋好友或者老师，所以我相信你们中的很多人一定都有自己解决问题的办法，那么接下来还是让我们进入自由讨论时间，希望各位家长能够将你们的宝贵经验分享给我们大家。

（家长分小组讨论交流。）

师：很高兴家长朋友们能够在此次座谈会上将自己的教育经验无私奉献给大家，刚才我也仔细聆听了家长们关于帮助"输不起"的孩子的相关对策，我觉得家长朋友们在教育孩子的过程中都非常善于发现问题。这里我和大家一起就如何解决这样的问题进行了归纳和总结，希望能帮到你们，一共有四步：疏导情绪、接纳感受、总结经验、坚持陪伴。

1. 疏导情绪

刚才我们说到，孩子遇到这种情况主要有两种表现方式：一，闷不吭声逃避困难；二，大发脾气哭闹宣泄。这两种都不是良好的情绪表现方式。我想问问各位家长，那如果孩子输了能不能有情绪呢？对了，其实大人也一样，输了有情绪是很正常的反应。有些父母可能觉得，玩个游戏而已，输了有什么好难过的。那如果你这样对孩子说了，其实是在否定他的挫折感受。这是不好的，你想想如果你是那个全情投入到游戏中的孩子，你还会不在乎输赢吗？肯定不会，对吧，但凡一个全情投入其中的人，就一定在意输赢。孩子在一场全情投入的比赛中输了后，肯定会产生消极情绪。父母要做的就是陪在孩子身边，用语言引导孩子表达自己的情绪。

可以这样对孩子说："我看到你输了，感觉你很难过。如果是我的话，我也会感到很伤心。"然后等待孩子的反应。"我看到你输了，感觉你很难过"能让孩子知道父母在关注他。"如果是我的话，我也会感到很伤心"能让孩子感觉到父母的理解和同理心。然后等待孩子的回应，当孩子感受到父母的关注和认同时，他会很自然地愿意向你倾诉。

2. 接纳感受

在孩子表达完自己的感受以后，父母可以用拥抱、倾听的方式接纳孩子的一切感受。善于用这种亲密的行为让孩子知道，不管他遇到什么挫折，父母都会陪在他身边。当父母关注到孩子的情绪的时候，孩子才能真正地感觉到"父母是真正爱我的、关心我的"，而不是"因为我只有做好了事情才爱我，才关心我"，这也增加了亲子关系的亲密度。

3. 总结经验

在孩子情绪发泄完之后，我们要和孩子一起找寻解决问题的方法。可以这样对孩子说："虽然你这次输了，但是我看到了你的优点，如果你能把某方面做得再好点，我相信你下次一定能做得更好！"

比如下棋输了的小南，我们可以这样说："小南，虽然这次你输了，但是我看到你十分专注认真地下棋，如果你能多多练习，我相信你下一次一定能做得更好！"

当我们循序渐进地帮助孩子厘清和思考问题，孩子就会在父母的引导下去想解决问题的办法，这样下一次我就能做得更好。和孩子一起去经历过程，如果孩子需要的话，协助他一起明确自己的目标，树立信心，做好孩子的亲友团，而不是裁判。

4. 坚持陪伴

家庭教育本就是一个持续性的过程，要想帮助孩子正确面对输赢，就需要父母的坚持陪伴。比如可以多和孩子参加一些亲子游戏和家庭游戏，通过和孩子的共同经历让孩子感受或者认识到游戏和比赛中的输赢是正常现象，就算输了我们也可以从中总结经验，这样下次就能有进步。父母的言传身教能让孩子在耳濡目染的过程中学会如何面对输赢。

【设计意图】依托教材，结合科学的家庭教育经验按"总分总"的方式提出方法，将方法合理地归纳为一些关键句型、词语，并在充分尊重家长的情况下，配合指导教师现场演绎示范，给全体家长直观的效果感受，最后一起和教师回顾，将方法学以致用。

（五）环节四：应用实践（6分钟）

刚才我们学习了方法，接下来我们结合生活中的案例来看看掌握得怎么样。

（分发案例实践判断题单给家长）

各位家长，通过刚才的分享学习，如果你遇到这样的情况，应该怎么做比较合适呢？接下来我们一起来根据几个选项做出判断，看看哪些家长掌握得比较好？（家长阅读案例，对判断题进行判断）

教师小结：各位家长朋友，通过刚才的分享学习，你是否真的允许孩子失败？（家长思考 5 秒后举手示意）

我看到绝大部分的家长经过短暂思考以后举起了手，那恭喜你，这也是我们今天共同交流的目的。因为父母面对输赢的态度一定能影响孩子面对输赢的态度。孩子不是我们的附属体，他们是独立的生命个体，他们在成长的过程中有自己的思想、观点和行为，对此，家长应该采取有效的措施来进行引导，尊重孩子个性化的想法，学会适当的放手，设身处地地站在孩子的角度思考问题，包容他们在探索过程中的错误，和善而坚定地陪伴孩子，实现共同进步。

【设计意图】结合家长所学的知识，运用生活当中的实例和家长共同讨论交流，学以致用，巩固新知，最后将方法进行排序小结，巩固新知。

九、教学小结及延伸拓展（5 分钟）

（一）教学小结

师：家长们，今天分享的方法可能不一定百分百完全适用于每一个孩子，因为每个孩子都是独立的个体，但我希望在座的各位家长能通过我今天的分享结合自己孩子的实际情况，来因材施教，也希望能够在如何帮助孩子正确面对输赢这个问题上给你一定启发和帮助。

（二）延伸拓展

师：在我们共同学习之后，希望家长回去以后和孩子利用周末的时间一起完成亲子游戏、家庭游戏，和孩子共同畅享胜利的喜悦，也学会正确面对失败的挫折。最后可以把亲子游戏的过程拍一些照片做成相片集或者小视频，方便随时进行分享和回忆。

　　孩子提出的每一个问题，都将是彼此成长的一次机会。父母终身学习的意义在于，经由漫长的阅读与学习之路，即便我们未来依然不是完美的父母，但那毕竟是我们走过千山万水才到达的高度。

《不守规矩的恺恺》教学设计

贵阳市实验小学　管　丹

一、案例来源

（一）案例内容摘要

本课主要案例来源于《家庭教育知行读本》（小学 4—6 年级分册）中的《如何培养孩子的社会适应能力》一文。

（二）案例分析

本堂课根据四年级学生的特征，选择了《家庭教育知行读本》中《不守规矩的恺恺》和生活中的一些真实案例来实施教学。如北京八达岭野生动物园老虎伤人、"中国式过马路"、为得高分考场作弊等。所列举案例皆与孩子年龄段相符或与本课"规则"内容相关，贴近生活实际，使家长切实体会为孩子树立规则意识的重要意义，并能够主动做到以身作则，为孩子做好榜样的作用。

二、教学背景

四年级的孩子正处在人生价值观形成的关键时期，自我意识逐步发展，对于事物的判断还不能做到完全独立，极易受到周围环境的影响，模仿意识十分强烈。在学习生活中，不遵守相应情境规则的情况时有发生。除学校教育因素外，这种行为也因为家庭教育不够充分，家长工作时间较长，对于孩子的身心发展状况无法做到时刻了解。通过教师及时开展家长工作，既可以有效地增进家长与孩子之间的沟通，同时也可以从学校、家庭两个层面指引孩子健康成长，树立正确的价值观念，避免不良事件的发生，教会孩子们讲文明、懂规则。

三、授课对象

本课授课对象是城市一类校四年级孩子的家长，家长受教育整体水平较高。

四、学情分析

（一）学生基本情况分析

四年级的孩子基础能力比较好，能够做到与家长进行深入对话，可以在生活中听从父母的教导与安排。

（二）家长基本情况分析

授课对象是四年级孩子的家长，学校属于城市一类校，家长的受教育水平整体较高，与教师进行沟通的意愿十分强烈，通过此类课程，家长能够有效、尽可能地掌握与孩子进行沟通交流的方法，并对孩子的价值观形成做到正向的指引。此类课程的教育意义可以在实际生活中得到有效体现。

五、教学目标

1. 家长能够认识到"规则"在家庭教育中对于孩子成长的重要意义。

2. 家长了解孩子此阶段的心理特点，掌握在家庭中制定和实施"规则"的具体方法。

3. 家长意识到"以身作则"能够给孩子树立规则意识，科学地对孩子发展进行引导。

六、教学重难点

（一）教学重点

明确家庭"规则"教育对孩子的重要意义。

（二）教学难点

家长如何在家庭中贯彻落实"规则"教育。

七、教学策略与方法

（一）教学策略

1. "情境—陶冶"教学策略：通过在教学过程中，引用多个贴近生活实际的案例，营造相关教学情境，使家长切实感受"规则"的重要教育意义，并将其有效引入到家庭教育中，实现课程教学目标。

2. "示范—模仿"教学策略：通过观看相关具体教育视频，明确规则在日常生活中的重要作用，鼓励家长能够模仿教师所展示的内容，做到以身作则，进一步引导孩子进行正确模仿，形成规则意识。

（二）教学方法

1. 讲授法：通过教师对于本课主体知识框架的讲解，加上对于主要案例的分析，使家长明确本节课的主要内容，了解规则的具体表现形式及影响规则实施的因素等，更好地实现本节课的教学目标。

2. 讨论法：通过在教学过程中设置大量的讨论环节，使家长们抓住齐聚的机会，畅所欲言进行沟通交流，增进对孩子的了解，也有助于教师掌握家长的认知与看法，推动下一步的教学。

八、教学过程

（一）课堂导入——破冰活动（3分钟）

师：各位家长，大家好！在正式开始本节课前，我们先做一个小游戏，看看您眼中的自己和孩子眼中的自己是否相同。请大家在纸上写下关于如下情景的判断：在您每日送孩子的必经之路上，会有一个人行横道交通灯监控盲区。今天晚出门了10分钟，走到这里，恰巧是红灯，如果等它变绿，孩子一定会迟到，您会选择怎么做？作答之后请各位上前来领取各自孩子的答案。

【设计意图】通过游戏形式能够有效活跃课堂氛围，设置相同的问题，既有利于加深家长与孩子之间的相互了解，同时也利于教师对家长与孩子是否遵守规则有个初步的认识，引出本课主题。

（二）环节一：案例讲解：孩子的世界是缩影（7分钟）

师：家庭是永远的后盾，为孩子们遮风挡雨，让孩子们自由地茁壮成长。良好的家庭教育可以为孩子的一生打下坚实的基础，但是错误的家庭教育对孩子百害而无一利。四年级的孩子已能明确分辨是非，而且在生活中善于观察身边人的行为与处事方法，并予以模仿，此阶段是形成终生价值观的重要时期，不仅是学校的教育，家庭的配合更是至关重要。那么家长应该怎样为孩子摆正个人思想呢？今天就让我们通过11岁孩子——恺恺的案例，看看在孩子的个人行为与家庭教育之间有着怎样密切的联系，弄清楚教育孩子到底是该尽量包容他，还是应当以规则来指引他？

【设计意图】通过介绍该阶段孩子的思想状态、模仿能力，表明该阶段对孩子成长的重要意义，明确家长应主动与学校相配合，最大程度帮助孩子树立正确价值观念。

1. 案例呈现

11岁的恺恺素来任性霸道，为所欲为。他在学校不遵守课堂纪律、上课随意讲话，趁老师不注意就离开座位搞恶作剧，老师批评他就跟老师顶嘴，和同学做游戏时，他常常不遵守游戏规则，班主任和任课老师头疼不已，同学和小伙伴们也都不喜欢他。一天，老师打电话请恺恺妈妈到学校。原来是在课间活动时，其他同学都在操场上进行各种运动，而恺恺跟往常一样，在操场上东游西荡。他来到跳绳队伍的旁边想插队跳绳，当同学阻止他，叫他一定要排队时，他恼羞成怒，突然冲向正要起跳的林林猛推一把，林林狠狠地摔在地上，跌破了嘴，流了不少血。恺恺妈妈把林林送到医院，还不住地向林林的父母赔礼道歉。回到家，妈妈狠狠地打了恺恺。奶奶一边护着孙子，一边愤愤不平地说："太小题大做了，这样为难孩子。不就是有点任性吗！大一点懂事就好了。"

师：您是否赞成恺恺家长的这种处理方式？如果赞成，请说出认同的理由，如果不赞成，请说明您在这种情况下会采取怎样的做法。（家长一起讨论）

【设计意图】通过家长的自行讨论，家长之间相互交流，充分表达自己的观点，在此过程中也可以倾听其他家长的经验，对自身观点进行补充。同时有助于教师及时全面掌握不同家长对待"规则"的基本态度，推动下一步教学活动。

2. 案例分析

师：大多数家长都表明不赞成恺恺家长对于此事的处理方法，但是恺恺在此事中所表现出来的举动，其实是他受到的家庭教育的缩写。恺恺在老师批评他时顶嘴，说明他在家里也会和长辈顶嘴；他在个人意志得不到表达的时候，会采取暴力行为，这表明他的家庭成员处理问题也是采用暴力手段，相对应的是恺恺妈妈对孩子的教育方法是殴打。以上是从恺恺身上得出的。观其家长，在孩子做错事时，自己承担责任向对方父母道歉，但是却没有让恺恺承担起自己的责任，对孩子只是采取暴力手段，没有让孩子从根本上认清自己的错误，长辈对其更是护着，甚至归结为"孩子还未长大，长大自己就懂了"，这实际上是在害了孩子，长此以往，孩子将无法分清是非对错，无法遵守各种规则。综上，对于此事的解决方法，只有教会孩子"什么是规则"，即遵守课堂规则、游戏规则、社会规则等。

【设计意图】教师讲授法对本课主体案例进行详细分析，使家长能够清楚认识到孩子的个人行为与家庭教育之间的密切关系，进一步引出"规则"。

师：说说您心中的规则是怎样的？（家长一起讨论）

【设计意图】设置疑问使家长深度思考其眼中"规则"的确切含义，尽量联系生活实际，并与其他家长进行沟通交流，分享彼此的看法，有助于家长对自身观点的扩充。

（三）环节二：成年人都守"规则"吗？（7分钟）

师：大家在心中对于"规则"，都有属于自己的定义，下面请大家看几个例子以及相关视频，谈谈自己的看法。

1．2016年7月23日，幸福的一家四口乘车至北京八达岭野生动物园游玩，在东北虎园内，车内一名成年女子私自下车，被一只东北虎扑倒并拖走，其母亲为救女儿被老虎咬死，女儿死里逃生。

2．一名男子在某城市中心上班，每日搭乘公交车上班，某日因为人太多而被迫从汽车后门进入，但他发现和他采取相同做法的一位乘客趁机逃票，于是他也跟风逃票。

3．傍晚，在某城市的斑马线上，此时是红灯，人们相互张望四处无车，开始"中国式过马路"。

4．期末考试前，家长对孩子许下承诺，"如果你这次考试数学可以考100分，妈妈就奖励你一个汽车模型"。成绩出来后，孩子考了99分，家长没有顶住孩子口中的一分之差，给孩子买了汽车模型。

师：守规则，不仅是对自己的约束，也是对他人负责。从上面的例子，大家可以看到，规则体现在生活的各个角落，不守规则甚至可以致人丧命。承诺因为软磨硬泡有了动摇，破坏了规则，那么在孩子心中，家长的威严也会大打折扣，坚守自己的规则与个人底线，才会指引孩子正确的发展。

【设计意图】通过列举生活中可以见到的例子，家长深入到实际情景之中，与实际生活达到高度融合，此时辅之理论可以使家长获得有效认知，并能够将其真正运用到生活中，晓之以情，动之以理。

（四）环节三：翻转案例：这样的"夸奖"真的好吗？（8分钟）

小明在考场不守规则，抄袭得到高分，受到了家长的夸奖。

师：这样的案例在我们的生活中时有发生，作弊属于个人行为，一旦这种违反规则的行为受到鼓励，孩子们感受到了甜头，那么会不断促使他们为了取得更多的奖励而变本加厉。所以各位家长在日常生活中，也应该时刻关注孩子们的身心变化，掌握孩子们最近的真实状况，与学校保持联系，共同帮助孩子健康快乐地成长。

【设计意图】通过列举反面案例，家长更加明确：遵守规则的前提应关注孩子们的身心发展，与孩子们经常沟通，与学校始终保持联系，才能使自己对于孩子的鼓励发挥正确的作用。

（五）环节四：总结问题（5分钟）

师：规则不是枷锁，它不会束缚我们的生活，而是会让我们的生活变得井井有条，一切有规律可循。但现实生活中，很多父母对家庭规则的建立及孩子规则的培养还存在着一些误区。

1. 在家庭教育中缺乏规则意识，很多家庭不会给孩子制定规则，如吃饭的时候不可以浪费粮食、做错事情要说对不起等；

2. 父母对规则的认识错误，没有坚持执行规则。对孩子从小具有明确的规则教育，有助于孩子了解人与人、人与事之间的关系，己所不欲，勿施于人，家长应该首先做好榜样的作用。

【设计意图】通过讲解法对本课案例的关键点进行总结，家长明确问题出现的根源，使其在家庭教育之中更加注重此类问题，推动教学目标的实现。

（六）环节五：建言献策（5分钟）

1. 从细微处着手，建立家庭规则。

师：请各位家长拿起桌上的《家庭规则制定表》，列举您认为应该在家庭中实施的规则，可以包括卫生、作息习惯、待人接物等各个方面，可以相互讨论。

2. 培养孩子自觉遵守规则的意识，让规则意识由他律转为自律。只有成为习惯，孩子才会从内心深处遵守，而不会觉得这是一种负担，引起逆反心理。

3. 持之以恒，巩固规则。在实行规则的过程中，可以给予孩子一些奖励，同时也可以让孩子自己发现规则，锻炼其个人能力。

【设计意图】通过本课的学习，家长应该明确规则对于孩子的成长具有至关重要的作用，在课程结束之前，与其他家长进行沟通交流，结合自己家庭的实际情况，及时制定切实可行的规则。

九、教学小结及延伸拓展（5分钟）

（一）教学小结

国有国法，家有家规。一个小家的规则，展现的是一个家庭的教养，一个国家的规则，展现的是一个民族的精神风貌。本节课运用大量案例进行真实情境假设，各位家长都会在其中或多或少发现自己及他人的影子，遵守规则不是只靠说说，要从家长入手，为孩子们起到良好的榜样作用，鼓励他们予以学习并付诸实践，才能有助于指引孩子们健康茁壮地成长，树立正确的人生价值观念，这离不开教师与家长的共同努力。

（二）延伸拓展

推荐课外读物：《弟子规》《颜氏家训》。

看到孩子因不守规则而"受益"（比如因插队而快速买到了电影票），您是什么态度？您会因为孩子的"机灵"而大加赞赏吗？

【设计意图】通过问题的形式，家长对于本节课的内容进行系统回顾，产生自己的独特看法，从关注孩子身心发展的角度进行适当的家庭教育。

十、板书设计

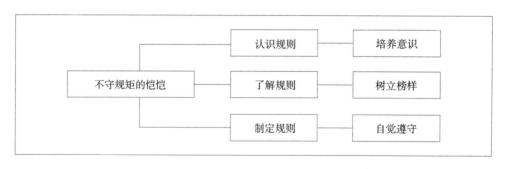

十一、附　录

家庭规则计划表

姓名：

个人礼貌	
学习习惯	
生活作息	

注：1. 此表所有内容全体家庭成员必须共同遵守。

2. 此表内容可随时添加。

遇到困难就放弃的小芳

贵阳市世纪园小学　刘玉娇

一、案例来源

（一）案例内容摘要

本次案例教学中使用的案例选自《家庭教育知行读本》（小学 4—6 年级分册）中的《遇到困难就放弃的小芳》一文。案例讲述了小芳是一个缺乏意志力，在生活和学习上遇到困难就会放弃的孩子。

（二）案例分析

案例中主要讲述小芳在生活和学习上遇到困难就放弃，没有想过克服和战胜困难，这是现在许多孩子都会出现的问题。没有意志力的孩子在面对困难时总爱选择逃避或者放弃。城市中很多孩子都在家人的呵护下长大，心理素质普遍较差，抗压能力较弱，做事的意志力薄弱，在面对困难时通常会选择放弃。

二、教学背景

家庭教育是孩子的启蒙教育，家长本应是孩子最好的老师。家长因为害怕孩子走弯路，很多时候在面对困难时都会主动替孩子解决，或者给孩子制定不切实际的目标。这样不仅不会让孩子学会正确的解决问题的方法，还会让孩子养成逃避和放弃的习惯，且做事没有意志力，三分钟热度。希望通过这节课的交流分享让家长注意到自身存在的问题，做到正确培养孩子意志力，使孩子学会自主面对困难、战胜困难。

三、授课对象

五年级学生家长（城市）。

四、学情分析

（一）学生基本情况分析

现在的很多学生生活条件比较优越，父母除了满足孩子的物质条件以外，在孩子面对挫折时也恨不得能帮孩子承受，因此孩子在学习或者生活中遇到困难时，通常就会退缩，遇事缺乏自信心，抗挫抗压能力差。

（二）家长基本情况分析

本次授课对象为五年级的学生家长，家长受教育程度比较高，比较重视孩子教育。家长愿意通过有利的渠道对孩子进行培养，但是有时候家长会对孩子遇到的问题和困难直接帮忙或告知答案，这样对孩子的成长会有不利影响。通过本次授课活动，希望让家长认识到增强孩子自信心、提高孩子意志力的重要性。

五、教学目标

1. 知识目标：家长认识到孩子缺乏意志力的3点原因。
2. 能力目标：家长掌握增强孩子自信心、提高孩子意志力的3种方法。
3. 情感目标：家长在生活中起到给孩子树立榜样的作用，初步让孩子形成积极向上的生活态度。

六、教学重点与难点

（一）教学重点

1. 使家长了解孩子生活中自信心和意志力的重要性。
2. 使家长掌握一些方法，能够帮助孩子增强自信心、提高意志力。

（二）教学难点

如何正确的培养孩子自信心。

七、教学策略与方法

游戏代入法、案例分析法、谈话法、反思总结法。

八、教学过程

（一）游戏导入，感受"困难"（13分钟）

师：各位家长们，大家好！感谢各位能在百忙之中来到家长课堂，你们的到来让我感受到了各位家长对孩子们的关心和关注。很感谢您的信任、理解和支持（鞠躬，家长们一定会献上掌声）。那么接下来，我们来做一个小游戏放松一下，游戏的名字叫做"夹珠子"。让我给大家介绍游戏规则。

1. 教师出示并宣读游戏规则

游戏规则：在一分钟内，用筷子把在水中的珠子夹起来，然后放人塑料杯里。珠子夹得最多的家长就是冠军。

2. 准备游戏

师：下面，我们将家长进行分组，并从各组选出一名选手代表小组参加游戏比赛。

3. 游戏结束

师：时间到！来，告诉大家，你夹了多少颗？祝贺我们的冠军，掌声送给他！

师：比赛过程中，我来回观察家长，发现有些家长夹几个后就停下来了，有些家长一直从头到尾认真地夹。

4. 谈感受，交流困难

师：谁夹得最少啊？能告诉大家你为什么夹得最少吗？（点明：当我们做一件很难完成或不容易做好的事情，这就代表遇到了困难。）

师：今天我们要交流的话题就是：遇到困难就放弃的小芳（板书课题）。

【设计意图】游戏设计既能活跃气氛，又能引出本次课堂主题。

（二）新课讲授（25分钟）

我们在玩游戏的时候遇到了困难，有的家长选择了放弃，那我们的孩子在生活中有没有遇到过困难呢？他们都是怎么去面对困难的呢？好，我们一起来看看《遇到困难就放弃的小芳》。

1. 案例呈现

教师展示PPT课件，呈现课本上内容（2分钟）。

从案例中我们可以看出，孩子上课认真听课、想象力丰富。但是孩子父母对孩子要求过高，很少给予积极肯定，导致孩子不自信。通过今天的学习，我相信家长都能有所收获。其实从古至今有很多名人，他们都是在经历了挫折后取得成功！比如，伟大的发明家爱迪生，在发明电灯的过程中，做了无数次失败的实验，总共试用了6000多种纤维材料，最终才确定用钨丝来做灯丝，提高了电灯的使用寿命。再比如毛泽东，小时候因无钱买书，竟然徒步走二十多里的路，到亲戚朋友家去借书读。白天出去放牛，晚上就在昏黄的豆油灯下苦读。就是这种追求知识的精神和坚韧不拔的毅力使他实现了宏大的理想和抱负，后来成为中国杰出的人民领袖。

师：像这样的例子还有很多，当然也有很多是遇到困难就放弃的实例。各位家长朋友们，我们都希望自己的孩子成为一个自信的、积极乐观的人，那么在生活中，你家孩子是不是一个开朗、自信、积极向上、遇事不退缩的人呢？

【设计意图】用伟大杰出的历史人物举例说明更加切合本次会议主题。

2. 案例分析

（1）请家长再仔细阅读文章《遇到困难就放弃的小芳》。

思考：看了案例后，家长们觉得自己孩子是否存在这些问题呢？

分析：遇到事情就想要退缩、放弃的孩子，我们会发现他们身上存在一个共性，那就是不自信。我们不应该给孩子制定过高的目标，不应该打压他的积极性，相反，我们父母要多鼓励孩子，认识到独立思考的能力对于孩子的重要性，并且有意识地去培养。

（2）如果有，你认为如何增强孩子自信心、提高孩子意志力呢？

家长讨论交流，家长分享。

（3）得出结论

①常对孩子说：没关系，试试看。父母要尽可能地让孩子独立活动、自己完成作业，自己解决生活中遇到的小事情。

②给孩子制定适当难度的任务。简单一点说，就是我们给孩子提供的任务不能太难，我们要准备的是既高于孩子的现有水平，又是孩子"跳一跳"就可以达到的的任务，而不是让孩子望而却步的任务。

③家长多鼓励、少批评

我们这样说，是为了引导孩子自己先思考问题，鼓励孩子把自己的想法说出来。不要过于严苛，批评过多。家长要用心观察孩子取得的每一个小进步，真诚地去鼓励孩子，给孩子希望，让孩子逐渐恢复自信。

④孩子自身原因

孩子性格胆小、懦弱。

【设计意图】通过案例分析，家长各自找出自己孩子存在哪些问题，并通过让家长谈论思考，从自己与孩子身上找出原因。这样的设计告别了以往老师独自讲解的模式，让家长参与其中深入体会。

3. 了解孩子

师：各位家长，你们了解自己的孩子吗？你的孩子在生活中自信吗？对待事情意志力坚定吗？假如你的孩子遇到困难就退缩你会怎么办呢？哪位家长愿意来分享一下。（3-5名家长）

【设计意图】家长分享孩子在生活中遇到事情的处理方法，使家长们产生共鸣，坚定要改变这一现象的决心。

4. 建言献策

增强孩子的自信心，提高孩子的意志力，可以选择从这几方面做起：

（1）尊重孩子的想象力，保护孩子的好奇心。

（2）多鼓励、少批评，提高孩子的自信心。

（3）允许孩子犯错误，给孩子创造宽松、和谐的家庭环境。

【设计意图】家长讨论、交流及分享实例后，针对这一现象老师给出建议和意见，使家长更加明确日后如何正确地处理类似事情。

5. 我们怎么做

自信是一个成功者最重要的心理素质之一，但它并非与生俱来，需要家长对孩子从小加以正确引导，使孩子逐渐学会相信自己，建立起自信。

（1）以身作则，树立典范

榜样的力量是无穷的。很难想象缺乏自信的家长如何能培养出自信心十足的子女。父母能够充满希望地看待未来，充满自信，孩子就会深受感染，所以父母在要求孩子的同时，一定要注意自己的修养，给孩子树立榜样。

（2）适当放手，让孩子独立

别试图知悉一切、控制一切，适当放手，引导孩子管理自己的学习和生活，培养他的独立性。

（3）及时肯定和赞扬孩子的良好行为

人的自信需要外界的认同和赞赏。孩子正处于自信形成的阶段，离不开成人的肯定和赞扬。

（4）不比较，看重孩子的每一点进步

每个孩子都有自己独特的发展轨迹，别总拿自己的孩子跟别人家的孩子比较，要看重自己孩子的每一点进步。作为家长首先要把心态放平和，接受孩子的一切，找到孩子的优点，不必过于苛求孩子，孩子的身心健康最重要。

【设计意图】针对提出的建议和意见做更详细的分析，给家长指明方向，让家长成为孩子成长路上的指引者、领路人。

九、教学小结及延伸拓展（2分钟）

（一）教学小结

通过今天的分享，作为家长，我们懂得了如何增强孩子的意志力、提高孩子的自信心，并通过自己的言传身教做好榜样示范作用。

最后借用教育家陆惠琴教授的一句话作为结束："作为父母，即使我们不能为孩子创造优渥的生活条件，但我们完全可以朔造他们优秀的品格；我们即便不能给孩子提供高贵的出身，但我们完全可以培养他的良好习惯！我们完全能让孩子真正赢在起跑线上，为他将来成功铺下最重要的第一步！"

（二）延伸拓展

推荐阅读《培养孩子独立思考能力》（《父母课堂》4月刊）、《做独立思考的人》（郑渊洁著）、《鲁滨逊漂流记》（丹尼尔·笛福著）。

十、板书设计

案例
（遇到困难就放弃的小芳）

一、分析
1. 常对孩子说：没关系，试试看。
2. 给孩子制定适当难度的任务。
3. 家长多鼓励、少批评。
4. 孩子自身原因。

二、建议
1. 尊重孩子的想象力，保护孩子的好奇心。
2. 多鼓励、少批评，提高孩子的自信心。
3. 允许孩子犯错误，给孩子创造宽松、和谐的家庭环境。

三、具体做法
1. 以身作则，树立榜样。
2. 适当放手，让孩子独立。
3. 及时肯定和赞扬孩子的良好行为。
4. 不比较，看重孩子的每一点进步。

参考文献：

[1] 韩丽霞. 浅谈小学生敬业精神的培养 [J]. 学园，2015（12）：1–2.

[2] 卢惠华. 点燃孩子自信的火花——谈父母如何培养孩子的自信心 [J]. 儿

童大世界（下半月），2016.

[3]陆萍. 家长请培养孩子的自信吧 [J]. 读写算（教育教学研究），2015：3-5.

[4]孟水娥. 家长应做孩子思想行为的引领者 [J]. 新校园（上旬刊），2013：3.

[5]宿文渊. 培养孩子的 100 个细节 [M]. 天津：天津科学技术出版社，2020：194-201.

沟　通

——架起父母与孩子心灵的桥梁

贵阳市世纪园小学　陈　希

一、案例来源

（一）案例内容摘要

本次案例教学中使用的案例选自《家庭教育知行读本》（小学 4—6 年级分册）中的《无法与妈妈沟通的刘彤》一文。案例讲述了刘彤是一个腼腆内向的女孩，原本成绩不错，但这个学期开学以来，她上课走神，完成作业不认真，致使学习成绩大幅度下滑，经询问后得知，因为班上一名关系较好的女生转学而无心学习。问其为何不愿与父母沟通，孩子说父母会认为自己是在为学习不努力找借口。

（二）案例分析

案例中刘彤的表现反映了亲子沟通问题。很多父母也像刘彤的父母一样，对孩子要求严格，对孩子的关注点就聚焦在学习是否优秀上。父母和孩子沟通的核心话题就是学习成绩，只要一听到成绩不理想，就会不问青红皂白地斥责，从不关心孩子在学校里发生的其他事情和孩子的心理动向，认为学习才是最重要的。渐渐地，孩子就不愿与父母沟通了。

二、教学背景

《全国家庭教育指导大纲》中指出：尊重和信任儿童，促进良好的亲子沟通；指导家长摆正心态，以平等的姿态与儿童相处；学习与儿童沟通的技巧，学会运用委婉、民主、宽容的语言和态度对待儿童；学会倾听儿童的意见和感受，学会尊重、欣赏、认同和分享儿童的想法；学会采取正面方式激励儿童；正确对待儿童的学习成绩。家长们在遇到孩子不喜欢学习或者学习出现问题时常常不知所措，需要相应的指导办法。

三、授课对象

四年级学生家长（农村）。

四、学情分析

（一）学生基本情况分析

随着孩子交往范围的扩大和认识能力的发展，四年级的孩子开始对很多事情有了自己的想法，但是他们辨别是非的能力还极其有限，社会交往缺乏经验，经常会遇到许多自己难以明白的问题，开始产生很多不安和忧虑，在日常生活中与父母缺乏沟通，在日常行为中认为父母专制，担心家长的不理解与责骂，需要家长和老师正确的引导。

（二）家长基本情况分析

本次授课对象是四年级家长，且大部分来自农村，受教育程度普遍中等，对孩子的学习成绩普遍比较紧张，但未必能正确与孩子沟通。

五、教学目标

1. 家长认识到与孩子沟通的重要性。
2. 通过教师与家长的交流互动，家长能够掌握正确与孩子沟通的策略。

六、教学重难点

（一）教学重点

使家长充分认识与孩子沟通的重要性。

（二）教学难点

通过教师与家长的交流互动，探索如何正确与孩子沟通。

七、教学策略与方法

采用讲授法、案例法、讨论法、活动法相结合的方式，合理使用图片、视频，使课堂生动起来。

八、教学过程

（一）导入（1分钟）

尊敬的各位家长朋友：大家好！非常感谢大家在百忙之中抽空来参加这次家庭教育学习。孩子的教育是我们家长们最关心的问题，是家庭的头等大事。这次家庭教育学习主题是"沟通——架起父母与孩子心灵的桥梁"。我是今天的主讲老师，我姓陈。

【设计意图】开门见山，点明主题，明确今天的主题就是如何做好亲子沟通。

（二）环节一：案例呈现（6分钟）

1. 完成"家长与孩子沟通情况调查问卷（家长篇）"。出示结果，向家长呈现。

2. 一个"√"得一分，请统计分数，得分越高说明您和孩子沟通问题越严重，您得改变自己的教育方式，不然，会害了您的孩子！

3. 课件出示：《无法与妈妈沟通的刘彤》案例。

4. 家长说说看了之后，有什么感想？

5. 教师小结：有效的沟通与交流不仅有助于家长了解孩子的学业情况，更重要的是因为孩子的身心成长随时随地都在发生变化，日常的亲子交流能够帮助父母尽早发现孩子的心理状况，父母的关心和帮助对于尚处于发展阶段的他们来说是非常必要的。此外，当您在家庭教育中出现了一些困惑时，当您越来越不知道您的孩子在想些什么时，当您的孩子不再能把您的话听到心里去时，您就要反思一下家庭教育中的关键——沟通是否做到了位。

【设计意图】首先完成家长与孩子沟通情况的调查问卷，让家长发现问题，再出示教材中的案例，生动的案例更容易让家长感同身受，进而才能够吸引家长继续听下去。

（三）环节二：案例分析（12分钟）

案例中的妈妈犯了三点错误：

1. 忽视了沟通的重要性。在家庭教育中，不少父母更重视孩子的身体是否健康、学习是否优秀。父母普遍认为只要身体好、学习成绩优秀，就是成功的教育，却忽视了亲子之间的沟通与交流在整个家庭教育中的作用。由于沟通交流的缺乏，导致父母在家庭教育中很难发挥引导作用，一旦孩子学业出现问题，便会出现父母被动、孩子尴尬的情况。

2. 沟通方法不当造成沟通障碍。父母与孩子在沟通上出现问题多是由于父母沟通方法或方式不当造成的。可以做到针对孩子的年龄、性格等情况进行有效沟通的父母是极少数的。有的父母喜欢说教，从自己的角度发表言论，却不考虑孩子是否能接受，因此，这种情况下更加容易滋生孩子的逆反心理。

3. 沟通语气或措辞不当。孩子学习上出了问题，父母不恰当的沟通语气和措辞会增强孩子的弱势感觉，使孩子无法敞开心扉倾诉想法。一些不太善于管理自己情绪的父母，会充满怨气地和孩子交流，沟通效果与自己的期望自然就背道而驰。

教师小结：综上所述，家长在与孩子沟通的过程中犯了6点错误，分别是批评多，鼓励少；对孩子进行消极否定的预言；过多唠叨；独断专横或家长制作风；喜欢和其他的孩子比较；威胁孩子。

　　师：请家长们反思，您平时是否说过类似的话、做过类似的事情？您与孩子起了争执该如何处理？您曾采取过哪些有效的沟通方式？与大家一起分享一下！（家长、老师交流有效的方式方法。）

　　【设计意图】要想得到解决方法，首先要将问题归因，认识到问题出现的原因，才可以积极地寻找解决办法，对症下药，有目的地找到适合自己孩子的沟通方法。

（四）环节三：亲子有效沟通的方式、方法（18分钟）

　　亲子之间的有效沟通是双赢的合作模式。在沟通过程中，要让孩子愿意说，同时父母也要耐心倾听，走进孩子的心灵，做到真正了解孩子，促进亲子关系的和谐。结合之前家长们的分享，我归纳了以下几点建议——

　　第一，在家庭中保持一种平等的对话关系。平等的对话是亲子间实现有效沟通的基本前提之一。不少父母在家庭中总以为自己是主导，认为"我是家长，孩子必须听我的"，完全忽视了孩子的感受，使亲子间的沟通变成了家长的"一言堂"。不仅使孩子产生逆反心理，也让沟通徒具形式。因此，促进平等的对话关系形成是有必要的，亲子共同探讨，而不是父母单方面的命令和训诫。（出示案例——《父母课堂》中的《当着大家的面你给我讲清楚》和《让我们都来换位思考》，相比之下，您更欣赏哪位"妈妈"的做法呢？大家畅所欲言，分组讨论。）

　　第二，亲子沟通要本着相互信任理解的原则。建立在信任基础上的沟通才是最牢固的，相互信任是彼此能够沟通的基础。在日常生活中父母可以通过不同方式向孩子传达对他的信任与认可。这样一来，孩子更愿意敞开心扉，学习上出现问题，也愿意主动找父母沟通，亲子关系变融洽也不再是一个棘手的难题。（出示课件——孩子最爱父母做的10件事。相信这样可以让您更快地收获到孩子的信任！）

　　第三，定期进行沟通交流。父母更应该根据孩子每个阶段的不同的身心变化和面临的学业问题来调整沟通时间长短和主题的设定，有确切的沟通周期计划，并按一定时间执行。（出示情景视频——《尊重孩子的兴趣爱好，别让孩子的梦想陨落》，说说视频中的爸爸有什么值得我们学习借鉴的地方？家长畅所欲言。）

第四，寻找孩子喜欢的方式沟通。在亲子间的沟通过程中，摒弃说教、命令、强迫等极端方式，选择易于被孩子接受的方式，如聊天、讲故事、做游戏等寓教于乐的沟通方式更加贴合孩子的心理，也更容易取得不错的沟通效果。

师：在每个父母的心中，孩子也许就是一切。那你知道孩子心中需要什么吗？谁来说说？

师：那孩子的回答是什么呢？让我们一起去看看（播放视频）。其实，孩子们的想法真的很简单，知己知彼，百战不殆，知道需求，才能更好地对症下药。

（观看公益广告《有爱才有责任》。家长写《写给孩子的心里话》，并贴在黑板的爱心图上。）

【设计意图】我采用理论讲授和案例呈现与家长的讨论、活动相结合，每一条建议之后都有生动的案例或者图片、视频，让家长更好理解的同时，让本课教学目标落地，在之后与孩子的沟通，不论是学业还是其他方面，都可以合理且有效。

九、教学小结及延伸拓展（3分钟）

（一）教师小结

"树不剪不成材、玉不琢不成器"。在教育子女的问题上，我认为对孩子既要严格要求，又要慈爱有加，既要有宽松的环境，又要有适度的紧张。要想与孩子真正地做到心灵上的交流，必须和孩子们成为朋友，腾出更多的时间去陪孩子。给孩子讲故事、陪孩子聊天、玩游戏、出去逛逛等，让孩子感受家庭的温暖和父母的关爱。这样，孩子把父母当成朋友，觉得亲近、无话不谈，也就很乐意听从父母的教导。

（二）延伸拓展

向家长朋友们推荐两本关于家庭教育的书籍，一本是董进宇博士写的《家长突围》，一本是《父母课堂》。

十、板书设计

沟通——架起父母与孩子心灵的桥梁

平等的关系

信任的原则

定期来开展

方式要合理

十一、附录

家长与孩子沟通情况调查问卷（家长篇）
学生姓名_____　　家长姓名_____　　得分_____
请您回答以下问题，符合的请在括号内画"√"，不符合的画"×"。
1. 常以学习成绩好的孩子为例批评自己的孩子。（　　　）
2. 经常用自己年轻时的经历教育孩子。（　　　）
3. 总对孩子说自己的付出全是为了他（她）。（　　　）
4. 常以自己的标准给孩子定目标。（　　　）
5. 在教育孩子方面夫妻意见常常不统一。（　　　）
6. 当孩子不听话时常打骂孩子。（　　　）
7. 常说："只要你好好学习，啥条件都答应你。"（　　　）
8. 认为孩子的缺点必须用批评才能改正。（　　　）
9. 常说："你怎么这么笨？"（　　　）
10. 当孩子说一件得意事时，你却警告他别骄傲。（　　　）

参考文献：

[1] 徐鸣. 6—12岁农村留守儿童家庭教育内容的现状调查——以湖北省L镇为例，2018.

[2] 刘东风. 来华留学生跨文化人际交往研究——十八位来华留学生的个案分析，2005.

做孩子情绪管理的引导者

清镇市第三实验小学　蒙　洁

一、案例来源

本次案例教学中使用的案例选自《家庭教育知行读本》（小学 4—6 年级分册）中的《脾气暴躁的杨杨》一文。

二、教学背景

随着年龄的增长，小学高段的学生情感变得丰富，他们非常在意规则是否公平及处罚是否明确，稍有不公平就会抱怨、发火。叛逆抗拒心理较强，比较容易以自我为中心，受不得批评，要他人包括父母都要顺从自己，稍不如意，则激动暴怒。而很多父母采用的方式过于强硬，不但影响亲子关系，更不利于学生的情绪管理能力培养。

三、学情分析

（一）学生基本情况分析

本班（五年级）学生多数为第一胎生孩子，同时作为 10 岁左右的孩子，正是情绪情感丰富的时候，在二胎还未到来前是全家人的宝。教养方式娇惯，所以常以自我为中心，一不顺心就大发雷霆。

（二）家长基本情况分析

本次课程授课对象为学校五年级学生家长（城市）。家长们一方面忙于工作，另一方面花精力照顾二宝，时常因为自己减少了对大宝的照料时间产生愧疚感，因此面对大宝的各种行为会妥协，这也是造成孩子情绪易怒的原因之一。

四、教学目标

1. 了解影响孩子负面情绪的因素有哪些。

2. 通过"接纳，识别，自我激励"三部曲引导孩子学会情绪管理。

3. 明白家庭环境是影响孩子情绪的主阵地，父母的言行跟孩子有直接联系，家长要用自身的转变去影响孩子。

五、教学重难点

（一）教学重点

学会暂缓自己的负面情绪，知道拥有平和的情绪是帮助孩子养成积极情绪品质的重要条件。

（二）教学难点

学会通过"接纳，识别，自我鼓励"三部曲引导孩子学会情绪管理。

六、教学准备

PPT 课件、学习任务单、彩色卡纸、笔。

七、教学策略与方法

（一）教法

本节课堂主要通过案例分析法，小组活动、角色扮演体验、评价与反馈开展教学。

（二）学法

本节课以案例分析激发家长探索欲望，以小组活动为载体，形成合作学习模式。同时辅以体验活动，在课堂上练习掌握情绪管理的办法。

八、教学过程（40分钟）

（一）破冰活动（3分钟）

师：家长们，大家早上好！欢迎大家一起来参与今天的家庭教育课程。在课程开始前我们先来玩一个小游戏。凳子上有一张卡片，我把它叫做情绪卡，请你用旁边的笔在卡片上写下此刻你要参与游戏的心情。持有相同颜色卡片的家长即为一组。请分到一组的家长坐到一起，并以这样的句式介绍自己：我是谁，我此刻的心情是怎么样的。

指名家长进行分享：玩了这个小活动后，你有什么样的心情呢？（3—4名家长反馈）

教师小结：感谢家长们的参与！从这几位发言的家长我们发现，虽然我们玩的是同一个游戏，却带来了不同的心情。

【设计意图】在家长与家长之间营造和谐的交流氛围，并将家长按照课程需求进行分组，为后面开展小组活动做好铺垫。同时在家长心中埋下伏笔——同一件事不同心情。

（二）案例重现（3分钟）

师：看着家长们能这样愉快地交流我感到很开心。现在我邀请大家一起来看两个视频。（播放视频）

视频1：几个学生在某个街道的角落打架。

视频2：一位母亲大声斥责自己的孩子，几分钟之后孩子开始反击，并摔坏家里的东西。

师：视频看完了，当你看到孩子在街头这样使用暴力时，是什么心情？对于视频2中妈妈的做法你有什么看法？

（指名3位家长进行分享）

教师小结：是的，我们对于孩子使用暴力去解决问题是非常担心的。从妈妈的做法我们隐隐约约看到了自己的影子，与孩子一言不合便会"河东狮吼"。这样的硬碰硬只会让孩子的状态变得更糟。

【设计意图】视频案例展示，一是让家长直观地看到孩子因为脾气暴躁带来的严重后果。二是初步让家长看到一个普遍现象——家长暴脾气，孩子也会暴脾气。

（三）分析分享（4分钟）

师：相信我们自己的孩子或多或少都会出现暴脾气或是带着负面情绪的时候，我们作为孩子的第一任老师，也会进行引导。现在我们一起来看看杨杨的爸爸妈妈是怎么处理的。

（课件出示小组活动要求）

1. 案例中的父母采用的方法是什么？

2. 不能帮助杨杨缓解负面情绪，与"暴脾气言和"的原因是什么呢？

3. 在学习任务单活动1写下自己的看法。

4. 小组内交流，再进行小组汇总。

5. 3分钟后我们来交流。

小组进行汇报交流，教师注重对家长参与进行反馈，从小组合作、积极发言等方面激发家长参与接下来的活动。

教师小结：家长们的思考充满了智慧，为了让孩子健康成长，我们每一位家长都在努力寻找问题出现的原因。我们看到案例中的妈妈非常焦虑，找不到解决问题的方法，爸爸则太粗暴。这样的处理方法只会传递给杨杨一个观念——解决问题就用拳打脚踢。还有家长认为失败的原因是父母不了解杨杨，没有走进杨杨心里。

【设计意图】通过组织家长们对案例中的不成功引导进行交流讨论，知道失败的原因有哪些。

（四）追根溯源（10分钟）

师：我特别认同大家提到的引导失败的原因是不明白杨杨暴脾气背后的根源在哪。那我们就来探讨一下，看看导致孩子暴脾气和负面情绪的原因有哪些？

课件出示小组活动要求：

1. 在学习任务单活动2写下你认为的原因3条。

2. 小组内交流自己的看法。

3. 汇总，小组代表与全体家长进行交流。

4. 时间6分钟。

（小组进行分享，教师相机反馈，关注家长是否积极参与）

师：家长们都是善于发现问题的高手呀！经你们这样思考，我们发现孩子的暴脾气不一定是与生俱来的，而是成长过程中诸多因素造成的。我试着把这些因素做了归类。

（课件出示）

1. 孩子的成长环境。

2. 家庭教养方式态度。

3. 孩子自身的人格气质。

教师小结：一是孩子长期生活在言语激烈的环境中，耳濡目染，学会遇事便会出现暴躁与攻击行为。二是因为家长太过忙碌，加上还有二胎，当孩子情绪上来时父母就妥协满足以求快速平息，造成孩子潜意识认为这是可行的方法；三是这本身就是孩子自己的性格气质，对情绪的控制能力弱。

【设计意图】在小组活动中，家长通过自主思考、小组交流、集体分享，多角度看到造成杨杨暴脾气的原因是多方面的，其中家庭因素最大。

（五）知行合一（18分钟）

1. 交流办法（3分钟）

师：针对这些原因，我们怎么做才能帮到杨杨呢？让我们一起来想想办法。

课件出示小组活动要求：

（1）在学习任务单活动3写下自己认为可行的办法。

（2）交流，思考这样的办法如果用到自己孩子身上是否有用。

（3）将小组认为最可行的方法汇总，然后集体交流。

（4）时间3分钟。

小组进行汇报，教师提出要求：重复的办法不用分享。

教师小结：聆听了家长们的解决办法，我很感动，你们都是有智慧的父母。大家说把"抢起的棒棒"换成"拥抱孩子"，接着带着孩子一起感受情绪背后的愿望是什么，先平息自己的怒火，给孩子更积极的应对方法。总结一下用三个词来概括：接纳、识别、自我鼓励。现在我们把这三个核心串起来在这里做一个练习，看看是否真的能帮到孩子。

2. 角色扮演（5分钟）

课件出示角色扮演活动要求：请其中一位家长扮演孩子，回想一件让自己特别生气的事，讲出这件事及对着我发泄出自己的负面情绪。

教师用"接纳、识别、自我鼓励"三部曲与扮演家长者进行交流。

（1）走上前去，轻轻抱着这位家长，说："看到你现在很生气，我很担心。因为我看重你的身体健康，让我抱抱你，我们一起去面对。"

（2）家长情绪慢慢平静下来，师："你现在的心情可以用什么词来表达呢？情绪背后的愿望是什么？"（引导对情绪有进一步的理解和识别。）

（3）师："嗯，很好。为了转化负面情绪为积极的，此时我们可以做点什么呢？"（预设：我可以看书、散步、听音乐、聊天等。）

（4）师："你看，你一共找了四个办法。哪一个办法你现在可以用呢？"（预设：最想听音乐。）

（5）师：那你就去听音乐吧！

师："好的，我们的角色扮演结束了，我想采访一下这位家长，经过这样一个过程，你的情绪有什么变化呢？你的感受如何呢？"（预设：我能慢慢缓解自己的负面情绪，而且有具体的行为帮助我转负面为积极，学会积极面对。）

课件出示关键词：接纳、识别、自我激励。

教师小结：通过刚才的梳理我们发现，硬碰硬伤的是彼此。第一，当孩子一开始出现负面情绪时不是说教或是以强力压制，而是抱抱她，"以柔克刚"。第二，引导孩子看到自己情绪背后的需要是什么。当孩子看到自己要什么时，情绪就已经缓解了一大半，因为她体会到被理解和支持。第三，给孩子具体化的引导。引导孩子用正面具体化的行为去缓解，比如说看书、散步、听音乐、找人倾诉等。用具体化、有指向性的行为帮助孩子们转负为正，在行动中习得积极品质。

3. 小组体验（10分钟）

师：现在，我邀请大家一起体验"接纳、识别、自我激励"三部曲管理情绪。（课件出示活动要求）

（1）每2名一组，一名扮演暴脾气的孩子，一名扮演父母；

（2）用"接纳、识别、自我激励"帮助"孩子"缓解暴脾气；

（3）两人小组结束后，谈一谈活动感受；

（4）8分钟后，我们一起来交流。

邀请3组家长分享体验感受。

教师小结：谢谢大家的参与与反馈。没错，情绪管理并不是一朝一夕的事，这是一个"持久战"。需要我们在日常生活中潜移默化去影响孩子。当孩子暴脾气来时我们在接纳中引导孩子及时暂停、识别、自我激励，从负面情绪中一点点走出来。这个过程最先发生变化的是我们自己，当我们情绪稳定了，孩子也会受影响。

【设计意图】让每一位家长都参与体验活动，从自己的体验到自我总结，从课堂的刻意练习掌握方法，同时看到当自己的情绪情感和言行发生转变后，孩子也会渐渐稳定情绪

（六）余音淼淼（2分钟）

师：我们的课程分享就到这里了，我想听听本节课哪一个点对你最有帮助

呢？（指名反馈）

师：家长们，这样看来，帮助孩子进行情绪管理并不难，首先是从我们自身做起，我们在面对孩子的暴脾气时选择接纳，孩子就会暂停，陪着孩子一起去面对，孩子就能识别情绪背后的原因；鼓励孩子积极面对，孩子就能找到具体化的方法。我们可以从爱的抱抱开始，当孩子情绪上来时，用抱抱代替"棒棒"吧！最后感谢大家的参与，学习家庭教育，做智慧父母，陪伴孩子健康成长，我们一路同行。

课件出示作业：当孩子暴脾气上来时，用抱抱开启引导。

【设计意图】将本节课的核心内容以布置作业的形式让家长带回去练习，从身边一个小小的点入手引导孩子，并建立与孩子的情感连接，唤醒家长对孩子的爱与陪伴。

九、板书设计

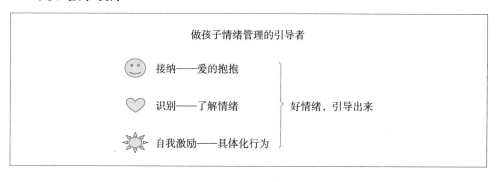

不专心的小林

贵阳市世纪园小学　王思文

一、案例来源

（一）案例内容摘要

本次案例教学中使用的案例选自《家庭教育知行读本》（小学 4—6 年级分册）中的《不专心的小林》一文。案例讲述了一只飞蛾落到了茶几上，正在做奥数题的小林立刻丢开笔去追飞蛾，旁边做菜的妈妈喝止了他后，小林灰溜溜地回到茶几旁，却拿起笔盯着飞蛾看，半天也不动笔。奶奶递来水果和牛奶让小林吃一点再继续做题，小林就转而看着水果发起呆来。就这样，直到饭菜端上桌，小林也没写几个字。问起原因，小林说题目太难了，要打电话问问同学。面对妈妈的唠叨，小林却毫不在意。

（二）案例分析

案例中这位妈妈和奶奶的做法正是当下很多父母的一个缩影，家长自以为为孩子好，关心孩子，却没有意识到孩子的注意力十分容易受到外界的影响。有时过度的唠叨和关心，都会打断孩子思考的过程，从而分散孩子注意力。

二、教学背景

孩子做作业时坐不到两分钟，就动来动去、东张西望，一点都不专心。相信这是很多父母在教育孩子的时候，容易遇到的问题。专注力，也就是我们说的专心，对孩子的重要性不言而喻。专心的孩子，学习的时候才能更加投入，不被外界打扰。而不专心的孩子，学习的时候三心二意，容易半途而废。对于父母来说，怎么让孩子专心，是一件很难的事情。毕竟现在的诱惑太多了，各种电子产品让孩子爱不释手。因此，遵循家庭教育规律，给家长们提供一些有效的解决措施符合家长需求。

三、授课对象

4—6 年级学生的家长（城市）

四、学情分析

（一）学生基本情况分析

10—12 岁的孩子学业压力开始增加，独立意识慢慢增强、个性逐渐凸显，情绪变得不稳定、越来越叛逆，自控力不强等是这个成长阶段的孩子的心理特点。

（二）家长基本情况分析

大部分家长苦于不知道方法，只能苦口婆心地说教，发现效果并不明显，甚至会产生较多的家庭矛盾。所以针对这个问题，给家长们提供一些有效的解决措施。

五、教学目标

1. 知识目标：让家长了解会导致孩子不专心的三种原因。

2. 能力目标：家长能够掌握老师提供的具体的解决措施；能够根据自身实际有方法地调整。

3. 情感目标：缓解家长的焦虑情绪，能够更好地与孩子交流，促进家庭亲子关系的和谐发展。

六、教学重难点

（一）教学重点

通过本次课程家长能够反思自身对孩子专注力的影响，并做出改变。

（二）教学难点

通过本次课程，能够根据自家真实情况，做出相应的调整。

七、教学策略与方法

（一）教　法

以家长最关心的问题作为切入点。以案例分析法为基础，引导家长反思自身是否有相同的行为，引起重视。

（二）学　法

提供有效具体的解决措施，让家长回家能够将本节课所学习的内容进行实际应用。

八、教学过程

（一）导入（3分钟）

师：各位家长，大家好！感谢各位家长百忙之中抽出时间来参加本次家庭教育课程，在正式开场之前，我们一起看一段搞笑视频放松一下吧。（播放家长辅导学生做作业的搞笑视频）

都说孩子是天使，除了辅导作业的时候。在看视频的时候，我有观察到有些家长对视频中的内容深有体会，看起来很头疼的样子。

孩子写作业困难，或多或少都与"专心"有关。今天和大家分享的故事《不专心的小林》，描述的就是孩子在家写作业的情形。家长们可以从我们对"小林"

行为的讨论中，了解孩子可能出现"不专心"情况的原因，以及相对应的调整方式。

现在就让我们进入正题吧。

【设计意图】家长对孩子最关心的两点，无外乎学习与安全。从我们日常能够看到的这类辅导作业的短视频作为引入，不仅可以活跃气氛，而且可以加强家长的同理心。引起家长对辅导孩子作业感到头疼的共鸣，这样一旦了解到本课程可以帮助解决问题，家长就会产生极大的学习欲望，认真专注地对待后续课程。同时，这里也为后续讲解解决不专心的方法——提升兴趣，埋下伏笔。

（二）环节一：案例重现（3分钟）

1. 老师朗读《不专心的小林》，并请家长进行思考（或展示动画微课）。

2. 现在我来为大家读一读《不专心的小林》这篇故事，家长们可以一边倾听，一边思考导致"小林"不专心的原因是什么。

【设计意图】带着问题去倾听，会让家长注意力更加集中，也会更加投入到家长会中。这也是后续讲解解决不专心的方法——引起思考，埋下伏笔。

（三）环节二：分享分析（6分钟）

您家也有出现像"小林"这样的情况吗？我们一起来分析一下可能导致"小林"出现不专心情况的原因吧。（挑选3—5名家长发言）

1. 飞蛾。对突然闯入自己世界的飞蛾产生兴趣，导致做作业的注意力分散。

2. 奶奶主动递来的水果和牛奶。

3. 题目太难了。

教师小结：实际上可能还存在环境的原因，根据茶几上的飞蛾，正在做饭的妈妈能够及时喝止，我们可以分析得出结论："小林"做作业的地方应该在客厅；最开始的作业是奥数题。没有做作业专门的空间，且对于小学生来说，不了解奥数的用途，产生不了兴趣，这也是会造成不专心的原因。

【设计意图】让家长的思考成果有输出的地方。同时能够在分析的过程中，找到自身家庭辅导时出现的问题。加强家长对解决方法的求知欲望。

（四）环节三：追根溯源（10分钟）

分析完故事中"小林"不专心的原因。那现在我们分析分析自己孩子出现不专心的情况，会有哪些原因呢？请各位家长填写一下情况表。（情况表分为"孩子本身的原因""家长的原因"两栏）都说遇到事情要先找自己的原因，那就先从我们家长自己的原因开始分析。

出示幻灯片：

1. 总是催促孩子。

2. 总是打扰孩子。

3. 不管孩子。

各位家长对比自己，想一想在孩子做作业时，是否有过这样的情况呢？

教师小结：实际上，孩子集中注意力的时长并不是固定的，而且十分容易受到外界的影响。有时过度的唠叨和关心都会打断思考的过程，从而分散孩子注意力。有研究数据表明该年龄段孩子的注意力集中时间大概在20—30分钟，会根据年龄的增长、对事情感兴趣程度等多种原因而有所改变。所以孩子在学习上短暂分神是比较正常的，也许是在放空休息。

再就是，如果孩子身心状态不佳，也会很难集中注意力。比如伤心、疲惫、有压力或者生病的时候。因此家长在发现孩子不专心时，要学会先观察情况，而不是一味地盲目严格要求。

另外还有家长的情绪，家长们要明白，您的情绪会对孩子有非常大的影响。很多时候，家长会控制不住，觉得这么简单的问题都不会，是不是上课没听讲。可很多时候，我们是习惯性地以成人的眼光去判断题目的难易度，这并不能代表孩子的认知。

再简单的知识，都是要通过学习获得。就像圆周率是3.1415926……就这么简单的一串数字，家长当年也是经过学习记忆，不是生而知之的吧。所以在遇到孩子不会的时候，家长们先平缓心态，用平等、温和的态度和孩子进行沟通，找到问题所在。即使是孩子真的错了，家长们也要控制好情绪，告诉孩子自己生气的原因，并教会其正确的方法。不要给予过多的压力，从而导致孩子对学习产生厌倦感。

【设计意图】追根溯源，先从自身寻找问题，了解自身情绪可能对孩子注意力的影响。同时了解该年龄段孩子应有的注意力持续时长，缓解家长对孩子出现不专心情况的焦虑心态。打破以成年人眼光看待问题的习惯。从而能够让家长以平等、温和的态度和孩子进行对话。

（五）环节四：知行合一（11分钟）

无法全身心投入一件事情，就叫做不专心。那如何让孩子能够投入学习中呢？

1. 增加学习成就感，培养学习兴趣

著名物理学家杨振宁曾说过，他不赞成有人说他是"刻苦"学习的，因为他在学习中从没感到"苦"，相反，体会到的是无穷的"乐"。学习是快乐的，那么相信没有一个人能够拒绝学习。那么，怎样才能使学习变为快乐的事呢？

首先，多表扬，少批评。这里的表扬，不是浮于表面的"你真棒"。而是要将表扬落在实处。例如，"你比昨天坐得更端正了""你的某某字写得好工整呀，向你学习"。不要一味地批评指责，本来就是恨铁不成钢，却不知好钢已在批评中钝化了。被批评久了，孩子自然而然会觉得自己这也不对那也不对，丧失信心，在学习中有压抑感，从而厌恶学习。当然，如果他是真的错了，也要给予批评，并说明原因，从而让孩子明辨是非，分清对错。

其次，使孩子获得学习的成就感。站在孩子的角度去判断任务的难易程度，在孩子成功时不要吝啬掌声，不要泼冷水。如果遇到难题，家长也要从教授方法入手，尽量使孩子掌握解决问题的方法，这样既增强了孩子的自信心，又使他体验了学习的快乐。

2. 利用孩子的好奇心，培养学习兴趣

孩子们天性好奇、好问、好动。有的孩子把闹钟拆开，有的孩子有"十万个为什么"。这实际上就是渴望知识的表现呀！家长如果把这样的行为看成淘气、捣乱。从而以批评、冷淡、漠视的态度对待孩子，无形中就会损害孩子求知的欲望。我们应该充分利用孩子的这种特性来激发他们对学习的兴趣。

另外，对孩子的提问要重视，千万不要敷衍了事。如果不会，可以和孩子一起去查找资料，这不也是一种亲子交流吗？但如果家长是骗骗他，以后孩子不懂的问题他也就不问了，这样孩子的积极性和好奇心就会逐渐下降。

3. 创设良好的学习环境

在安静的环境中，更容易注意力集中。如果只是要求孩子乖乖地在房间里看书画画，自己却在客厅里将电视机声音开得很响。或者像小林这样在客厅学习，妈妈在一旁做饭，奶奶还送上了水果牛奶。这种外在的环境干扰很容易使孩子分心。因此，要让孩子专心学习，自己就要以身作则，创设安静的学习环境。

【设计意图】为家长提供具体而有效的解决办法，告诉他们该怎么做。让家长可以回去以后直接将本次家长会学到的内容，落到实处。而不是一味地追求情感升华。

九、教学小结及延伸拓展（7分钟）

（一）教学小结

通过今天的分享，作为家长，我们要学会"适当"的关注孩子，也要学会适当的"忽略"孩子。用合适的方法激发孩子兴趣，促使孩子能全身心投入到一件事中，自己去发现学习的乐趣。

教师小结：所有的教育都是从习惯养成开始的。我们不要求孩子成为天才，只希望他们能够养成良好的习惯，对他们今后能够有所帮助。

（二）延伸拓展

最后给家长提出下面这些建议，帮助您的孩子建立主动学习的习惯。（打印在一张纸上发给每一个家长，并嘱咐大家带回家分享给每一个家庭成员）

1. 不要随意按照自己的意愿将孩子的时间全部占满，留一些时间让孩子自己安排，如果他年龄还小，不知道安排什么，你可以给他多提几个建议让他选择。

2. 学会"放手"，多鼓励孩子主动探索，不要太多不必要的"不准"。

3. 专心是一种持续性状态，在孩子全身心投入一件事的时候，不要打断干扰他，尽可能不要催促他，更不要跟在孩子身边不断提醒他"不可以这样、不可以那样"。

4. 在孩子遇到困难时，不要急于帮助他，可以引导他寻找解决困难的办法，提供建议。

5. 不要急于把结果告诉孩子，要给孩子充分的时间去独立思考。

6. 让孩子了解自己要做的事情，并努力独立完成。

师：最后我借用拿破仑的一句名言来结束我们今天的交流活动：播下一个行动，你将收获一种习惯；播下一种习惯，你将收获一种性格；播下一种性格，你将收获一种命运。事实表明，习惯左右了成败，习惯改变人的一生。

【设计意图】为家长提供具体而有效的帮助孩子建立主动学习习惯的建议。每位家长都爱自己的孩子，但具体教育起来不知道该从哪里入手。本堂课直接提供方法让家长实际操作，相信孩子们一定会变得更好。

（三）推荐方法

最后，我向大家推荐几种有效的训练注意力的方法，希望您和孩子一起完成，度过美好的每一天。

1. 复述性练习。

2. 拼图及七巧板练习。

3. 多米诺骨牌练习。

4. 抗干扰练习。

在此，祝所有的家长心想事成！祝所有的孩子健康快乐地成长！谢谢大家！

十、板书设计

不专心的小林

不专心的原因　　　　　如何让孩子投入学习

孩子的原因　　　　　　增加成就感

家长的原因　　　　　　利用好奇心

身体不适　　　　　　　良好的学习环境

参考文献：

[1] 雷红萍. 小学生行为习惯养成中的家庭因素研究——家长如何培养孩子良好的学习习惯 [J].《都市家教（下半月）》，2014（6）：34–36.

[2] 易开富. 素质，是一种习惯 [J].《文理导航：教育研究与实践》，2015（6）：61–63.

[3] 杨东. 核心素养下班级管理评价的新思考 [J].《文学教育（下）》，2019（7）：23–26.

[4] 余通海. 朝着真善美健的方向勠力前行 [N]. 中国教育报，2018–03–27（09 版）.

[5] 刘捷，秋如. 艺术生——谨以此献给所有心中有梦的孩子以及培养他们的人 [J].《时代文学》，2013（1）：19–20.

孩子刚上一年级，不适应怎么办

——以《不肯进校门的小志》为例

北京市朝阳区实验小学贵阳分校　唐卫琼

一、案例来源

（一）案例内容摘要

本次教学案例中使用的案例选自《家庭教育知行读本》（小学 1—3 年级分册）中的《不肯进校门的小志》一文。案例讲述了小志不想上学，用这样或那样的借口表达抗拒，希望借此逃避上学，小志的爸爸用打的方式暂时逼迫小志到校上课。

（二）案例分析

一年级新学期，总会遇到那么几个一上学就哭闹的新生，可能有各种理由不想到学校。案例中这位爸爸打孩子的处理办法明显是没有效果的，这种方式虽可以暂时逼迫孩子到校上课，但孩子本来存在的困难并没有得到解决，又加上"被打"的恐惧，让孩子对上学这件事情爱不起来。

二、教学背景

学习贯彻落实习近平总书记关于家风家教的论述，2015 年《教育部关于加强家庭教育工作的指导意见》、2020 年国家七个部门联合印发《全国家庭教育指导大纲》，重视并引导家庭教育是学校教育工作中的重要组成部分，通过有效的沟通、交流及科学的教育引导，提高家校合作的质量显得尤为重要。

很多家长对孩子教育特别重视，特别关注，同时也会产生不同焦虑情绪，并运用不科学的方式来对待孩子。作为教师有责任、有义务唤醒家长的主体意识，提高教育能力，形成教育的合力，促进孩子健康成长。

三、授课对象

一年级学生家长（城市）。

四、学情分析

（一）学生基本情况分析

孩子进入一年级，开始接受学校的系统教育，这是孩子一生中非常重要的成长起点。全新的生活必然引起孩子生活节奏、生活习惯和学习活动的一系列变化，产生幼小衔接过渡期的不适应。

（二）家长基本情况分析

经过观察，我们发现一年级家长在对孩子特别关注和重视的同时，也会产生不同程度的担心与焦虑，并以不科学的方式对待孩子。

五、教学目标

1. 家长通过合作学习、交流对话，为《不肯进校门的小志》这一案例问题，共创出有针对性的解决方法。

2. 家长学会用合作、交流、讨论的方式，集思广益解决问题。

3. 引导家长分享教育的经验，获得可行的教育方法，产生改变家庭教育方式的积极意愿。

六、教学重难点

（一）教学重点

家长学会用合作、交流、讨论的方式去解决问题。

（二）教学难点

为《不肯进校门的小志》案例共创出有针对性的解决方法。

七、教学策略与方法

（一）教学策略

本节课以家长为中心，将家长作为解决亲子教育问题的主体，激活家长群体已有的育子经验，通过合作与交流，汇聚教育智慧，达成解决特定问题的共识，提高家庭教育品质。遵循人们认知的内部过程：直觉—反应—判断—决定，通过小组合作学习方式，运用焦点讨论法，按客观性层面（获取事实）、反应性层面（个人反应、情感、联想）、诠释性层面（原因）、决定性层面（未来解决的方式）四个层面的问题设计来构建有效讨论，将这四个层面的问题作为学习的过程性结构框架。与此同时，使用有收敛的头脑风暴思维活动。即从发散思维走向归纳提炼思维，引导家长的思维从碎片化走向结构化。促使全体家长展开由表及里的深入讨论，汇聚每一位成员的观察、经验、洞见，从而提升整个学习团体的认知与学习能力，并共创出有效地解决问题的方法。教师在此课中，承担着教学的设计者、活动流动的引导者、工具策略的提供者、教育智慧的贡献者多种角色，自始至终与家长同频共振，形成一个学习的共同体。这些方法可以促进家长深入思考、分析教育孩子的问题，并经历作出正确决定的过程，学到科学解决问题的方法。从而形成教师、家长的教育合力，有效促进孩子健康成长。

（二）教　法

本节课改变教师讲授、家长记录的传统教学方法，以家长为学习活动主体，激活他们已有的家庭教育经验，以组织家长开展合作学习、交流讨论为途径，以引导式教学方法为支持，以共创可见的讨论成果为落点，以暖场活动、走进案例、分析问题原因、共创解决问题方法、回顾反思为本课的教学结构，激活家长的主体参与意识和行为改进意愿，在教师与家长的合作中达成教学目标。

（三）学　法

本节课首先让家长在案例情境中，体验当事人及自己的情感，分析产生问题的原因，结合自己的教育经验，提出解决问题的具体建议，归纳提炼共创科学理智的教育方法，再经历回顾反思，谈学习感受，联系自己实际，反思家庭教育的问题，找到解决问题的方法与策略，获得鲜活的教育体验，分享教育的经验，获得可行的教育方法，产生改变家庭教育方式的积极意愿。

八、教学过程

（一）环节一：暖场活动与分组（5分钟）

1. 分组活动

（家长围成圆圈站立。）

师：欢迎家长走进学校参加家庭教育活动。我们一起探讨家庭教育中的问题。

游戏：《天气预报》

游戏规则：教师说小雨，家长拍手；教师说中雨，家长拍腿；教师说大雨，家长踏脚。

师：走进校园，回想学生时代，让我们一起来回忆体育课的集合报数吧！请从1到3大声报数！开始！

（家长分为3组，并就坐。）

2. 小组合作要求

（1）课堂约定。教师：按时间要求完成相应的活动时，当听到老师击掌"啪、啪啪、啪啪啪"时，请大家停下活动，跟着击掌。眼睛看发言人并注意倾听。

（2）小组内分工：1号组员为组织员，负责组织活动，监督任务完成；2号为记录员，负责记录小组成员分享的要点，为交流做准备；3 号为计时员，为小组活动计时并对小组发言做补充。4—9 号为参与者，积极参加讨论，为活动贡献智慧。

（3）家长在组内自由选择角色任务。

师：今天我们将以一个案例，就"孩子刚上一年级，不适应怎么办"进行讨论，期待通过交流讨论活动，能共同创造出解决这个问题的具体方法。我们特别期待每位家长的参与，并贡献出您的智慧。您的想法不会被评判对错，我们特别想听到每个人的声音。

【设计意图】暖场活动在活跃课堂气氛的同时，让不熟悉的家长彼此产生情感链接，营造和谐安全的交流讨论氛围，激发家长产生讨论的积极情绪，为接下来的小组学习讨论交流奠定对话基础，同时完成随机分组，提出小组合作要求，为后续开放讨论活动的顺利开展提供秩序保障。

（二）环节二：案例呈现（5 分钟）

播放案例《不肯进校门的小志》

1. 回顾案例

师：观看案例后，您在视频中看到了什么？听到了什么？

2. 家长感知体验孩子刚上一年级不适应的情绪及父亲的情绪

师：请用一个词说说案例中小志是什么心情？

师：请用一个词说说小志的爸爸是什么心情？

师：请用一个词说说观看案例后你的心情怎么样？

教师小结：观看案例，我们感受了小志、小志爸爸的情绪及我们观看案例后产生的负面情绪。让我们尝试着走进小志的生活世界，去推断一下为什么小志不肯进校门？

【设计意图】观看案例情境导入，首轮设计简单的客观性问题，让家长走进案例情景，能比较轻松地回答，起到"破冰"的作用。第二轮设计反应性问题，引导家长表达对案例的情感体验，以个人的反应、联想、猜测回答体验孩子、家长的情绪。

（三）环节三：追根溯源（8分钟）

1. 家长分析孩子刚上一年级不适应的原因

师：我们一起来谈谈，探究一下小志不肯进校门可能有哪些原因？

（家长自由发言。）

教师小结：小志不肯进学校的原因可能有以下几方面（边小结边贴出相应内容）。

（1）源于孩子自身

分离焦虑（离开父母时表现出来的恐惧、焦虑紧张、不安等情绪反应）；不善于与人交往（孤独感）；自理能力弱（面对新的学习生活、新的课堂规则无法适应，困难重重）；抵触情绪（因之前的不愿去学校被爸爸打，产生对学校的抵触）。

（2）源于家长

粗暴打骂；期望值过高。

（3）源于同伴

小伙伴间的矛盾；被小伙伴欺负。

（4）源于老师

被老师忽略。

教师小结：在分析小志不肯进校门的原因时，我们已经设身处地站在小志的角度去分析小志可能面对的问题与困难了。如果您是小志的家长，会怎样解决小志不肯上学的问题呢？

【设计意图】这一环节设计诠释性问题，多层面分析孩子刚上一年级不适应的原因。

（四）环节四：知行合一（17分钟）

1. 家长共创孩子刚上一年级不适应的解决方法

师：我们不赞同小志爸爸用简单粗暴的办法处理小志不肯上学的问题，但我们也能理解小志爸爸不得已、没有办法才去打小志。如果我们也像小志爸爸一样遇到同类问题，我们会怎么处理呢？让我一起来为小志的爸爸提一提建议吧！

（1）小组交流讨论5分钟。

（2）独立思考30秒，每人为小志爸爸贡献1个具体的办法。

（3）由组长组织小组讨论，推荐出5个最好的办法，注意不重复。

（4）记录员进行记录，一卡一办法，用深色粗笔横写。

（5）组长将小组推荐的最好的5个办法卡片贴在黑板对应组别下。

（6）用数字给每个卡片组做标记。

教师请所有人注意观察目前贴出来的卡片，看看卡片有没有类似或相关的。把有关联的卡片放在一起，并请小组为这些有关联的卡片命名。

教师询问是否还有跟黑板上粘贴的卡片不同的想法，如果有，应迅速地告诉老师。

2. 教师贡献智慧

师：作为一名有30年教育经验的教师，同时也是一位母亲，与大家分享一年级新生入学不适应的解决办法：

（1）学会接纳孩子的情绪，理解孩子的情绪，站在孩子的角度去体会，这样可以缓解孩子的分离焦虑；

（2）帮助孩子做好心理准备。入学前，对孩子进行热爱和向往学校生活的教育，激发孩子做小学生的光荣感和自豪感；

（3）智慧、可行的教育方法。认真聆听、鼓励孩子、树立榜样、培养孩子的独立能力、巧用心理暗示。

教师小结：通过合作学习、交流对话，我们共创了《不肯进校门的小志》这个案例问题的解决办法与策略，我们在讨论中相互交流补充，共享了大家的教育经验，感谢大家贡献的智慧和观点。

【设计意图】这一环节是这节课实现目标的重要支撑，决定性问题的设计，引发家长针对问题发生的原因，提出多种有针对性的解决方法。

九、教学小结及延伸拓展（5分钟）

（一）教学小结

教师：这节课您经历了哪些活动？

教师：用一个词说说此时此刻您的感受是什么？

教师：有什么收获、启发？

教师：通过今天的讨论活动，您对孩子的教育会做出什么改变？

教师总结：感谢大家今天来参与活动。这个活动激活了家长已有的家庭教育的经验和智慧，大家一起解决了一个棘手的问题。这是一种众筹式的问题解决方法。正如俗话所说：众人拾柴火焰高！以后我们可以将这种合作学习、交流对话的方法运用于我们的生活、工作中，去有效地解决矛盾。感谢大家的参与！

（二）延伸拓展

师：推荐阅读《教育的情调》。这是一本爸爸妈妈、老师都应该读的教育专著。这本书通过一个个教育小故事，让我们看到真正的教育者应有的样子——敏感而机智。期待下次的家庭教育课堂与大家一起共读此书。

【设计意图】家长交流今后教育孩子可能做出的行动改变，以此改进和提升亲子教育的质量，同时引导家长总结体会这种平等交流、众筹共创解决问题的方式和策略，并能运用于生活、工作实践之中。

十、板书设计

孩子刚上一年级，不适应怎么办？
不肯进校门的小志

可能的原因　　　　　　　　　　　　　　　可能解决的办法

| 源于孩子自身
分离焦虑
不善于与人交往
自理能力弱
抵触情绪 | 源于家长
粗暴打骂
忽略 | 源于同伴
同伴间的矛盾
被欺负 | 源于教师
忽略 | 接纳孩子的情绪
做好身心准备
智慧、可行的
教育方法 |

如何引导孩子进行自我管理

——借口多多的小磊

开阳县第二小学　于凡可

一、案例来源

（一）案例内容摘要

本次案例教学中使用的案例选自《家庭教育知行读本》（小学 4—6 年级分册）中的《借口多多的小磊》一文。案例讲述了小磊做事拖拉磨蹭，在写作业时不是喝水就是吃水果，别人一两个小时能完成的作业，他要三四个小时甚至更长的时间，父母常因催促他做作业而感到身心疲惫，看到他睡觉前疲惫不堪补作业的样子。父母既生气又无奈，只能摇头叹息。

（二）案例分析

做事磨蹭、不懂得如何分配时间、学习被动、不确立学习目标，孩子这些缺乏自我管理能力的表现，常常让父母伤透脑筋。孩子为何管不住自己？原因包括缺乏时间观念、目标意识不强、不良的行为习惯等。

二、教学背景

随着社会的进步，现在的孩子过早地成熟，很多父母在管教方面也存在一定的问题。他们对孩子过于包办、溺爱。家庭教育意识不强，导致孩子在学习和自我管理等方面存在一定的问题。

在我班就有这样两个孩子，家长对他们包办过多，溺爱过深。现在孩子已经上五年级了，家长就因为孩子完成作业拖拉磨蹭，学习和自我管理能力方面存在很大问题而伤透脑筋，曾经多次找我谈话，希望我能在这方面给他一些建议。

在这样的背景下，对学生家长开展家庭教育课程讲授活动。

三、授课对象

小学五年级学生家长（县城）。

四、学情分析

（一）学生基本情况分析

小学五年级的学生，与父母的亲密度降低，不再特别地依赖父母，随着抽象思维的发展与逐渐成熟，也慢慢地有了自己独立的思考，自尊心越来越强，孩子的身心发展与家长的教育方式存在着不匹配的现象。

（二）家长基本情况分析

我校属于县城小学，受教育学生的家长多为进城务工人员，在孩子的教育上，没有太多的家庭教育理念，对孩子较为包办溺爱。

五、教学目标

1. 知道孩子写作业磨蹭的原因，掌握强化孩子时间管理意识的方法。

2. 掌握正确引导孩子确立学习目标的方法，掌握锻炼孩子的生活自理能力的方法。

3. 意识到家庭教育的重要性，体会学习家庭教育课程的乐趣。

六、教学重难点

（一）教学重点

知道自己孩子写作业磨蹭的原因。

（二）教学难点

掌握正确引导孩子确立学习目标的方法。

七、教学策略与方法

（一）教　法

使用启发式教学策略，以任务驱动的方式，让家长深入思考和分析自己孩子做题磨蹭的原因。

（二）学　法

通过小组讨论制订引导和培养孩子自我管理能力的方法。

八、教学过程

（一）环节一：创设情境，案例重现（5分钟）

1. 播放孩子写作磨蹭的短视频。视频内容为：小欠做作业时准备一大堆包括铅笔、橡皮、格尺、圆规等的文具，还没写几个字，就说鼻子好痒、眼睛好痒、耳朵好痒、后背也好痒。过了一会儿，小欠不是去上厕所就是喝水，不是吃水果就是肚子疼……磨磨蹭蹭本来两个小时就能完成的作业，小欠磨蹭了五个小时才写完。

2. 对播放的视频进行补充。不仅仅是小欠写作业磨蹭，借口多多的小磊磨蹭得更严重，不仅有上面的状况，还有周末不是先写作业而是先玩手机，等快开学了，又补作业到很晚，弄得孩子和家长都很疲惫，影响学习和工作。（案例内容见附件2）

3. 教师提出问题：你们家的孩子也是这样吗？是不是有的时候已经生气到了血压开始飙升？孩子为什么在写作业时候这么磨蹭呢？作为家长，怎么做才能让孩子写作业变得不再磨蹭？

4. 揭示课题：今天我们就一起来交流孩子为什么写作业这么磨蹭（板书课题：如何引导孩子进行自我管理——借口多多的小磊）。

【设计意图】通过播放短片的方式，激起家长的共鸣感，轻松有趣并且形象生动；用抛出问题的方式，引发家长们对孩子写作业磨蹭以及改善磨蹭的思考。

（二）环节二：交流话题，分析分享（15分钟）

1. 究竟是什么原因导致孩子写作业这么磨蹭呢？首先大家和自己的小组成员一起讨论，然后每个组派出一名代表到讲台前分享探讨的结果。

（每个小组派代表分享交流成果。）

师：大家分享时，把你们认为有代表性的因素写在黑板上。所有小组分享完之后，通过对各小组交流情况的内容加工处理，凝练成有代表性的词语，对大家的分享进行评价，然后对交流结果进行适当的补充。

2. 为什么孩子会缺乏时间观念？孩子每天上学放学、吃饭睡觉等都是谁安排的？都是我们这些成年人，所以孩子从来没有拥有过自己的时间，更别提去自由地支配自己的时间了。一个任务做完，紧接着的是另一个任务的开始，作为大人也受不了呀，所以，孩子磨蹭也是对繁重任务的抗议。

3. 家长们说一说自己生活中，和孩子一起的时候，包括看孩子写作业时都会做些什么，比如玩手机、打游戏、学习或者其他的。

4. 你们的孩子在学习的时候会提出哪些要求？为什么要满足他们的要求？大家有没有为了让孩子既能上学不迟到又能让孩子多睡会儿，索性就把饭端床边，一口一口地喂饭，然后给孩子穿衣洗脸？

（家长们根据上面的问题作阐述。）

教师小结：如果只让孩子志向远大努力学习，而家长选择睡觉玩手机，那么孩子也没有积极向上的动力。现在我们的孩子生活太轻松了，所有事情都被安排妥当，想要的东西，伸手就有，孩子没有通过自己努力获得某样东西的动力，对于学习就更加没有动力了。家长溺爱导致孩子依赖性强、注意力不集中，无法保证专心地写作业，一会想吃东西，一会想去厕所等，磨磨蹭蹭。

【设计意图】家长对于家庭教育并没有系统的知识概念,大家集思广益,知识点较为分散,通过对家长们探讨出的原因进行总结,把知识点系统地概括串联起来。

(三)环节三:追根溯源,正确应对(10分钟)

师:既然我们已经找到了孩子写作业磨蹭的原因,那么,我们作为家长应该怎么做才能让孩子改掉写作业磨蹭的毛病,提升自我管理的能力呢?让我们一起来完成下面表格内容吧。

表6 自我管理能力培养和提升计划

孩子自我管理能力培养和提升计划	
培养方面	采取的措施
强化时间管理意识	
引导孩子确立学习目标	
锻炼孩子的生活自理能力	

讨论方式:以小组为单位,组间讨论。

展示:每组派两名组员把讨论结果展示在黑板上。

评价:通过小组互评的方式,班级中其他小组对台上的小组进行打分,发放评分表格。(评分见附件1)

教师小结:根据家长们的展示结果可以看出,家长们对孩子们的磨蹭都能找到一套适合解决的好方法,我们要根据孩子的性格特点来引导他,相信他们会有所改变,慢慢变得越来越好。

【设计意图】引导家长站在孩子的立场进行分析。孩子没有自由支配时间、对繁重任务的反抗等都是孩子写作业磨蹭的心理原因。

(四)环节四:有效拓展,知行合一(10分钟)

1. 播放视频《原来的我和现在的我》,家长观看。

2. 师根据视频内容提问:

（1）如果引导孩子确立学习目标，应该做些什么呢？

（2）如果锻炼孩子的自理能力应该做些什么？

（家长畅所欲言，教师点拨。）

教师小结：通过家长们的表述，我们得出，引导孩子确立学习目标和锻炼孩子的自理能力应该从以下几方面入手：一是在孩子学习的过程中，要引导他们依据小目标完成个人计划，合理安排学习时间；二是孩子的事情必须孩子自己完成，父母可以给予一定的指导，但切忌包办代替。

【设计意图】通过拓展提问关于培养能力的具体措施有哪些，引导家长要在这些方面培养和提高孩子的自我管理能力。

九、教学小结及延伸拓展（5分钟）

（一）小　结

关于孩子写作业磨蹭的原因有三个方面：一是缺乏时间观念；二是目标意识不强；三是不良的行为习惯。想要改善孩子的磨蹭习惯，引导孩子进行自我管理需要做到下面三个方面：一是强化时间管理意识；二是引导孩子确立学习目标；三是锻炼孩子的生活自理能力。

（二）延伸拓展

这节课讲完以后，并没有结束，请家长回到家以后利用自己学到的内容，根据自己孩子的具体情况，制作一份减少孩子写作业磨蹭、提高自我管理能力的计划，然后观察实施后的结果，在下面的表格中填入内容。（表见附件1）

十、设计特色简述

本堂课通过任务驱动的方式，让家长分组后进行孩子写作业磨蹭原因讨论、让家长探讨并提出提升孩子自我管理能力的对策。教师通过适当的总结补充和提示，让家长全面并深刻地认识到孩子写作业磨蹭的原因，并反省自身教育存在的问题。家长在集体讨论、表述观点、互相评分时，增加了学习的热情，提高学习的积极性，让课堂氛围更活跃，让家长更有参与度，提高学习者的学习效率。

十一、板书设计

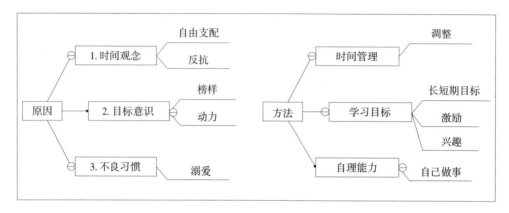

十二、附录

（一）学员用表

孩子写作业磨蹭观察表		
日期	写作业磨蹭的时间	哪些方面有改善

小组互评表	
评价小组组号	被评小组组号
1. 对孩子的时间安排做出调整	打分（最低分 0 分，最高分 15 分）：
2. 调整前与孩子沟通，在时间和内容的安排上征询孩子的意见	打分（最低分 0 分，最高分 15 分）：
3. 通过激励的方式辅助孩子制定短期、长期的学习目标，完成目标后可以达成某个父母能力范围内的愿望或者给予鼓励	打分（最低分 0 分最高分 15 分）：

续　表

小组互评表	
评价小组组号	被评小组组号
4.学习目标制定时充分考虑到实际情况，不难实现，但做起来也有一些挑战	打分（最低分 0 分，最高分 15 分）：
5.辅助孩子发现自己的兴趣爱好，制定与兴趣爱好有关的目标	打分（最低分 0 分，最高分 15 分）：
6.孩子自己的事情让孩子自己独立完成	打分（最低分 0 分，最高分 25 分）：

（二）教材案例

案例呈现

借口多多的小磊

小磊做事拖拉磨蹭，父母常因催促他做作业而感到身心俱疲。每天小磊总是在妈妈的数落声中慢吞吞地打开书包、拿文具、找作业本……好不容易摊开作业本，还没写上几个字，他不是喝水，就是吃水果，或是在厕所一蹲就是十几分钟，即使坐在书桌边也会时常发呆，不是这抓抓，就是那挠挠。大量的时间就在磨蹭中溜走了。其他同学两小时就能完成的作业，小磊可以花上三四个小时，甚至更长时间。为此，小磊没少被妈妈骂，还挨过不少打。每到周末，在小磊的再三请求下，父母总会同意他先玩一会儿电脑游戏再做作业，可这一玩就收不了手。连吃饭也要喊很多次才依依不舍地放下手中的鼠标。每当问他什么时候开始做作业时，他总是说等一下，可这一等就是晚饭以后了。看到他临睡前疲惫不堪做作业的样子，父母既生气又无奈，只能摇头叹息。

参考文献：

[1] 李明昌. 家庭教育知行读本 [M]. 人民东方传媒有限公司. 东方出版社，2018 年 6 月第 1 版：3-8.

[2] 左银舫. 教育心理学 [M]. 武汉：华中科技大学出版社，2015：123-136.

孩子在家学习不专心，怎么办

——以《不专心的小林》为例

贵阳市乌当区乐湾国际实验小学　刘　扬

一、案例来源

（一）案例内容摘要

本教学设计中使用的案例选自《家庭教育知行读本》（小学 4—6 年级分册）中的《不专心的小林》一文。案例讲述了正在做奥数题的小林由于各种原因而不能专心学习，直到饭菜端上桌也没写几个字。

（二）案例分析

案例中的小林在家学习的状态正是现在很多孩子在家学习时的一个缩影，影响小林专心学习的有客观因素，也有主观因素，有些影响因素恰恰来自家长和家庭环境，但是家长并没有意识到这一点。

二、教学背景

《全国家庭教育指导大纲》中指出：帮助儿童养成良好的学习习惯和学习兴趣，指导家长以身作则、言传身教，创设安静的环境，引导儿童专心学习，养成良好的学习习惯；注意培养儿童的学习兴趣。

通过和家长沟通了解到，家长很关注孩子学习习惯的养成和学习能力的提高。孩子在家学习不专心是一个困扰家长的普遍性问题。该阶段，对家长进行

"帮助孩子形成专心、自主学习能力"的指导非常重要。所以，结合《家庭教育知行读本》选择这样一个主题为家长提供教育支持。

三、授课对象

小学四年级学生的家长（城市）。

四、学情分析

（一）学生基本情况分析

小学四年级的孩子，总体意志水平较弱，自制力、自觉性和持久性比较差。这个时期是培养学习能力、学习习惯的最佳时期。专心学习既是一种能力，又是一种习惯，孩子能否专心学习将对今后的学习效果产生直接影响。

（二）家长基本情况分析

授课班级的家长多为 80 后，有一定的知识水平，比较开明，愿意陪伴孩子，愿意和孩子做朋友。书籍、网络、父母经验等是教育子女的主要资源和基础，教育孩子更注重"科学化"，乐于学习。

五、教学目标

（一）知识与技能

家长能掌握培养孩子学习专注力的方法。

（二）过程与方法

1. 家长能通过分析案例，找到影响孩子在家专心学习的因素及原因。

2. 家长能通过小组讨论找到解决问题的对策，并能合理运用方法循序渐进地培养孩子的专注力。

（三）情感态度与价值观

家长能重视家庭教育，乐于分享、接纳建议，对孩子充满期待。

六、教学重难点

（一）教学重点

分析孩子在家学习不专心的原因并找到解决对策。帮助家长针对原因找办法，使教育更有针对性、实效性。

（二）教学难点

合理运用方法循序渐进地培养孩子的专注力。指导家长理论联系实际，使教育策略具有可操作性。

七、教学策略与方法

（一）教学策略

本节课从家长关注的实际问题出发，以"教育沙龙"的形式，让家长在轻松、和谐的氛围中参与学习活动，主要采用以下教学策略：

1. **游戏破冰**

通过参与一个关于专注力的游戏，既打破家长和老师、家长和家长之间的陌生感，也为后续教学做铺垫。

2. **案例学习指导**

通过提供多种形式的案例来归纳原因，总结对策，为家长提供便于实际操作的方法。

3. **启发谈话**

主动引导，临机追问，让家长发现并解决问题。

4. **理论联系实际**

既要家长自己总结方法，又需教师提供理论支持，并把方法运用到对孩子的实际指导中。

（二）学习方法

1. 自　主

通过看视频，分享自己的案例，分析教材中的案例，思考教材中的问题，找出影响孩子在家专心学习的因素，并分析原因。

2. 合　作

通过小组内交流、汇报，分享成功经验，总结培养孩子专注力的方法。

3. 实　践

通过了解推荐的书籍，把课堂学习延伸到课外，有效指导家庭教育实践。

八、教学过程

（一）谈话交流，引入新课（3分钟）

1. 破冰游戏

各位家长朋友，大家好！感谢大家来参加今天的活动，很高兴能有这样的机会和大家相识。

我们先来做一个小游戏，彼此放松一下。这是一个听口令的游戏，名字叫"老师说"，大家要根据我的口令做动作，但是只有当我说"老师说"时，大家才可以做动作，如果在口令前没有听到"老师说"，大家就不能做相应的动作（最后一个口令为：持续拍手）。

谢谢各位热烈的掌声，大家的掌声给了我很大的鼓励，相信，我们今天的交流一定会很和谐、很愉快。那么，我们现在开始今天的话题。

2. 谈话交流

在教育孩子的过程中，孩子的哪些问题让大家感觉很头疼？（家长自由表达）

3. 引出交流的话题

在孩子成长的过程中我们总会遇到各种问题，今天，我们就一个问题来聊一聊：孩子在家学习不专心，怎么办？

【设计意图】通过参与注意力游戏"老师说"，一方面减少老师和家长之间的陌生感，融洽交流氛围，另一方面为传递培养孩子专注力的重要性、引起家长的重视做铺垫。通过与家长交流，了解家长在教育孩子的过程中遇到的问题，从教育实际问题出发，引出本节课要交流的话题。

（二）案例重现，追根溯源（15分钟）

1. 播放视频（孩子在家学习不专心）

给大家播放几段相关视频。

2. 引导家长分享孩子在家学习的案例

这些情景，大家是否感觉很熟悉？我们的孩子在家学习时有没有类似的情况？（家长自由表达）

3. 出示案例《不专心的小林》（见附件）

我们再来看一个案例，大家的桌面上有一份材料，名字叫《不专心的小林》，请一位家长来给大家读一读，其他家长边听边写，案例中影响小林专心学习的因素有哪些？（预设：追飞蛾、奶奶送来水果和牛奶、题目太难、妈妈的唠叨）

4. 组织家长交流

我们再来思考一个问题：孩子在玩游戏时能玩很长时间是注意力集中的表现吗？（家长自由表达）

5. 总结导致孩子在家学习不专心的原因并进行分类

刚才我们分析了小林的案例，看了视频，分享了孩子在家学习的情况，又讨论了关于玩游戏的问题。那么大家认为，导致孩子在家学习不专心的原因有哪些呢？（家长自由表达）

我把这些原因归纳了一下：注意力不集中；没有专门的学习空间；家长的干扰；学习任务过难或过于简单；学习内容枯燥，孩子对学习内容不感兴趣；其他。

现在我们来进行一个小互动，请大家拿起手中的答题器，选择出你认同的原因，可以多选。

我们一起来看一下大家选择的结果。在这些原因中，有孩子自身的原因，如注意力不集中；也有家庭方面的原因，如没有专门的学习空间、家长的干扰；还有学习任务和内容的原因，如，任务过易或过难，内容枯燥、无趣。（板书：孩子自身 家庭方面 内容、任务）

【设计意图】通过看视频、家长分享孩子案例、分析教材中的案例，找到孩子在家学习不专心的原因。多角度提供案例，感受更全面，容易引起家长的共鸣，为讨论解决策略提供依据。通过用答题器选择原因，便于了解家长的想法，同时，让家长了解孩子在校的学习方式，提高家长的参与热情。

（三）建言献策，知行合一（25分钟）

1. 出示交流指南

我们找到了原因，那怎样才能解决孩子在家学习不专心的问题呢？大家一定都有不少好方法。接下来，我们就在小组内分享一下自己的妙招。大家可以来看交流指南。

> **交流指南**
>
> （建议时间：8分钟）
>
> 说：交流自己培养孩子专注力的好方法。
>
> 写：归纳大家的建议，写在白板上。
>
> 温馨提示：
>
> 1. 讨论时尽量不要影响别的小组。
>
> 2. 每个小组选一名家长分享讨论结果。

2. 组织小组汇报、集体交流

交流完的小组就可以把白板贴在黑板上。每个小组派一名家长跟大家分享一下你们小组的观点。（板书：对策）

3. 总结培养孩子专注力的对策

我也查找了一些资料，跟大家分享一下。

（1）规定完成作业的时间，培养孩子的时间观念。

（2）关注孩子的情绪，尽量避免负面暗示。

（3）营造良好的学习环境。

（4）家长应避免对孩子的干扰。

（5）考虑孩子的认知水平，任务不要过易或过难。

（6）趣味学习，动静结合。

4. 组织家长讨论

让孩子能够专心学习不是一朝一夕就能实现的，是需要一个循序渐进的过程的，刚才我们做的"老师说"的游戏，也是在考查我们的专注力。现在我们分析了原因，也找到了方法，但是我们该如何循序渐进地培养孩子的注意力呢？再给大家 3 分钟时间，在小组内讨论一下。（家长自由讨论）

5. 总结方法

要想循序渐进地让孩子养成专注学习的好习惯，我们可以这样做：

（1）把握好训练时间。

（2）指导孩子学会分配任务。

（3）进行适当奖励。

最重要的是持之以恒，贵在坚持！（板书：循序渐进 持之以恒）

其实无论是培养孩子的专注力，还是其他的学习习惯，方法只是外在的，最重要的还是要调动孩子的内驱力，让孩子对学习感兴趣，学会对自己的学习负责。

虽然教育孩子的过程是艰辛的，但是看着孩子的成长我们却是幸福的、甜蜜的。正如亚里士多德说的那样："教育的根是苦的，但其果实是甜的。"

【设计意图】通过小组交流，分享培养孩子专注力的好方法；通过小组讨论，明确如何循序渐进地培养孩子的专注力；在家长讨论后再进行总结，为家长提供操作性强的指导策略。学习过程循序渐进，互动性强，利于充分调动家长学习的积极性。

（四）总结扩展，余音淼淼（2分钟）

一次分享不能解决大家所有的困惑，给大家推荐两本书，希望能在大家遇到困惑时有所帮助。一本是《陪孩子走过小学六年》，作者刘称莲，这是一位平凡而优秀的妈妈所做的真诚分享；另一本是《父母挑战》，这本书是心理学经典著作。

最后，送给大家每人一枚写有家庭教育名言的书签，让我们在家庭教育的道路上携手前行！再次感谢大家的积极参与！

【设计意图】通过分享书籍和家庭教育名言为家长提供另一种学习方式，把课堂学习延伸到课外，让家长对家庭教育充满希望。

九、延伸拓展

推荐书籍：《陪孩子走过小学六年》《父母挑战》，为家长在教育孩子时遇到困惑提供帮助。

十、设计特色简述

（一）从实际问题出发，激发家长交流的愿望

从家庭教育存在的实际问题出发，了解家长的需求，激发家长交流的愿望，也为后续的课堂活动及推荐书籍提供依据。

（二）创新教学、学习方式，调动家长参与活动的积极性

本节课选择了"教育沙龙"的形式，使课堂氛围更和谐，家长与老师之间的沟通更轻松；通过运用答题器和小组交流的方式，使家长的参与度更高，表达更充分，分享更深入。

（三）多角度呈现教学案例，引起家长共鸣

本节课的案例以视频、孩子的实际案例、文字资料三种方式呈现出来。视频

案例直观，利于引起家长的共鸣；孩子的实际案例能够让家长更加明确孩子存在的问题；文字案例有助于家长找到现象背后的原因，便于分析、找到解决问题的对策，使教育更有针对性、实效性。

十一、板书设计

十二、附　录

案例呈现

不专心的小林

一只飞蛾落到了茶几上，正在做奥数题的小林立刻丢开笔去追飞蛾，旁边做菜的妈妈喝止了他后，小林灰溜溜地回到茶几旁，却拿起笔盯着飞蛾看，半天也不动笔。奶奶递来水果和牛奶让小林吃一点再继续做题，小林就转而看着水果发起呆来。就这样，直到饭菜端上桌，小林也没写几个字。问起原因，小林说题目太难了，要打电话问问同学。面对妈妈的唠叨，小林却毫不在意。

亲子共读，伴我成长

贵阳市花溪区特殊教育学校 舒玲燕

一、案例来源

（一）案例内容摘要

本次案例教学中使用的案例选自《家庭教育知行读本》（小学 4—6 年级分册）中的《我不喜欢读书》一文。案例讲述了一个普通的孩子小刚，对学习"不来电"，课堂上心不在焉，父母严厉呵斥，但是在学习上的表现却越来越糟糕，可他对汽车模型拼装很感兴趣。

可以发现，小刚是一个肯动手动脑的孩子，但是对学习却不感兴趣，孩子的父母用汽车模型作为奖励物，鼓励孩子的每一次进步，渐渐地，小刚对学习越来越感兴趣了。在教育孩子学习的过程中，我们要让学生享受学习带来的快乐，积极地鼓励和表扬，重塑孩子的信心，激发孩子学习的兴趣。

（二）案例分析

兴趣是最好的老师，许多父母都为自己的孩子缺乏学习兴趣感到担忧，总是给孩子强调学习有多重要、要把学习放在第一位的思想，逼迫孩子被动接受学习，提高学习能力，这样的做法往往适得其反，使得孩子的排斥心理更加严重。

二、教学背景

启智三年级的学生都是智力发育迟缓的孩子，孩子们整体程度是比较好的，包括生活自理、认知、人际交往等，但是在阅读方面存在一些问题。在阅读过程中，大部分的孩子出现漏读、多读、错读、唱读等问题，想象力和理解力也很有限，而且对课外阅读也没什么兴趣，可当遇到他们比较感兴趣的内容，他们还是很喜欢阅读的，尤其喜欢绘本阅读。在课堂上，我会让学生逐字逐句地指读，也带领孩子阅读一些课外绘本读物，学生的阅读能力有一定的提高，但是只依靠教师在课堂上的带领阅读，效果并不明显。为了提高学生阅读绘本的兴趣，学校应该和家庭联系起来，开展家庭亲子共读活动，这样提高学生阅读能力的效果会更好。但是由于我校家长缺乏指导孩子阅读绘本的方法，根据本班孩子及家长的实际情况，对本班学生家长设计了一堂以"亲子共读，伴我成长"为主题的家庭教育课。

三、授课对象

启智三年级学生家长（城市 4 户，农村 6 户）。

四、学情分析

（一）家长基本情况分析

启智三年级学生家长，家长户籍：城市 4 人，农村 6 人；家长文化水平：2 人父母大专文化，7 人初中文化，1 人家长为小学文化。从本班家长对孩子的教养情况来看，大部分家长会支持教师的工作，对于教师安排的任务会完成，有两个家长需要监督，催促完成。从家长的教养态度来看，在教师的督促下是可以完成亲子共读绘本的。

（二）学生基本情况分析

本班共 10 人，年龄 10—14 岁。其中男生 4 人，女生 6 人，均为智力发育迟缓，根据孩子认知及阅读情况把孩子分成了三组。

A 组（2 人）：能独立阅读，但在阅读时会漏读、多读、错读等，在教师口头提示下会减少出错频率，在引导下能够逐字逐句地阅读比较简单的绘本，还能对绘本的内容进行一些思考，知道绘本故事表达的一些意义。

B组（5人）：有一定的独立阅读能力，在教师的引导下能阅读比较简单的绘本，在阅读过程中进行简单的对话。

C组（2人）：在阅读方面，在教师引导下，能根据绘本内容进行指认图片，或者回答一些简单的问题。

个别化分组（1人）：在阅读绘本时不会交流，但是看到感兴趣的图画会表现出开心的情绪，在辅助下可以指认简单的事物，如苹果、桌子等。

五、教学目标

1. 知识目标：学生家长能掌握正确的亲子共读绘本方法。

2. 能力目标：让孩子家长知道亲子共读绘本的意义，正确做好阅读计划及记录。

3. 情感目标：通过观看视频，角色扮演等体会亲子共读绘本的快乐。

六、教学重难点

（一）教学重点

让学生家长掌握亲子共读绘本的方法。

（二）教学难点

家长意识到亲子共读重要性，并能坚持亲子共读。

七、教学策略与方法

（一）教　法

通过情景教学的方法，引起家长的共情，知道亲子共读的重要性，引起家长学习的兴趣，在授课过程中，采用启发式教学的方法，引导家长思考，亲子共读过程中存在的问题，通过教师讲授，演示亲子共读的具体方法，让家长更好地掌握亲子共读的方法。

（二）学　法

情景导入，引导家长自主讨论、思考在亲子共读过程中存在什么问题，然后发现问题，解决问题，教师讲授，演示之后，家长通过角色扮演的方法，来合作演绎亲子共读，将所学知识应用于实践，同时通过家长交流谈论来巩固所学知识。

八、教学过程

（一）导入（5分钟）

1. 播放一个唐宝宝和妈妈亲子共读的视频。

师：家长们，看完这个视频，你们什么感受？

家长回答：很温馨，孩子和家长在阅读过程中很快乐。

师：平时你们在家里有没有和孩子互动，有没有一起阅读？

预设家长回答：在家里玩手机，很少亲子共读，有时候也一起阅读，但是孩子对阅读不感兴趣，自己也没有坚持。很惭愧，没有好好陪孩子。

【设计意图】通过情景教学导入，激发家长兴趣，案例选择同样特殊的孩子，能引起家长的共情。

2. PPT出示课题，教师简述家长的回答。

师：刚才的视频很温馨，家长们感触也很深。亲子共读是很有意义的，能够提升我们孩子的语言和读写能力，促进孩子认知、社会情绪情感的发展，并且有利于建立良好的亲子关系。那现在针对我们班亲子阅读存在的一些问题，我们一起来学习《智力发育迟缓孩子亲子共读绘本的方法》。

【设计意图】理解、鼓励家长，共情，让家长更容易接受。

3. 出示孩子分组，家长根据孩子分组情况坐在一起。

PPT出示班级所有孩子的照片，展示孩子的分组及阅读情况。C组和个别化家长坐第一排、B组孩子家长坐第二排、A组孩子家长坐第三排。

【设计意图】让家长更加清楚自己孩子的认知和阅读情况，知道孩子在哪一组，为练习及作业布置作铺垫。

（二）新授（20 分钟）

环节一：案例重现

（家长阅读《我不爱学习》一文。）

家长思考：普校的孩子会有学习问题，我们的孩子也会有学习问题，应该怎么解决呢？

教师小结：普校孩子有学习问题，我们孩子也有，我们班生活语文课中最大的问题就是阅读，所以也需要家长耐心引导，提高孩子阅读的兴趣。

【设计意图】通过案例上普通孩子学习中的问题，引发家长的思考：兴趣需要培养，孩子需要引导。

环节二：了解我们的孩子

1. 我们的孩子是一群什么样的孩子？

智力发育迟缓的孩子。

2. 什么是智力发育迟缓？

教师小结：我们的孩子的感知觉、记忆、思维能力都和普通的孩子有一些不一样，但是依然很可爱，他们也有学习和受教育的权利，更有快乐的权利，给他们多一点时间，孩子们也可以变得更好，现在我们就一起来学习智力发育迟缓学生的亲子共读绘本的方法。

【设计意图】让家长了解自己的孩子，理解孩子，点名课题。

环节三：如何有效地进行亲子共读

1. 什么是亲子共读？

师：家长们，你们知道什么是亲子共读吗？

"亲子共读"即亲子（父母亲包括其他家长与孩子）共同阅读图书，通过阅读书籍的方式培育亲子感情。

2. 怎样选择适合低年级智力发育迟缓孩子的书籍？

教师出示一些书籍，让家长选择，大部分家长选择绘本。

师：家长们都很厉害，都选择了绘本，我们的孩子是一群比较特殊的孩子，根据孩子的情况，绘本是最适合我们班孩子阅读的。

3．亲子共读绘本的意义？

增进亲子感情、培养孩子的一些想象力、观察力、理解力以及模仿能力，增加孩子识字量，促进孩子语言的发展等。

【设计意图】让家长知道为什么要亲子共读绘本。

4．亲子共读绘本的方法

师：亲子共读有很多的意义，那么家长们知道如何和孩子一起阅读吗？

（家长思考。）

家长要有耐心，了解孩子的需求，向孩子表达爱，传递自己呵护和关心孩子的情感。

（1）树立正确的亲子共读观念。

（2）根据孩子兴趣选择合适的绘本。要尊重孩子的兴趣，选择孩子喜欢的绘本。

（3）创造良好的阅读环境。环境温馨、舒适的阅读角，随时关注孩子阅读心理。阅读时间 20—30 分钟，不能强迫孩子。

（4）制定阅读计划。教师出示阅读计划表，讲解如何做计划、如何填写表格内容。同时做好阅读记录。

（5）亲子共读具体方法（在这一过程中教师逐一示范）。在讲解方法时教家长不同程度的学生可以采用不同的方法。

多种方式朗读：父母朗读，孩子听（C 组孩子）；孩子朗读，父母听（A、B 组）；共同朗读。

创设情境共读：根据绘本的内容，创设情景，如《狼来了》，可以根据情景，将沙发变成山坡，我们的孩子就是那个放羊的孩子，使其融入到故事情境中。

角色扮演共读：根据绘本内容，分角色扮演，来阅读或者演绎绘本，如《龟兔赛跑》，家长和孩子一个扮演小兔子一个扮演小乌龟。

讨论交流共读：在这个过程中，家长和孩子一起讨论故事里的事物、情节和道理，可以边阅读边交流，也可以阅读完再交流。

点读：孩子有错读、漏读、多读的情况比较严重，因此可以用点读法来解决这一问题。

教师小结：亲子共读能够发展孩子的语言和读写能力，促进儿童认知、社会情绪情感的发展，并且有利于建立良好的亲子关系，家长们在这个过程中，一定要耐心地引导孩子，陪伴孩子一起长大。

【设计意图】让家长掌握正确的亲子共读方法，和孩子更好地阅读。

环节四：家长练习（10分钟）

1. 分组角色扮演，亲子共读绘本《暖暖森林的礼物》。

在角色扮演过程中播放轻音乐。发给每位家长一本绘本，让家长先认真读，选择两个家长，一个家长扮演爸爸或者妈妈，另一个扮演孩子，来共读绘本。

2. 家长交流、点评。

家长们交流感受。

3 教师点评、家长思考，在以后的过程中如何能做得更好。

教师小结：刚才看到家长们的演绎和交流真的很欣慰，在这节课上，你们很认真，是孩子们的榜样，刚才两位家长也用到了新学习的方法，但是在一些细节上还是要注意一下，孩子不配合的时候要有耐心，这个时候我们可以稍微地休息一下。

【设计意图】及时强化亲子共读绘本、教师可以及时指导。

九、教学小结及延伸拓展（5分钟）

（一）教学小结

教师总结这节课学习的内容，鼓励、肯定家长。

师：今天的课程就要结束了，看到家长们认真的样子，很感动，你们真的很棒，也有很多自己的想法，希望在教育孩子的路上我们一起努力。

（二）延伸拓展

任务安排：布置阅读打卡，做阅读计划及阅读记录。教师讲解两张表如何填写。

A 组每周两次亲子共读，每次 30 分钟。B 组每周两次亲子共读，每次 25 分钟。C 组每周两次亲子共读，每次 15 分钟。个别化组每周两次亲子共读，每次 15 分钟，可以选择认知卡。

【设计意图】根据学生程度，布置不同的阅读任务，能更好地实现目标。

十、板书设计

小学低年级智力发育迟缓学生亲子共读绘本的方法

要解决的问题

1. 了解自己的孩子?

2. 什么是智力发育迟缓?

3. 什么是亲子共读?

4. 怎么样选择阅读的书籍?

5. 亲子共读的意义?

6. 亲子共读的方法?

十一、附　录

（一）亲子共读每月计划表

班级：　　　　学生姓名：　　　　时间：　　　年　　月

时间	书名	计划页数	完成情况（√）			备注
			未完成	计划完成	超额完成	
月　日		第　至　页				
月　日		第　至　页				
月　日		第　至　页				
月　日		第　至　页				
月　日		第　至　页				
月　日		第　至　页				
月　日		第　至　页				

续　表

时间	书名	计划页数	完成情况（√）			备注
			未完成	计划完成	超额完成	
月　日		第　至　页				
月　日		第　至　页				
月　日		第　至　页				
月　日		第　至　页				
月　日		第　至　页				
月　日		第　至　页				
月　日		第　至　页				

（二）亲子共读记录表

班级：　　　　　学生姓名：　　　　年　　月

序号	书名	阅读页数	日期	阅读评价 ☆☆☆	家长签字

第三篇　初中段

如何科学化解教育改革带来的焦虑

——"双减"政策下的家庭教育

贵阳市第四十一中学　玉　勇

一、案例来源

本教学设计中使用的案例选自《家庭教育知行读本》（初中分册）中的《让人焦虑的中考》一文。案例中介绍了女孩焦娇在中考备考过程中因家长对她过分关心、反复叮嘱，造成了她考试前的焦虑情绪。在面临中考时，家长往往将自己的焦虑情绪转移到孩子的身上而不自知，如何科学化解考试前的焦虑情绪是家长和学生都面临的一个现实问题。

二、教学背景

2021 年，贵阳市实施新一轮中考改革，改革后，职业高中和普通高中的学生招录比例将会达到 1∶1，也就是说，将会有 50% 的初中学生无缘普通高中，这无疑增加了学生及家长的焦虑。过去，我们总说高考是人生的关键转折点，随着新中考改革的实施，学生的人生转折点已经提前，这也意味着中考的竞争压力进一步增加。一方面面临中考新的改革，另一方面随着"双减"政策的出台，部分家长和学生在对双重改革了解、认识不足的情况下，短时间内容易产生焦虑情绪，因此，科学地化解教育改革带来的焦虑显得尤为重要。教育部《关于加强家庭教育工作的指导意见》（教基一〔2015〕10 号）文件中对"进一步明确家长在家庭教育中的主体责任和充分发挥学校在家庭教育中的重要作用"进行了明文规定，如何连接好家庭与学校之间的桥梁，营造良好的家校关系和共同育人氛围，是家庭教育课堂的重要目标之一。本节课旨在让家长通过观察交流、讨论归纳，对焦虑情绪的产生有进一步的了解，对焦虑情绪带来的影响引起足够的重视，对中考改革和"双减"政策有更清楚的认识，也让家长通过学习交流掌握科学化解焦虑的一般方法，更好地营造良好的家庭育人环境。

三、授课对象

初三年级的学生家长（城区）。

四、学情分析

（一）学生基本情况分析

1. 初三学生正处于青春期，情绪不稳定，易冲动，渴望得到关注及认可，但是大多数学生家长忙于为生计奔波，陪伴孩子的时间相对较少，父母与孩子间缺乏情感的沟通，遇到问题或困难时找不到倾诉途径，有时甚至会缺乏安全感。

2. 随着中考的临近，学习压力的增大，父母期望值的增加，部分学生对自己的学习缺乏足够的自信，再加上缺乏科学的心理疏导，在学习上容易产生焦虑甚至恐惧情绪。

（二）家长基本情况分析

1. 大多数家长对孩子的教育方式较为传统，部分家长仍然更看重考试分数，对新的教育改革政策理解不透，且大多数学生家长为进城务工人员，整体上对家庭教育知识了解不多。

2. 家长既想减轻孩子的学习负担，又担心孩子输在起跑线上，呈现出双重矛盾心理。

五、教学目标

（一）知识目标

1. 通过引导，家长能正确认识中考改革和"双减"政策的真正目的。
2. 通过案例呈现、家长交流，家长初步学会识别孩子焦虑的一般表现。

（二）能力目标

1. 通过交流、总结，结合自身家庭实际及孩子的心理特点，家长能制定科学合理的适合孩子的沟通方式。
2. 结合所学知识，初步学会总结归纳科学化解焦虑情绪的一般方法。

（三）情感态度与价值观

1. 科学正确看待教育改革和"双减"政策，给孩子营造一个轻松的、愉快的家庭学习环境。
2. 初步学会建立乐于沟通、善于沟通、勤于沟通的氛围，消除亲子间的沟通障碍。

六、教学重难点

（一）教学重点

家长能初步识别焦虑产生的一般表现，分析产生焦虑的原因。望子成龙、望女成凤是每一个家庭的理想寄托，在中考录取收紧，"双减"政策的实施大背景下，学生和家长都产生了一定的焦虑情绪，如何帮助家长查找问题的产生原因，有助于孩子的健康身心的成长、和谐家庭氛围的建立。

（二）教学难点

能科学合理化解焦虑情绪。焦虑情绪的产生对良好的家庭教育、孩子的学习成长很容易产生不良影响，如果不科学合理化解，久而久之会造成孩子出现不自信、缺乏安全感等问题，因此确立"如何科学合理化解焦虑情绪"是本节的难点。我先后通过"分析分享""案例呈现""总结感悟"等环节来突破这个难点。

七、教学策略与方法

（一）教学策略

全国家庭教育指导大纲指出要坚持"家长主体"原则。家庭教育指导者应树立为家长服务的观念，家庭教育课程要充分调动家长参与的积极性，引导父母双方指导孩子在家庭教育过程中的主体作用和影响，指导家长不断学习、掌握有关家庭教育的知识，提高自身修养，为孩子健康成长提供良好的心理辅导及健康的生活环境。

设计本节课，我采用情境教学策略，通过观看影片创设情境；采用启发式教学策略，通过"观察—分析—设问—交流—总结"，引导家长自主思考和合作交流；采用演绎策略，将案例呈现，让家长感同身受，发现孩子的心理问题；采用归纳策略，借助多媒体辅助教学，精选有代表性的图片直观教学手段，用一环又一环的问题链，诱导家长去观察和思考，启迪家长的思维，培养其概括的能力。

（二）教学方法

1. 教　法

讨论法、推理法、启发式教学法和 CAI 辅助教学法。根据家长具有一定的理解认知能力和形象思维强的实际特点我选择了推理法、启发式教学法等，教学过程是教师与家长交往，共同以探究、语言传递为主的启发式教学法，将问题作为切入点，激发家长的兴趣，鼓励家长围绕问题进行思考，共同协作解决问题，符合指导大纲要求。

2. 学　法

自主学习和合作探究。家长是本节课学习的主体，教师在教学中的角色是组织者、参与者，在学习中提高家长探究交流、合作以及分析的能力，基于这个考虑选择了自主学习和合作探究法。

八、教学过程

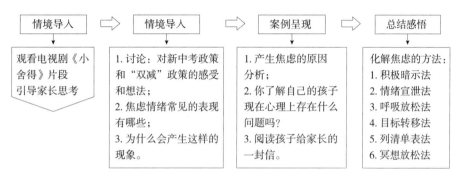

图 3　教学过程流程图

（一）情景导入（5分钟）

【预设教师活动】

1. 播放视频：电视剧《小舍得》片段。

2. 引导家长思考：孩子出现这种情况是什么原因造成的？

【预设家长活动】

1. 认真观看视频。

2. 思考：影片中的颜子悠平时学习优秀、听话，为什么在这次考试过程中会突然暴怒，撕烂试卷、掀翻桌子，冲出考场？

【设计意图】通过影片中直观、逼真生活缩影，从多角度为本节课提供关键信息，为课程做铺垫。

（二）环节一：分析分享（15分钟）

【预设教师活动】

图 4 "校内减、校外增"怪圈

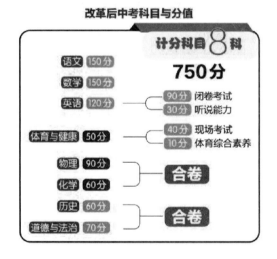

图 5 改革后中考科目与分值

1. 展示图片。

2. 引导家长思考贵阳新的中考改革及"双减"政策的落实地给我们带来什么影响？

3. 介绍"双减"政策的落实，体现国家对教育整治力度的决心，体现对教育的重视。

4．过渡：在这样的教育背景下，我们会在不知不觉中产生一些心理上的变化，接下来让我们进行一个现场调查。

5．现场调查：家长们，你们平时有没有以下这些情况出现？

（1）孩子即将参加某一次考试，可我现在比孩子还紧张。有时早晨四五点钟就醒了，满脑子都是孩子考试的事，眼睛望着天花板到天亮。

（2）家庭的生活重心全都移到了孩子身上，想着做什么可口的饭菜给孩子补充营养，使得孩子在学习上能更好地发挥。

（3）每天晚上电视不敢看，她学多晚就陪多晚，有时孩子累了说要先睡一会儿，晚点叫他，自己根本不敢睡，生怕睡过头，耽误孩子的学习。

【预设家长活动】

1．观看图片。

2．思考图片反映出了中国当前的教育的现状是什么？是当下的什么热门话题？

3．倾听了解"双减"政策。

4．家长分享一：部分家长持乐观态度。

（1）新中考改革及"双减"政策的落地更有利于促进孩子的全面发展，减轻孩子的作业负担，更有利于孩子的健康全面发展。

（2）"双减"政策的实施，从某种程度上减少了教育"内卷"更有利于孩子的身心健康发展。

（3）孩子有了更多自主支配的时间。能更好地锻炼身体；能更好地自主学习；能更好地支配时间；能更好地保证睡眠时间。

5．家长分享二：部分家长对新的中考改革及"双减"政策的实施表示担忧。

（1）改革使得作业量减少了，也没有了节假日补课，这虽然促进了孩子的全面发展，减轻了孩子的作业及家庭的经济负担，但中考的课目增多，孩子的成绩跟不上怎么办？

（2）现在中考录取率降低，升学压力无形中增大，虽然国家政策方针出发点是好的，但面对现实竞争，作为家长不敢放松，怕孩子输在起跑线上。

（3）素质教育早在多年前就开始实施，在新的一轮中考改革和"双减"政策下，家长还是持观望态度，怕孩子输在起跑线上，毕竟能上一所好高中，对孩子今后学业的发展及人生规划太重要了。

【设计意图】引导家长从利弊两个方面展开讨论，通过交流讨论家长更能清楚了解中考改革和"双减"政策对教育的高质量发展以及提高学校课堂教学、让学生健康成长、全面发展，促进综合素质培养提升有更全面的了解认识。

（三）环节二：案例呈现（15分钟）

【预设教师活动】

1. 案例呈现

如果孩子出现焦虑情绪会出现哪些行为呢？我们来看这样一个案例：《让人焦虑的中考》。

2. 引导家长思考

（1）案例中的女孩焦娇为什么会出现这种现象？原因是什么？

（2）你认为自己的小孩子有一天会不会也出现影片中的情况，你了解你们的孩子现在心理上有存在什么问题吗？

（3）阅读孩子写给父母的一封信。

【预设家长活动】

家长交流讨论，分析产生的原因，有可能是以下几个方面因素造成：

1. 焦娇平时学习成绩虽然优秀，但缺乏自信，对考试没有足够信心，甚至产生无端忧虑。

2. 父母的过度重视和关心，导致焦娇考试前压力剧增。

3. 父母对孩子的不放心，也会加剧孩子对自我的不确定性。

4. 由于父母的不良情绪传导，使孩子的焦虑升级加重。

5. 焦娇的表现是比较典型的考前焦虑症。

【设计意图】首先，指导家长和儿童树立正确的学业态度和应试心理；其次，通过家长的交流讨论，总结出焦虑情绪的一般表现；再次，通过生活中家长们普遍存在的现象，总结出焦虑情绪出现的表现，提醒家长焦虑就在我们身边，要注意日常的情绪控制，保持良好健康心态。最后，通过书信交流的方式，让学生把平时学习上存在又不好开口倾诉的困惑、焦虑勇敢向父母说出来。

（四）环节三：总结感悟（10 分钟）

【预设教师活动】

引导家长思考：

1. 孩子的焦虑是怎样产生的，父母的期望值是否过高？

2. 作为父母，在平时孩子的生活中是给孩子减压还是增压呢？

【预设家长活动】

交流得出结论，科学化解焦虑的一般方法：

1. 积极暗示法。

2. 情绪宣泄法。

3. 呼吸放松法。

4. 目标转移法。

5. 列清单表法。

6. 冥想放松法。

九、教学小结及延伸拓展

（一）教学小结

1. 成功之处：本节课通过一段影片进行引入，接着通过交流、设问层层递进，中间以孩子给家长的一封家书架起了亲情沟通的桥梁，最后以家长给孩子回一封信为结尾，首尾呼应，扣紧主题，突出化解焦虑的方法，达到提升家庭教育质量的作用。

2. 不足之处：这节课还有一些值得改进的地方，例如本课设计的家长活动相对较少，要控制好每个环节的时间，才能做到收放自如；课堂提问要注意提问的有效性；在家长讨论时，要注意观察家长的讨论情况，适时加以引导。

3. 再教设计：进一步完善教学时，我会更充分地备家长，考虑更加全面，设问更为缜密，将对家长"总结感悟"环节进行加强，充分让家长谈感想，着力于通过交流沟通来总结提升。

（二）延伸拓展

1. 由于课堂时间有限，为了加深对家庭教育的认识及知识储备，推荐学生和家长阅读家庭有关书籍《家庭教育 知行读本》（主编 李明昌）。

2. 各位家长利用今天所学知识给自己的孩子写一封回信，针对孩子今天的书信中的内容进行情感上的沟通，增进感情，一起化解学习及生活中面临的困惑和焦虑。

十、设计特色简述

1. 在认真研究《全国家庭教育指导大纲》和教材的基础上，根据目前贵阳市最新的中考改革政策和"双减"教育政策的落实引发家长生活中真实的焦虑等的实际情况设计三维教学目标，目标比较具体、适切，针对性较强，具有可操作性和可测性。

2. 在《关于加强家庭教育工作的指导意见》中，强调要充分发挥学校在家庭教育中的重要作用，不断提升家庭教育水平，推动家庭教育和学校教育、社会教育有机融合，科学引导好家庭教育发挥好在少年儿童成长过程中的重要作用，促进学生健康成长和全面发展。故整节课我运用影片导入、问题启发、逻辑推理、层层递进的思维原则，让家长通过动眼、动脑、动口最终达到对教学目标的理解和掌握。利用图片帮助家长建构新的概念，这样将难以理解的内容重点突出，转化成家长易于接受的知识。

3. 根据家长成年人的年龄特点和认知规律，逐步引导，层层递进，让家长分析分享、案例呈现，自主地解决问题。同时对家长较为关注的孩子焦虑表现通过影片生动形象突显出来，一是诱发家长对本节课的好奇，二是突出考试给孩子带来的焦虑不容轻视。使家长更好关注孩子的身心健康，并且让他们的情感在适当的情景中得以升华。

十一、板书设计

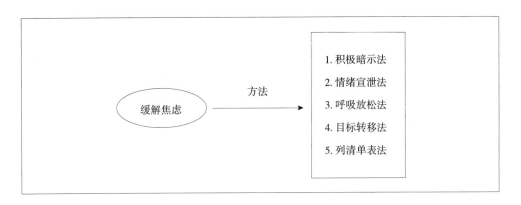

谈性不色变，青春花更美

——如何做好青春期家庭性教育

贵阳市第三十三中学　靳　飞

一、案例来源

（一）案例内容摘要

本次教学中使用的案例选自《家庭教育知行读本》（初中分册）中的《迷失的卢伟》一文。案例讲述了 15 岁的男孩卢伟有一次到姐姐家玩，帮忙照顾四岁的侄女时，见到小侄女乖巧漂亮，卢伟便情不自禁地去吻了小侄女，手在小侄女身上乱摸。此时自己姐夫正好回来，见状后非常愤怒，便动手打了卢伟，随后姐夫来到家中与卢伟父母理论，卢伟父母才得知此事。在这过程中，卢伟母亲和姐夫为此事吵了起来甚至还大打出手。于是姐夫报了警，当地民警对此事进行了调查，附近的邻居也知道了这事，并将此事传得沸沸扬扬，卢伟觉得抬不起头，从此便待在家里不愿再出门，学校也不愿去。

（二）案例分析

案例中的卢伟是正值青春期的少年，他正经历着生理变化带来的心理冲击，对性的懵懂令他无所适从，在没有正确方法的疏导下难免会发生一些冲动事件。卢伟的父母、姐夫、邻居等只看到了表面的现象，没有去了解事件背后的原因，只是一味指责卢伟，缺少了对卢伟的关爱和包容。

二、教学背景

随着社会的不断发展，我国青少年的性观念越来越趋向开放和宽容，但大部分青少年的性知识获取渠道并不规范。据有关调查数据表明：80%青少年的性知识，是从网络或文艺作品中学来的。由此说明我国青少年多数没有得到科学、正规的性教育。而家长本应是孩子的首位性教育导师，但在我国，家长往往在孩子面前对性这个话题讳莫如深。孩子进入青春期后，很多家长往往会对孩子实施"禁欲教育"，认为与孩子谈性羞于启齿，同时害怕会激发孩子的性好奇。据调查，中国家庭中有八成家长意识到家庭性教育的重要性，但只有一成家长对孩子实施过性教育，态度和行为呈现严重不一致。并且绝大多数家长并不了解什么是性教育，更不知道怎样进行家庭性教育，甚至还有部分思想保守的家长排斥性教育，对家庭性教育持反对态度。

三、学情分析

（一）学生基本情况分析

八年级的学生正处于生理发育和心理变化高峰期，对性知识感到迷茫而又好奇，由于没有接受正面有效的性教育，他们在面对青春期种种生理变化时，经历着因心理准备不充分而造成的各种困扰。

（二）家长基本情况分析

我校是一所城乡结合处的初中学校，70%的学生家长是从农村到城市的务工人员，家长本身文化素质整体不高，大部分家长忙于生计，常常忽视孩子们生理或心理的变化，大部分家长都是羞于对孩子进行性教育，更不知如何对孩子进行性教育。据了解，我班90%的家长基本没对学生进行过家庭性教育。因此，提高家长对家庭性教育的认识和学会如何对孩子进行性教育迫在眉睫。

四、授课对象

八年级学生家长（城乡结合）。

五、教学目标

（一）情感目标

1. 帮助家长树立对孩子进行性教育的观念。
2. 帮助家长了解家庭性教育的重要性。

（二）知识目标

帮助家长掌握一些性教育的知识。

（三）能力目标

帮助家长掌握一些方法和技巧去对青春期的孩子进行性教育。

六、教学重难点

（一）教学重点

让家长在教师的引领下明白家庭性教育的重要性并树立正确的性教育观念。

（二）教学难点

如何让家长将学习到的知识和方法运用到实际的家庭教育中。

七、教学策略与方法

（一）教学策略

教师通过游戏互动、思维导图、案例分析等方式让家长树立性教育的观念和了解性教育的重要性；通过让家长参与知识配对活动帮助家长掌握一些青春期性教育的知识；同时通过与家长的讨论和分享，帮助家长学习一些方法与技巧去对青春期孩子进行性教育。

家长通过参与游戏的方式体会青春期孩子的心理特征；通过与教师的讨论、分析去了解家庭性教育的重要性；同时通过与老师、家长们的讨论和分享学习一些方法与技巧去对青春期孩子进行性教育。教学难点突破主要通过多模态形式帮助家长体会到家庭性教育的重要性，通过家长互动、讨论、分享、视频启发等方式，帮助家长积极参与到本课学习中。

（二）教 法

情景创设法、思维导图法、分析法、讨论法。

（三）学 法

探究学习法、自主学习法、合作学习法。

八、教学过程

（一）导 入

"保护番茄"游戏，由此引入本课主题——家庭性教育。

（二）环节一：游戏破冰，主题导入

将家长分成两个组，组织家长进行"保护番茄"游戏。一组为进攻方另一组为防守方。进攻方负责将放置于两组之间的 6 个番茄进行抢夺并拍击番茄，防守方的家长将所要守护的番茄保护放进杯子里为获胜。计时 30 秒，最终看守护方保护了多少个番茄。

（访谈防守方家长，如果这些受伤的番茄是自己的孩子，作为家长的我们会是什么感受？）

教师小结：在游戏中，我们防守方的家长以自己的最大努力保护着番茄，但

仍然有部分番茄被进攻方伤害了。这些番茄就如我们的孩子一样，我们父母在尽自己最大的力量保护着他们，但有些伤害却让我们家长防不胜防。

【设计意图】通过游戏方式，拉近家长与家长、家长与老师之间的距离，达到破冰和引入主题的目的。

（三）环节二：新闻观看，引发思考

新闻一简介：2020 年 9 月云南文山男子花九千元找来初一女生在网络直播"验货"处女或奸淫。

新闻二简介：2020 年 5 月上海一家书店内一名 10 岁的男孩诱骗一名 5 岁的小女孩到男厕所，并脱去女孩的内裤随意摸女孩的下体。

新闻三简介：17 岁男孩子因青春期发育后，男孩下体经常会勃起，有时在公共场所也会出现异样，这让他很尴尬。孩子想到要从源头解决自己的这个问题，于是便在家自宫。

（访谈当家长看到这些新闻报道时，有什么感受？）

教师小结：每每看到这样的新闻，我们家长总会感到无比的心疼和愤怒，可为什么会出现这些现象呢？这些现象的背后往往预示着我们：我们的教育少了什么呢？从这些新闻事件中，我们不难发现，我们家庭教育会忽视家庭性教育，因为很多家长会觉得这是个难以启齿的话题，总是羞于和孩子讨论，正因为我们的难以启齿，才容易让坏人有机可乘。同时孩子对性知识的缺乏可能会让他们受到困扰甚至是伤害。性不可怕，也不羞耻，性是孩子成长过程中不可或缺的，家长应该要重视起来。性教育这堂课，千万别等坏人来上。

【设计意图】用热点新闻素材，直观且令人震撼，引起家长思考和重视，从而树立对孩子进行性教育的意识。

（四）环节三：案例重现，互动讨论

呈现案例"迷失的卢伟"

创设情景，与家长互动讨论以下问题：

（1）如果你是卢伟的姐夫，你会打卢伟吗？

（2）如果你是卢伟的父母，你有什么感受？

（3）如果你是卢伟的父母，你会怎么做？

（4）在整个事件中，你觉得卢伟受到伤害了吗？

（5）为什么卢伟会这么做？

（6）卢伟应该被原谅吗？

家长活动：将家长分成几个小组，讨论以上问题，并分享彼此的想法。

教师活动：根据家长的讨论和想法，和家长互动讨论。

教师小结：通过家长们的讨论，我们从不同视角感受了这个事件，在面对该事件时，我们会因不同的立场而有不同的看法。

【设计意图】通过不同视角的问题讨论，剖析案例，引发家长思考。

（五）环节四：案例剖析，正向引导

教师活动：用思维导图方式，呈现并分析教材案例。

案例中的卢伟虽未成年，但已经进入青春期，由于各种因素（社影会媒体、家庭、自身）的影响，加上父母没有对他进行性知识教育，造成了他无法自控地去亲吻、抚摸他的小侄女。小侄女也因为她父母没有对她进行性知识教育，不会自我保护。同时由于家长处理不当，最后造成卢伟也被亲人伤害。性教育在家庭中应该什么时候开始呢？又怎么教育呢？已成为不容回避的话题。

如果我是卢伟的姐夫，在看到这样的事情发生在自己女儿身上时，肯定会生气，也可能会打卢伟。因为当自己的子女受到伤害时，父母也会因此感到伤心难过，心理也会受到伤害。然而孩子青春期的错误，因家庭成员的及时制止还好没有酿成大错，但卢伟的家人们因缺乏对青春期孩子的了解，没有考虑孩子的情况及时给孩子提供帮助，而是出手打骂，甚至报警处理。对于尚未成年的卢伟来说，其家人没有保护他的意识。这导致了孩子丧失了尊严，即使长大成人后也会为此羞愧难当。

家庭成员在处理本次事件中更多的是考虑自己的感受，没有考虑到一个未成年孩子在成长中犯错是需要父母、家人的理解、帮助和引导的。卢伟家人的处理方式导致孩子最后难以面对亲人和同学，最终只能辍学在家，这对他来说，也是一个很难治愈的伤害。

教师小结：整个事件的背后归根结底，都是缺乏家庭性教育所造成的。如果卢伟父母、姐夫都了解一些家庭性教育的知识，便会以正确的方式处理此事，卢伟便不会受到伤害，如果卢伟受到过家庭性教育，便能了解自己的生理和心理变化，学会克制自己的冲动，就不会伤害自己的小侄女，当彼此之间没有伤害，他们会是充满爱的一家人。（教师小结时板书该图的转化）

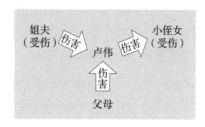

图 6　卢伟家庭关系的变化

【设计意图】通过层层深入的案例分析，帮助家长认识到家庭性教育的重要性，帮助家长学会多角度、逆向地分析问题。思维导图在教师小结时转化图形是希望家长由图形上感受到当彼此没有伤害时，家庭会是充满爱的家庭。

（六）环节五：走进孩子的世界

师：要对青春期的孩子们进行家庭性教育，我们还需要了解孩子们的心理变化。在此与各位家长玩一个小的游戏互动一下。

家长活动：邀请部分家长伸手探索一个精美的密封盒子里的物品，家长不能告知其他家长自己摸到的是什么物品，只能简单地向其他家长描述该物品，最终通过家长的描述，测试有多少家长想参与摸盲盒游戏。最终将盲盒完全展现，并询问是否还有家长愿意去摸盒中物品。

教师活动：结合家长的描述渲染盒子里物品的神秘性。

教师小结：通过这个游戏我们可以感受到，当我们面对未知事物时我们总是充满好奇心，特别是"犹抱琵琶半遮面"时，我们更想去了解，就像这个"盲盒"游戏。可是当我将盲盒完全展示给各位家长时，你们已完全看见盒子里的物品，此时已没有家长想要再去摸这个盲盒了。就如同我们的孩子一样，他们在面对性知识时，如果我们的家长遮遮掩掩，含含糊糊，反而引发他们的好奇心，不如大大方方地告知我们孩子一些性知识，这样也能避免我们的孩子学习到一些不良的性知识。

【设计意图】通过游戏，增加与家长的互动，帮助家长真切感受孩子对未知事物的冲动与好奇心，并为下一个教学活动做铺垫，同时也缓解课堂气氛。

（七）环节六：怎样对孩子进行性教育

师：面对青春期的孩子们，我们家长对自己的孩子了解多少呢？作为家长的我们应该怎样对的孩子们进行性教育呢？

家长思考：作为父母，你们知道儿子初次遗精或女儿初次月经吗？假如知道，我们父母当时有没有借机进行性教育？

教师活动：对于这两个问题，教师通过举手方式做调查了解家长情况，并让有类似经历的家长分享他们的经验。同时向家长分享青春期孩子性生理和性心理表现的相关知识。

1. 青春期性生理及性心理的表现：对性知识发生浓厚兴趣。比如男性出现第一次遗精、女性来月经等现象。说明他们已具有了生育能力，但他们却不知道自己为什么会有这样的变化？会产生许多疑问：别的同学和我一样吗？是告诉家人还是隐瞒起来？腹部为什么会疼痛？他们渴望了解这些性知识，但又唯恐被别人发现或讥嘲。无奈之下，他们的目光可能就会转向那些低级趣味的不良书刊、不良影像资料上，甚至盲目模仿，这些都严重地影响了青少年的身心健康。

2. 喜欢接近异性：青春期的学生由于性意识的发展，往往非常留心异性同学（特别是自己喜欢的异性学生）的一举一动，喜欢谈论异性同学，同时又都很重视异性对自己的评价。比如课间休息时，有意或无意做些事情，以期望引起异性的注意；服饰趋于成人化，女生佩戴饰物，男生发型奇特；男女同学之间的聚会越来越多，彼此渴望单独相处；同学之间的交往过于亲密等。

3. 具有性欲望和性冲动：性行为意识的产生是建立在机体性腺发育的基础上，而青春期正处于机体生长发育的转折点。进入这一时期后，性腺机能发育成熟，男女两性的差异日益明显。同时，性激素分泌的增加，第二性征的出现，促进了青少年性心理效应和随时可能发生的性行为反应。比如青春期的学生爱看言情小说。做有关性内容的梦，出现性幻想，偶然有手淫等现象。）

家长活动：家长自主学习青春期孩子性生理及性心理的表现的知识。

教师活动：对青春期性生理和性心理的表现进行适当解读。

【设计意图】对家长进行知识的补充，帮助家长更好地了解自己的孩子。

师：在面对青春期孩子的这些性生理和性心理的表现时，我们家长应该告知孩子什么呢？

青春期的性教育的内容主要概括有性生理教育、性心理教育和性道德教育，具体包括德、智、体、美几个方面。

家长活动：请家长在导学单上连线相应的内容。

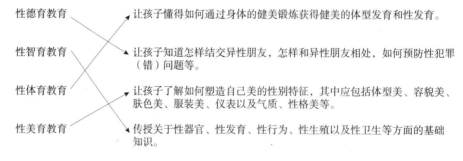

请家长连线相应的内容：

性德育教育 —— 让孩子懂得如何通过身体的健美锻炼获得健美的体型发育和性发育。

性智育教育 —— 让孩子知道怎样结交异性朋友，怎样和异性朋友相处，如何预防性犯罪（错）问题等。

性体育教育 —— 让孩子了解如何塑造自己美的性别特征，其中应包括体型美、容貌美、肤色美、服装美、仪表以及气质、性格美等。

性美育教育 —— 传授关于性器官、性发育、性行为、性生殖以及性卫生等方面的基础知识。

图 7　青春期的性教育分类与教育方法

【设计意图】通过家长完成连线题的活动，帮助家长学习到作为家长应告知孩子哪些性教育知识。同时通过家长做连线题的方式，提高了家长参与性，帮助家长更好地自主学习该知识。

教师小结：通过对这两个问题的思考，可以让我们的家长反思自己是否有关注孩子们的生理和心理的变化，从而找准时机对孩子普及性知识，以便帮助孩子了解自己的变化，学习健康的卫生知识等。同时我们家长可以通过书籍或互联网等方式了解相关知识，正面地、及时地、积极地向孩子解释遗精或月经等现象，并鼓励孩子在遇见类似问题时可以与自己家长学习或讨论。

家长思考：如果当您对孩子进行性教育时，对于难于启齿、羞于谈论的生殖器官您是如何开口的？

家长活动：家长思考并分享自己的方法。

教师活动：积极调动家长思考和讨论这个问题；播放电视剧《小欢喜》有关性教育片段，为家长提供一些思路，以做参考。

教师小结：《小欢喜》的这个片段帮我们家长很好地解答了如何开口的问题，"难于启齿、羞于谈论的生殖器官"其实只是我们家长自己觉得难以启齿，而且，我们的孩子在学校上过卫生健康课，老师以专业术语传授了他们相关的知识，在谈及这一些敏感话题时，我们家长自己要先"脱敏"，不要感到羞涩，要大方地、自然地谈论这些生殖器官。家长自己不害羞了，孩子也就不会感到害羞了。

【设计意图】通过观看视频及家长的自我思考，帮助家长"脱敏"克服心理障碍。

教师活动：组织家长分享自己课前收集的一些对孩子进行性教育的方法，并在黑板做归纳总结。同时教师将自己收集的方法分别放进锦囊袋里，由家长抽选出来分享给各位家长。

【设计意图】通过家长、教师分享办法，互相学习，共同解决家庭性教育的问题。

小结：通过本节课，我相信我们家长已经知道了家庭性教育的重要性，而性教育是一个长期的连续的课程，无论是对于儿童、青少年还是成人来说，性教育都是必要的，它不仅仅是生理课，还是促进孩子健康发展的心理课程。孩子从小接受良好的性教育，不仅有利于孩子自身的全面发展，还有助于减少亲子沟通障碍，巩固亲子关系的和谐稳定。

然而课堂时间有限，本节课不可能面面俱到地去帮家长解决孩子们在生活中遇到的性教育的全部问题，但是希望通过本节课，在我们家长心里播下一颗家庭性教育的种子，让它发芽长大。在此呼吁，我们的家长在面对孩子的性教育时不再"谈性色变"，抓住生活中的契机大方地对我们的孩子进行性教育。让我们共同呵护青春的花蕾们，让他们开得更加灿烂、绚丽！

九、教学小结及延伸拓展

（一）教学小结

本课首先通过游戏方式导入本课主题，然后通过热点新闻事件唤醒家长家庭性教育意识，接着通过教材的案例剖析和家长讨论分析让家长了解家庭性教育的重要性；然后通过游戏方式让家长感受青春期孩子的心理特征，并与家长讨论思考如何对孩子进行家庭性教育；最后和家长分享性教育的小妙招。

（二）延伸拓展

1. 推荐观看并学习腾讯精品课——《开得了口，影响孩子一生的性教育》系列课程。

2. 观察自己孩子的成长变化，并试着用今天所学的技巧和孩子聊聊他们的身体变化。

3. 课后和孩子一起看的书（适合 7—12 岁孩子看的书）：《中国儿童性教育全彩绘画读本：成长与性》《藏在书包里的玫瑰》《告诉孩子怎样爱》《一小时读懂青春期女生版》《一小时读懂青春期男生版》。

十、板书设计

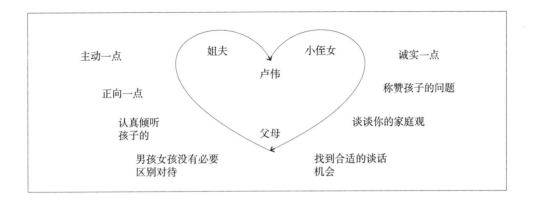

主动一点　　　　姐夫　　　小侄女　　　　诚实一点

卢伟

正向一点　　　　　　　　　　　　　　　称赞孩子的问题

认真倾听
孩子的　　　　　　　父母　　　　　谈谈你的家庭观

男孩女孩没有必要　　　　　　找到合适的谈话
区别对待　　　　　　　　　　机会

十一、附　录

锦囊一
找到合适的谈话机会 谈话机会不一定要刻意制造，当它自然出现时，我们可以就某一方面聊一聊，或者谈一些重要的点。比如电影电视中出现了一个场景，在你俩一起读的书里出现了一些描述，或者你的孩子要参加学校的舞会，等等。这些时候你都可以很自然地和孩子聊一些相关的话题，或者和孩子分享你的家庭观念，"谈性"不需要让孩子正襟危坐。

锦囊二
主动一点 如果你的孩子不是喜欢提问和主动开启话题的类型，那么就不要等到他提出相关问题来，你再去讲。你会等到孩子主动问你，你再和他讲人身安全的重要性吗？如果你的答案是否定的，那么"性"也是一样。一点一点地让孩子逐渐理解"性"，是每一位父母的责任。即使孩子从来不问，你也应该和他聊一聊。

锦囊三
诚实一点 如果你真的不知道孩子问题的答案，没关系，告诉他你也不知道，但你会去找到答案再和他讲，或者可以和他一起找答案。如果你曾经给过孩子错误的信息（如"你是妈妈从垃圾箱里捡来的"），不要犹豫，现在就去告诉他，你仔细想过之后有了更好的答案。

锦囊四
称赞孩子的提问 孩子们问的问题有时候会让我们惊讶，但与其用"小孩子不许问这种问题"或者"等你长大就明白了"去试图逃避这个话题，不如对孩子说"我很开心你会提这个问题"。要让孩子在向你提这些问题时感到舒服和自然。

锦囊五
认真倾听孩子的话 努力倾听孩子的忧虑，了解他关于这个话题已经知道了哪些。你的乐意倾听会为他面对青春期的发展变化打下比较好的基础。

锦囊六
谈谈你的家庭观 性这件事，光有知识还不够。你的孩子需要了解关于性成熟和生育的知识，但是他也需要了解你的家庭观念。他或许可以在学校或书本里学到那些知识，但只有你可以教他价值观。

锦囊一
男孩女孩没有必要区别对待 无论男孩还是女孩，都需要从父母这里获得性教育。在很多家庭里，妈妈负责教女儿，爸爸负责教儿子。而事实上，孩子需要的是来自两性的观点。

锦囊八
正向一点 我们发现，当谈论"未经保护的性可能是如何危险"时，父母们觉得比较轻松自在，尤其是对青春期的孩子。但父母也需要让孩子明白，性是一件美好的事情，而不是肮脏的事情。当他长大成人后，能够用负责、健康的方式表达性。对他的恋爱关系是非常重要的。

不起作用的表扬

贵阳市为明高级中学　姚祎然

一、案例来源

本次教学设计中使用的案例选自《贵阳市家庭教育知行读本》（初中分册）中的《不起作用的表扬》一文。案例讲述了在某一家庭中，家长在孩子小时候不论孩子做什么，都会给予孩子表扬，但孩子进入初中之后，对表扬没有了反应。家长对此情况很焦虑，担心总是表扬孩子会不会让孩子目空一切？对"是否表扬孩子、怎样才能正确地表扬孩子"有了困惑。

二、教学背景

家庭教育最为有效的收获方式是创造一个良好的家庭氛围，而表扬孩子则是创造良好家庭氛围的有效手段之一。生活中家长们经常用"你真棒！""你太聪明了！""干得好！"等话语表扬孩子，这些话看起来似乎并没有什么问题，但其实很空泛，孩子们也许会高兴一会儿，或者听惯了根本毫无反应。如何才能正确地表扬，让它转化为孩子的动力和自信？这其实也是一门科学。所以这节课我将从如何表扬孩子入手，引导家长给予孩子积极有效的鼓励，让表扬起到真正的作用。

三、学情分析

（一）学生基本情况分析

初中阶段的孩子正处于进入青春期或者已经是青春期的状态，随着他们自我意识和独立意识的不断增强，与父母的依赖情感和沟通方式也在发生着改变，即使经常面对家长的表扬，他们也不会像小时候那样，一听到就满心欢喜，或者充满信心和干劲。同时他们也在追求自我认同和个性解放，他们不喜欢被太多评价，容易走到家长的对立面来凸显自主意识。又因为他们情绪容易变化不定，有时候会比较敏感，家长不恰当的表扬，很容易让他们产生焦虑、压力及厌烦愤怒情绪。

（二）家长基本情况分析

针对学生这一青春期成长的特点，我认为本堂课适用于初中整个学年段的城市家长。因为在我看来孩子是需要被关注，他的努力是需要被看见的。在肯定孩子付出的方法中，语言表达则是最为直接和有效的，在此基础上如果可以把课上的策略也一并实施，那么对于孩子的鼓励则是会事半功倍。但是针对不同年级段，不同的孩子，家长们也不能一用了之，家长要根据孩子的不同发展阶段做相应的教育方式调整，如果在表扬上一直延续小时候对孩子的做法，就会导致表扬不能准确评价孩子的言行，也不会真正走进孩子的心里。

四、教学目标

（一）知识目标

1. 通过理论阐述和实例分析使家长了解什么是有效表扬，并且认识到表扬可以塑造良好的家庭氛围，同时与孩子自信心建立有着密切关系；

2. 通过实例视频反馈家长直观感受，让家长了解无效表扬过程中存在的主要问题，并给予改变方法和技巧。

（二）能力目标

让家长掌握有效表扬三原则，并能通过"用三元素说一句话"的表扬技巧对孩子进行有效表扬。激发家长科学家教的信念，提升家长科学育人的信心。

（三）情感态度价值观目标

树立有效表扬的意识，提高家长的教育素养，从而提高家庭教育的质量。

五、教学重难点

（一）教学重点

引导家长们明白什么才是有效表扬。

（二）教学难点

根据孩子发展阶段的特点，在教育方式上做出调整，学会运用有效的表扬方式，促进青春期孩子的健康成长和亲子关系的良性发展。

六、教学策略与方法

（一）教　法

情境创设法、概念引导法。

（二）学　法

合作探索、讨论分享、体验觉察。本节课运用高效课堂 6+1 教学模式（导、思、议、展、讲、检 + 用），即通过情景创设引导家长自主思考，主动学习。课堂中教师只做引导和总结，大部分时间让家长反思、讨论、展示。家长以小组为单位，进行讨论、合作学习，归纳、总结出本节课的要点问题。家长课堂基本遵循以下程序：看自学指导—自学（多方位感受、梳理知识架构）—小组讨论（家长讨论、合作）—小组展示（主动展示）—教师精简讲（共性问题、难点）—课堂练习完成本堂课教学目标。

七、教学过程

（一）环节一：案例呈现

导入：教师会放一段音乐，请大家站起来随意地在桌子附近走动，当音乐停顿的时候每个人需要找到一个伙伴，找到同伴的家长请各自分享一个问题的答案:"您对孩子说过的最真诚的表扬是什么?"或者"您在成长过程中印象最深刻的表扬是什么?"

家长活动:在活动中思考"您对孩子说过的最真诚的表扬是什么?"或者"您在成长过程中印象最深刻的表扬是什么?"并通过游戏分享出来。

教师活动:展示《语言暴力》视频,播放完成后,抛出问题"什么样的家庭容易培养出学霸呢?"无须家长作答,接着展示"童年早期纵向研究"数据图表,并解读图表中的数据,总结"让孩子成为学霸最关键的因素是做一个懂得表扬、信任、像朋友一样的父母。"

家长活动:观看视频以及学霸养成调查实验数据。

【设计意图】展示走向极端的孩子与学霸家庭的对比,对家长认知形成冲击,让家长明白表扬的重要性。

师:请问各位家长在生活中您表扬孩子吗?

(家长回答是与否。)

教师活动:我们有位家长也对表扬孩子和您有一样的困惑,他就是书中的这位家长。这位家长觉得表扬对孩子小时候是有用的,但随着孩子进入了青春期,有些表扬就失效了,甚至还担心表扬过多会让孩子骄傲,因此很是困惑。那么为什么都是表扬,有的表扬有效,有的却无效呢?

(让家长对案例和教师提出的问题进行思考。)

【设计意图】通过实例触发家长思考无效表扬的原因。并且引发其好奇心,跟随教师节奏进入到下一环节。

(二)环节二:追根溯源

师:大量研究数据表明,我们在生活里确实应该多多表扬孩子,但是现在出现了表扬孩子不起作用的现象,我想是以下几点造成的。(展示 PPT)

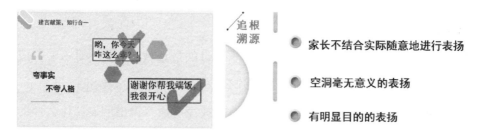

图 8　家长表扬孩子的方法

师：有没有家长愿意分享一下在平时生活中您是如何表扬孩子的呢？

（家长做分享。）

教师活动：根据家长分享的例子，对应在 PPT 中展示的原因。

【设计意图】用案例引起家长共鸣，激发学习兴趣，让家长清楚认识到无效表扬的症结所在。

（三）环节三：建言献策

教师活动：展示一个小游戏——"盲猜"。向家长展示一个盒子，告诉家长，里面装了一个物体，老师问："各位家长您知道盒子里面装了什么东西吗？"此时家长都会摇头，老师接着问："如果我告诉您，盒子里装了一个在我们生活中很常见的水果，吃起来酸甜爽脆，您现在知道是什么了吗？"

（家长回答箱子里面有什么。）

教师活动：顺势将苹果奖励送给第一个说出答案的家长。并展示 PPT。

图 9　"夸具体，不夸全部"

师：家长们，我们表扬孩子就要像猜盒子里面装有什么物体一样，做到"夸具体，而不是夸全部"。

师："今天是一个阳光明媚的周末早晨，您起床之后看见孩子已经坐在书桌前开始背单词了，请您用'夸具体，不夸全部'这一原则去表扬孩子。"

（家长利用第一原则学会表扬孩子。）

教师活动：出具斯坦福大学在研究表扬对孩子的十年影响的结果数据，并进行解读。同时展现 PPT。

师："要想有效表扬，我们要做到的第二点是夸努力，不夸聪明。"

师："孩子某天回家，告诉你，昨天有个不清楚的问题，今天他上课认真听讲了，所以立马顿悟了，请结合这一场景对孩子进行表扬。"

（家长利用第二原则结合教师给出场景进行表扬。）

图 10　"夸事实，不夸人格"

师："我们来看表扬第三原则'夸事实，不夸人格'。"

师："今天您饭点回到家，孩子主动地把添好饭的碗筷放在您的面前，请问，用第三原则如何对孩子进行表扬？"

（家长利用第三原则结合教师给出场景对孩子进行表扬。）

【设计意图】从游戏出发，用浅显易懂的话语让家长了解有效表扬的方式，并且通过教师引导练习怎么做到有效表扬。

教师小结：孩子是需要被表扬的，并且要多多表扬。但我们更要学会恰当表扬，让家长认识到表扬应从具体、事实、努力过程三个维度为切入口，将可控的因素作为表扬的基点。那么在了解有效表扬的原则之后，我们就应该练习如何将这三个原则融会贯通，做到知行合一，这种方法就是"一句话原则"，通过行为加品质结合，来表扬孩子，并假设生活场景让家长练习。

（家长对教师随机给出的生活场景，利用"一句话原则"对孩子进行表扬。）

师："请相邻的家长对刚才的一句话回答做出点评，并试着优化。"

【设计意图】帮助家长练习有效表扬的综合能力，并且出具公式"行为＋品质"练习有效表扬的话术，利用互相点评加深对这一环节的印象，真正做到学以致用。

（四）环节四：教学小结

作为家长，应该客观理性地了解自己的孩子，努力避免主观色彩很浓的表扬，尤其不要对孩子进行终身性评价的吹捧，同时家长应该把握好表扬的时机和频率，切合事宜地对孩子进行适度的表扬，才能真正起到鼓励和引导孩子的作用。在日常生活中，我们要对孩子进行形式多样的表扬，除了语言表扬，还应鼓励家长进行肢体和表情语言的表扬，比如给孩子一个拥抱、一个赞许的眼光、一次点头等，这些真诚的非语言表扬，有时更容易被青春期的孩子所接受，也更能打动孩子的内心世界，起到"无声胜有声"的积极效果。

（五）环节五：余音袅袅

最后我会给家长推荐电影，希望每一位在座的家长在收获温馨亲子时光之余感受到最好的家庭教育。并用诗人纪伯伦的诗《先知·论孩子》作为结尾祝福。

【设计意图】培养家长的实践能力，从电影中体会怎么样做到有效表扬，从而解决在实际生活中亲子沟通的问题。

八、板书设计

	不起作用的表扬		一句话原则
无效表扬		有效表扬	

九、教学反思

（一）不足之处

课后我回顾本节课的过程，认为深刻地体验到教材呈现于教案设计都是静态结果，而课堂却是一个动态过程。但我似乎对于动态过程的把握还不到位，特别是一节课的前五分钟，这是让家长能否静下心来听完这节课的关键，若我在暖身环节再多调动一下大家的情绪，可能课后的反馈效果会更好。另外，课程中途家长互动环节也有不足，我留给家长说的时间有点少，如果再完善这两点课堂效果是否会更好？

（二）成功之处

通过展示《语言暴力》的视频与学霸家庭形成的关键因素作对比，对家长产生了强烈的冲击，同时也专注于他们的内心，让我能顺利带家长们进入课堂的重难点，有效达成了教学目标。另外，在"一句话解锁有效表扬"的练习上也让家长从知道到做到这一过程进行了有效实践。

（三）再教设计

通过实际亲子问题生成调整话题，再加上即时的真实体验与反馈引导家长思考、讨论、交流，共同解决生活中的问题，让整个课堂在有弹性的预设之下"动态生成"，精彩纷呈，这将是我努力的方向。

角色互换

——搭建与孩子有效的沟通方式

贵阳市观山湖区普瑞学校　何雨潇

一、案例来源

（一）案例内容摘要

本次案例教学中使用的案例选自《家庭教育知行读本》初中分册中的《批评不得的孩子》一文。案例中的学生特别爱玩游戏，面对家长的批评指责，要么置之不理，要么激烈反抗，在校受老师批评时也会有情绪，让家长头疼不已。

（二）案例分析

案例中的学生不听从父母的管教、不能接受反面的意见，其实是不能接纳自己不够好的一面，这样的孩子在学习上往往表现出极端自负或自卑，没有明确的目标，学习上缺乏上进心。这其实与家庭的亲子氛围、家长的沟通方式有莫大的关系，孩子在家庭中不能获得正面的评价和引导，家长需要清醒认识到自身教育的不足，并积极转变教育方式才能引导孩子真正认识自我，重塑自我。

二、教学背景

案例中的学生面对家长、老师的批评、教育，常常采用负面消极的态度面对，导致家庭中亲子关系不和谐，与老师、同学也容易起冲突，这种现象在初中生中并不少见。特别是初入八年级，有许多孩子对自己的人生目标不清晰、学习态度不端正、逆反心理严重，甚至在人际交往上也显示出许多问题，正确的家庭教育指导迫在眉睫。

三、授课对象

八年级学生家长（城市）。

四、学情分析

（一）学生基本情况分析

八年级的学生处于"身心聚变"的关键期，有许多孩子对自己的人生目标不清晰、学习态度不端正、不能接受他人的批评，究其原因其实是初中生的自我意识没有完全形成，需要借助家庭、学校的外在评价帮助其完成对自我的认知。在这种情况下，有的学生却常常受到家庭和学习的"双重"打击而丧失努力奋进的信心。

（二）家长基本情况分析

本节课的授课对象为八年级城市的家长，家庭条件较好，对孩子的学习成绩非常在意，但是很少有家长能正视自己的教育方法。对待孩子身上的缺点，往往显得比较急躁，打击、催促较多，引导、肯定较少，导致孩子的心理需求和情感需求不能得到很好的满足，对自己不够自信或盲目自信，对自己的认识不够清楚，所以在学习上缺乏动力、没有明确的学习目标和远大的人生理想、在人际交往上也不能很好地与同学沟通、经常出现矛盾，与父母的关系也较为紧张，影响了孩子的身心健康发展。

五、教学目标

1. 知识目标：通过观看视频和参与角色互换活动，引导家长认识到教育过程中自己沟通方法的不当，有想要转变自己不当沟通方式的意识。

2. 能力目标：通过分享"心声"、分析问卷调查数据，让家长学会放下家长的"架子"做孩子闪光点的"放大镜"，掌握与孩子沟通的有效方法和技巧。

3. 情感目标：通过这次活动，改进自己的沟通方式，引导家长给孩子写信，开启良好沟通的第一步，增进亲子关系。

六、教学重难点

（一）教学重点

引导家长认识到教育过程中自己沟通方法的不当，转变过去不当的沟通方式，学会理解、尊重孩子。

（二）教学难点

引导家长学会放下家长的"架子"做孩子闪光点的"放大镜"，掌握与孩子沟通的有效方法和技巧。

七、教学策略与方法

1. 教学策略：视频启发、情境创设、分享"心声"、分析问卷、学习技巧。
2. 教学方法：案例分析法、情景演示法、思考探究法。

八、教学过程

（一）案例重现，引发家长思考

请家长阅读案例《批评不得的孩子》。案例中的学生特别爱玩游戏，面对家长的批评指责，要么置之不理，要么激烈反抗，在校受老师批评时也会有情绪，让家长头疼不已。

师：文中的孩子为什么不能接受家长和老师的批评呢？仅仅是因为孩子太过顽劣吗？这样类似的情况在您的孩子身上出现过吗？

【设计意图】通过案例，引起家长的共鸣，并引导家长思考背后的原因。

（二）环节一：播放视频，明确沟通困境

播放视频：在一模一样的生长环境下，实验者对一株植物进行无情的谩骂，对另一株植物施以爱的关怀与表扬，21 天以后，被骂的那株植物枯萎了，被表扬的那株植物茁壮生长。

师：看了视频后您心里作何感想？

小结：连植物都不喜欢一味批评的沟通方式，更何况是有血有肉、有爱有恨的孩子呢？所以，如果我们的孩子讨厌、反感批评，也许是因为我们没有用对的方法和孩子沟通。

【设计意图】通过视频，引导家长意识到语言暴力是一种非常错误的沟通方法，我们必须要建立有效的沟通途径。

（三）环节二：创设情景，体会孩子难处

1. 设置四个不同的情景对话，把全班家长分成四个不同的小组，邀请四个学生与四个组的家长进行角色互换，A 的扮演者为学生，B 的扮演者为家长。

情景一：B 拿着这个月的工资卡回家，沮丧地坐在"沙发"上

A：你看看你这个月赚的这点钱，也不知道你从早到晚到底在公司干什么！天天就知道打牌，就知道玩手机，你知不知道要是再不努力赚钱你就完蛋了，连个普通的副经理你都混不到！看看别人家的爸爸，在你这个年纪的时候早就开了公司，看看你的工资！你真让我失望，真让我觉得丢脸！

情景二：B 上了一天班回到家，想要休息一会儿

A：玩手机玩手机！一天就知道玩手机，我一天那么辛苦的学习是为了什么啊，还不是为了你啊，你要是再不努力工作，你对得起我吗！我整天舍不得吃，舍不得穿，把家里的钱都留给你了，你倒好，天天净想着玩！你要是再不努力工作，看我怎么收拾你！

情景三：A 回到家，B 做的饭不合胃口

A：我每天在学校那么努力地学习是为了谁呀！我回家了你居然连饭都做不好，你看看你炒的红烧茄子，是拿墨水炒的吗！我给你讲，你要是再这么下去我

就不管你了，你爱到哪去就到哪里去！

情景四：B在公司的业绩出来了，是垫底

A：你怎么了？不开心吗？我知道了，肯定是你在公司的业绩不太好看，没关系，我知道你在努力，我也看到了你的进步，像上一次你们部门加班，你是留到最晚离开的，这些都是你努力的痕迹。至于为什么业绩不好，我们来找找原因，想想办法，有困难我们一家人一起努力，一起想方法去解决吧！

2. 师："请四个不同组别的家长说说感受。"

预设：前三组——真不好受，要是孩子这样对我说话我肯定受不了；长期下去我可能也会失去自信、甚至抑郁。最后一组——遇到困难能有人帮助肯定能尽快走出困境。

3. 这样的沟通方式家长曾经有过吗？我们有没有发现刚才那些对话特别耳熟呢？其实是我收集了孩子们最讨厌的父母说话方式，我们一起来看看。

情景一：孩子拿着不及格的数学卷回家，沮丧地坐在"沙发"上

家长：你看看你考得这个分数，也不知道你从早到晚到底在学校干什么！天天就知道看闲书，就知道玩手机，你知不知道要是再不努力学习你就完蛋了，连个普通的高中你都混不到！努力有什么用，进步有什么用，看看别人家的孩子，在你这个年纪的时候早考到了第一名，再看看你的成绩！你真让我失望，真让我觉得丢脸！

情景二：孩子上学一天回到家，想要休息一会儿

家长：玩手机玩手机！一天就知道玩手机，我每天那么辛苦的赚钱是为了什么啊，还不是为了你啊，你要是再不努力学习，你对得起我吗！我每天舍不得吃，舍不得穿，把家里的钱都留给你了，我不买手机、不买衣服你以为我是为了什么！还不是想你穿好点、吃好点，这样就能考个好高中了，你倒好，天天净想着玩！你要是再不好好学习，看我怎么收拾你！

情景三：孩子做的作业让家长觉得不满意，想要撕掉重做

我一天那么努力地赚钱是为了谁呀，你居然连作业都做不好，你看看你写的这个字，歪歪扭扭像一条虫，还有你这个算数，要从小学一年级学起吗！我给你

讲，你要是再这么下去我就不管你了，你爱到哪去就到哪里去，反正我每天就吃好睡好就行了，等你长大了，你爱去哪去哪，反正我也管不住你了！

3. 出示上海心理协会基础教育专业委员会秘书长陈默的名言（《家有中学生》）：辱骂只会带来麻木不仁，你把一个人的自尊心碾碎，对方不通过感受不到的方式来保护自己，难道还要做出一副欢迎的样子吗？

小结：沟通一定要基于相互之间的理解，以心换心，我们要用平和的态度，商量的语气，在日常的沟通中要多看到孩子的优点并及时肯定他，有做得不好的地方也要用恰当的方式引导孩子学会去发现问题，解决问题。

【设计意图】用角色互换的方式，让家长体会了孩子平常受到不合理批评的处境，让家长明白不对等的交流、不合理的沟通不仅是毫无意义，而且还会伤害孩子健康的心灵，引导家长感悟与孩子正确沟通的重要性，并通过陈默秘书长的名言明白良好沟通的基础和条件。

（四）环节三：问卷调查，打破沟通困境

1. 观察问卷调查数据，反思沟通现状

表 7　问卷调查一

问题一	选项	数据（所占比例）
你最讨厌父母用哪种方式和你交流？	打击式教育	31.7%
	唠叨式教育	28.5%
	催促式教育	25.1%
	威逼式教育	14.7%

表 8　问卷调查二

问题二	选项	数据（所占比例）
你觉得父母对你的爱是有条件的吗？	有	48%
	无	28.5%
	时有时无	23.5%

小结：我们与孩子的沟通现状是健康的吗？我们是否认真听取了孩子的意见？我们是否真正做到了"无条件"地爱孩子？

【设计意图】通过分析问卷调查的数据，让家长看到自己目前存在的沟通问题，同时看到孩子希望得到的良好沟通方式，让家长明白只有通过良好的沟通才能正确解决孩子身上的问题。

（五）环节四：心理理论，掌握沟通技巧

1. 出示心理理论，与家长探讨沟通技巧

赫洛克效应：心理学家赫洛克（E.B.Hunlock）把被试者分成四个等组，在四种不同诱因的情况下完成任务。第一组为表扬组，每次工作后予以表扬和鼓励；第二组为受训组，每次工作后严加训斥；第三组为被忽视组，每次工作后不予评价，只让其静听其他两组受表扬和挨批评；第四组为控制组，让他们与前三组隔离，不予任何评价。（实验结果见图片1）

2. 师：您觉得孩子会喜欢什么样的沟通方式呢？（家长讨论。）

3. 分享"心声"：你喜欢父母用什么样的方式和你沟通？（学生的另一项问卷调查结果。）

调查结果显示，孩子最喜欢的父母与自己的沟通方式包括：设身处地为对方考虑；家长学会倾听；通过书信或微信交流；不要强求我做我不喜欢的事情；不唠叨，不催促；理解并支持孩子的爱好；有话好好说；转移话题，避免不愉快；召开家庭会议，民主商讨……

小结：其实孩子们已经给我们提供了良好的沟通途径，所以我们更应该做到换位思考。

4. 师：通过今天的活动，家长想对孩子们说什么呢？可以写在你面前的信纸上。

【设计意图】通过问卷调查结果和写信活动，让家长掌握正确的沟通技巧，迈向有效沟通的第一步。

九、教学小结及延伸拓展

(一)教学小结

相信，每一位家长都是爱自己孩子的，只是在青春期，我们的爱似乎要找到合理的途径才能催生、塑造出一个自信、阳光、有理想的孩子。愿每个孩子都能被爱的沃土滋养、成长，愿每个家长都能懂得孩子的真正需求，好好说话，好好爱他／她。

(二)延伸拓展

《家庭教育知行读本》(初中分册)。

十、板书设计

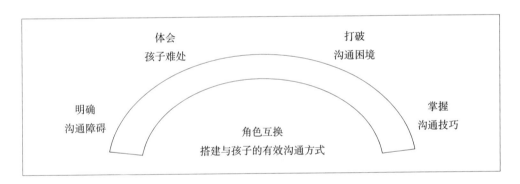

参考文献：

[1] 刘儒德. 班主任工作中的心理效应 [M]. 北京：中国轻工业出版社，2012：127-129.

让人焦虑的中考

贵阳市第三十四中学　杨　转

一、案例来源

（一）案例内容摘要

本次案例教学中使用的案例选自《家庭教育知行读本》初中分册中的《让人焦虑的中考》一文。案例讲述了学习成绩优秀的焦娇，进入初三下学期，感到学习压力明显增大，尤其是每个月的月考和排名次，她都会出现呼吸困难、手心出汗、头痛等现象。适应性考试中，爸爸妈妈的过度重视和关心，让她更焦虑，最后因晕倒被人抬出考场。

（二）案例分析

案例中，焦娇父母的表现是当下很多父母面对中考都会出现的状态，家长总是什么都不放心，为了督促孩子学习，事无巨细，亲力亲为。却没有意识到自己的过度重视与关心，已经把焦虑情绪传导给了孩子，使孩子压力倍增，焦虑情绪升级。

二、教学背景

中考决定着孩子下一个学习阶段是读中职还是高中，大多数的家长、老师都希望孩子进入高中学习。在这样的情况下，大家格外重视中考，孩子在自身、父母和老师的影响下，产生了焦虑情绪。家长由于教育知识的缺乏，一些孩子出现焦虑情绪后，没有及时察觉孩子的异常或不知道怎么缓解孩子的焦虑情绪，焦虑情绪得不到及时有效的缓解，阻碍着孩子的健康成长。因而设计了本课，希望转变家长的教育思想，引导家长学会用科学的教育手段引导孩子缓解焦虑情绪，让孩子健康成长。

三、授课对象

初三学生家长（城市）。

四、学情分析

（一）学生基本情况分析

初三的学生，相对来说对自己有了更清晰的认识，也更明白中考的意义；且学校、家长对于初三学生的学习抓得更紧，督促力度相对较大，在这些因素的影响下，孩子难免出现紧张、焦虑等情绪。

（二）家长基本情况分析

家长处在城市发展地区，对教育的重要性体会深刻，对于孩子学习的要求、期望、关注都表现得更严格、更高、更积极。家长面对孩子的中考，什么都不放心，为了督促孩子学习，事无巨细。却没有意识到自己的过度重视与关心，使孩子的焦虑情绪升级。再加上教育知识的缺乏，使家长在家庭教育上用尽全力而不得其法，导致自己也出现焦虑情绪，并反向施加给孩子，孩子有苦难言。这样的情况，非常不利于孩子的学习和成长。

五、教学目标

1. 知识目标：通过案例分析让家长了解焦虑情绪的表现、成因、双重性，掌握调节孩子焦虑的科学方法。

2. 能力目标：通过教学指导使家长初步具有正确缓解孩子学习压力、考试焦虑的能力，学会引导孩子树立正确的学习态度。

3．情感态度价值观目标：通过教学指导引导家长树立正确的教育观念，理智对待孩子的学习。

六、教学重难点

（一）教学重点

引导家长了解焦虑情绪的表现、成因、双重性，明确家庭教育的重要性，掌握调节孩子焦虑情绪的科学方法。

（二）教学难点

引导家长在孩子成长过程中学会帮助孩子调节焦虑情绪。

七、教学策略与方法

（一）教　法

运用情境教学法、案例分析法，通过临时"考试"活动、焦娇的焦虑分析等，让家长亲身体会、感受孩子的经历，让家长学会换位思考孩子的焦虑情绪，使解决焦虑情绪的探讨有切实依据，更有效地解决孩子的焦虑情绪。

（二）学　法

采用自主学习法、探究学习法，通过教学活动的开展，引导家长自主分析问题得出结论。让家长在了解焦虑的表现、成因以及可能会产生的不良影响的前提下，对如何解决焦虑情绪进行探究。

八、教学过程

（一）导入（4分钟）

教师：拿着试卷走进教室，严肃地说："家长们，上课前我们先进行一次考试，考试过程中不能交头接耳，考试结果将公布给你们的孩子。"

播放考试注意事项。

教师："刚才跟大家开了个玩笑，家长们听到要考试有什么感受？听到不考试又有什么感受？"

请各位家长带着这种情绪感受一起走进今天的学习《让人焦虑的中考》。

【设计意图】通过临时"考试"，让家长亲身体会、感受、面对考试可能会出现的紧张、压力，初步感知学生为什么会出现焦虑情绪，通过导入初步创设情境，为家长换位思考处理学生的焦虑情绪问题埋下伏笔。

（二）新知讲授

环节一：案例分析 剖析焦虑（12分钟）

焦娇的学习成绩优秀，进入初三下学期，焦娇感到学习压力明显增大，尤其是每个月的月考和排名次，她都会出现呼吸困难、手心出汗、头痛等症状。很快要进行适应性考试了，爸爸妈妈反复强调这次考试非同小可，要她慎重对待。

考前一个星期，为了让她吃好、睡好，妈妈不仅在饮食上精心做了安排，晚上还特意搬到她房间，和她同居一室，很早就自己独居一室的焦娇很不习惯，又不方便说，晚上躺在床上怎么也睡不着，在妈妈的不断催促下，她才闭上眼睛，脑子里却是乱哄哄的题。早上起来，头痛，人昏沉沉的。

看着妈妈做好的营养饭菜，她就是没胃口，还感到一阵阵恶心。考试的前一夜，爸爸又反复强调考试的重要性，说这次考试决定升学选择，她又紧张得一夜未睡。第二天考试，一坐在考场上，她就出现呼吸急促，大脑空白，手脚冰凉的现象。考试进行到一半，她因晕倒被人抬出考场。

家长讨论思考：焦娇表现出的是什么情绪？这种情绪可能产生怎样的影响？焦娇的这种情绪是怎么产生的？

教师小结：焦娇的表现是比较典型的考前焦虑情绪。焦虑是一种正常的情绪反应。考试焦虑是考生中常见的一种以担心、紧张或忧虑为特点的复杂而延续的情绪状态。当考生意识到考试对自己具有某种潜在威胁时，就会产生焦虑的心理体验。

1. 焦娇学习成绩平时虽优秀，却担心中考的结果没有那么优秀而产生的无端忧虑。

2. 父母过度重视和关心，导致焦娇在模拟考试前压力剧增，以至于连正常考试都没法完成。孩子对自己的信心不足，尤其是当孩子面临中考时，父母总是什么都不放心，也会加剧孩子对自我的不确定性。

3. 有些父母恨不得自己冲上去亲自做。父母处处表现出担心、关心、焦虑等，这些不良情绪的传导，使孩子的焦虑情绪升级。

【设计意图】首先，通过案例整体展示学生面对学业、考试、家长的关注等所表现出来的反应状态，家长可以从中感受对孩子的过度重视和关心产生的负面影响，也可以反思自己在教育过程中的做法是否恰当。其次，引导家长从焦娇的案例中分析总结出焦虑情绪的表现，知道焦虑是一种正常的情绪反应，了解考试焦虑表现、成因以及可能会产生的不良影响。以此案例为背景了解自己的孩子是否存在同样的情况，引导家长正视孩子的焦虑情绪。

环节二：压力≠动力（6分钟）

师："请家长观察压力分析图。"

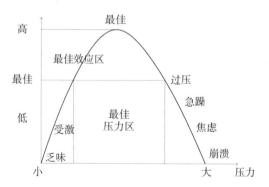

家长观察压力分析图并分析思考：压力是否等于动力？

教师小结：常说"有压力才有动力"，其实不然。从图中我们可知压力具有双重性，没有压力或压力过大都不好，没有压力，人处于过度放松状态，就会失去动力，停滞不前；压力过大，人会出现担心、紧张、焦虑等，在学习中注意力难以集中，效率就会降低；压力适中时，有利于激发人的干劲和潜能，更有利于孩子考试充分发挥自己的水平。

所以一个人如果长期被考试焦虑所笼罩、支配，就会丧失信心，影响自身的潜在才能和智慧的发挥，常处于忧郁之中，难以享受成功的快乐，并失去许多成功的机会。

【设计意图】利用压力分析图，抓住孩子产生焦虑情绪的最大因素——压力，引导家长分析压力的利与弊，打破家长对压力的常规认知，为他们正视孩子日常的情绪反应以及怎样解决孩子的焦虑情绪做铺垫。

环节三：问题分析、解惑答疑（18分钟）

面对中考，孩子和家长都比较重视，在多方因素影响下，部分孩子出现焦虑情绪，大多数家长并未察觉，或察觉后缺乏正确引导的方法，甚至还在反向施压给孩子。孩子的焦虑情绪得不到及时有效地处理，将影响着孩子的身心健康和考试发挥。

家长思考并回答：作为父母，您是给孩子的中考减压还是增压？考试焦虑普遍存在且可能影响学生的生活和学习，作为家长应该怎么做呢？

教师小结：孩子面对考试表现出担心、紧张、焦虑，这是一种正常的心理现象，适度的焦虑水平还有利于考试，因此我们要引导孩子学会坦然面对，将焦虑转化为成长的助力。

1. 积极暗示。父母首先自己不要紧张焦虑。发现孩子紧张时用积极的心态帮助孩子学会进行心理暗示，如鼓励孩子说："我能行，我相信我自己。"

2. 情绪宣泄。如通过与孩子交流沟通，排解孩子心中的烦恼，宣泄负面情绪，多听少言。

3. 呼吸放松。找一张椅子让孩子坐在上面，微闭双眼，两脚着地，双手自然放在膝上，然后进行腹部深呼吸。

4. 目标转移法。孩子焦虑时会烦躁不安，坐不住。这时尽量让孩子做些与考试无关的事情分散注意力，如在考试前带孩子购物、爬山、唱歌等，开展多种形式的活动，让孩子在活动中体验到成功，对自己增强信心。

5. 列清单表。把容易引发孩子焦虑的原因列一个清单，按此清单把预防工作事先准备好，告诉孩子正常发挥就好。

6. 回想放松。当孩子出现焦虑时，引导孩子回忆经历过的愉快事情，尽可能的生动、丰富、形象，也可以是没有经历过的美好设想。

7. 家长和孩子还可以找专业机构进行焦虑等级测验，寻求专业的咨询指导。

【设计意图】通过分析家长的家庭教育现状，引导家长结合实际情况具体分析孩子产生焦虑的原因，让家长了解和反思以往的教育行为是否"对症下药"、是否"药到病除"。深入引导家长探索解决孩子焦虑的办法，也将他们从面对孩子的焦虑情绪的无措中抽离出来。

九、教学小结及延伸拓展（5分钟）

（一）教学小结

中考是孩子人生路上的第一个转折点，都希望孩子更上一个台阶，拥有更好的平台和机会。在孩子的成长过程中，家长需要运用科学的方式帮助孩子正视他们自己，树立信心，保持良好的心态。在他们出现一些不可预知的情况时，扮演好陪伴者、引导者，恰到好处地帮助他们"对症下药"。教育非一朝一夕能成，期待在我们的共同努力下，孩子能够坦然面对成长之路，在即将到来的中考中，发挥最佳水平。

（二）延伸拓展

针对孩子的具体情况，选取合适的方式，对孩子进行疏导，并记录孩子的变化。

十、教学评价

从家长的表情、情绪反应、课堂反应来判断家长的焦虑情绪是否得到改善；定期观察学生状态是否改善可从侧面反映本次家庭教育的有效性。

十一、板书设计

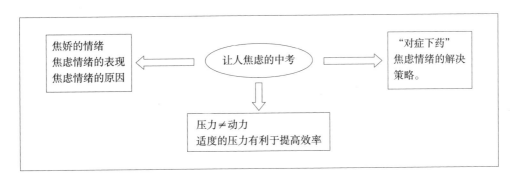

有效沟通　从"心"开始

贵阳市第二实验中学　朱　翠

一、案例来源

（一）案例内容摘要

本次案例为《家庭教育知行读本》（初中分册）中的《如何认识青春期》一文。

案例一讲述了四位同学在教室里吐槽自己的父母，诗琪觉得自己的妈妈太过于唠叨；晓红认为自己的爸爸总爱拿自己和别人比较；亚坤觉得自己和父母代沟太大，无法沟通；欣蕊则采用左耳进、右耳出的态度应对父母。

案例二描述了晓红放学回到家、在晚饭餐桌上吃饭，以及晚上十点，妈妈端着牛奶进入晓红房间这三个场景，对人物动作、语言、情绪进行描述，生动体现出了日常生活中，父母与孩子在沟通上存在的问题。

（二）案例分析

案例一中几个同学的谈话是当下许多孩子的缩影。因为青春期的到来，他们已不像以前那样对父母言听计从，他们认为父母过于唠叨、跟不上时代等。因此，他们多以敷衍、冷漠和争吵的态度回应父母，导致亲子之间无法沟通。

案例二中晓红和妈妈的交流是仰望式交流，孩子的仰望式交流与父母的俯瞰式交流，形成了水火不相容的沟通壑渠，导致矛盾升级，亲子关系紧张。

二、教学背景

《全国家庭教育指导大纲》明确指出针对13—15岁这个年龄段的孩子，家长应尊重和信任儿童，促进良好的亲子沟通。指导家长摆正心态，以平等的姿态与儿童相处；学习与儿童沟通的技巧，学会运用委婉、民主、宽容的语言和态度对待儿童；学会倾听儿童的意见和感受，学会尊重、欣赏、认同和分享儿童的想法，学会采取正面方式激励儿童。

通过对所教班级进行问卷调查，了解于孩子们而言，最大的问题便是如何与家长有效地沟通。想要解决学生的问题，首先需要解决的便是家长的教育问题；如何扭转家长的传统教育观念，学习科学的教育方法变得尤为重要。

三、授课对象

八年级学生家长（城市）。

四、学情分析

（一）学生基本情况分析

八年级是学生成长的转折点，也是教育的关键时期。进入青春期的他们，身体和心理都发生了巨大的变化。他们渴望独立，希望享有独立表达的权利，又无法真正独立。因此，他们不愿意和家长交流，家长的关心与呵护对他们来说变得"多余"，与家长的沟通多以争吵、冷战结束。

（二）家长基本情况分析

本班多数家长文化素质不高，缺乏科学的家庭教育方法。部分家长唯分数论，认为学习成绩好坏是评价孩子的重要标准，甚至是唯一标准；部分家长只求满足孩子学习、穿着、生活等要求，却很少陪伴孩子成长，与孩子的交流甚少。家长们不知道如何与孩子建立有效沟通，仍然采用传统的教育方式，对孩子进行棍棒或者说教教育，殊不知这些方法只是暂时解决表面问题，但本质的问题并未解决。

五、教学目标

1. 知识目标：通过教学让家长了解什么是有效沟通，掌握有效的亲子沟通方法。

2. 能力目标：通过教学引导家长学会倾听、换位思考，从而进行有效沟通。

3. 情感目标：通过教学引导家长发现自己在教育上存在的问题，转变教育观念和沟通方式。

六、教学重难点

（一）教学重点

如何让家长转变传统教育观念，学会与孩子有效沟通。

（二）教学难点

如何将所探讨的与青春期孩子进行有效沟通的方法落到实处。

七、教学策略与方法

（一）教　法

通过运用情境创设法、案例分析法、讲授法，让家长意识到自己与孩子沟通时存在的问题，激发学习的兴趣。

（二）学　法

通过案例分析，引导家长站在学生的角度反思自己平时在与孩子沟通时存在的问题，思考如何解决问题，分享各自的解决方案等方式，让家长进入角色，充当课堂教学主体；运用换位思考的方式，让家长自己感知自己存在的问题，并作出一定的改变，完成本节课的教学目标。

八、教学过程

（一）导入（2分钟）

师：现场的各位爸爸妈妈，大家下午好！欢迎大家来到由我校举办的《家有青春期孩子》的节目现场。

养育孩子可以说是这世界上最难的"工作"，但在这条"艰难路上"，有一段更坎坷、更令人手足无措的阶段，那就是——青春期。随着青春期的到来，那个曾经跟在我们身后欢声笑语的小乖乖忽然就变了，取而代之的是一个经不得说、听不进劝、稍微训斥几句就要"揭竿而起"的"神兽"。

【设计意图】

1. 把本次活动设置为电视节目，教师作为主持人，家长作为嘉宾，以减缓家长的尴尬情绪，同时活跃气氛；

2. 电视节目是生活娱乐项目之一，把"青春期"话题，放在一个轻松愉悦的氛围里来探讨，更能让家长敞开心扉，畅所欲言。

（二）环节一：畅所欲言（7分钟）

师：我们身边的"神兽"有哪些改变呢？

（观看视频《父母们的吐槽时间》。）

师：吐槽完家里的"神兽"！我们一起来看看"神兽们"眼中的父母！

（观看视频《孩子们的吐槽时间》。）

教师小结：青春期是孩子与父母沟通容易出现状况的时期，孩子有了自己的朋友圈和对事物的看法。他们要完成心理上的"断乳"，这一阶段，孩子进入了自我认同的敏感期，他们开始寻找自己的社会角色，想要像个大人一样掌控自己的生活，彰显自己的能力，质疑精神出现，独立意志强化，他们可能会为了挑衅父母的权威而盲目地反抗，听不进父母的意见，情绪波动大、敏感、易怒、易冲动。因此，父母应：

1. 正视孩子的成长，了解孩子的成长规律；

2．平等对待孩子，把孩子当成同伴，培养共同的兴趣爱好，增加共同话题；

3．多与孩子进行沟通，了解孩子的生活、学习等情况；了解孩子的想法，征求孩子的意见，只要不是太违反原则，都可以商量后予以考虑。

【设计意图】第一，通过视频引入主题"沟通"。视频能让家长清晰看到孩子们脸上的表情，让家长了解：原来不只家长烦恼，同时也让家长知道孩子对父母的评价。第二，所谓解铃还须系铃人，要想解决父母与孩子的沟通问题，就得让彼此清楚所存在的问题。通过彼此的吐槽，让彼此敞开心扉，最后彼此接纳，相互理解。第三，主持人站在第三方的角度来总结青春期孩子的特点，帮助父母了解这个时期孩子的特点。正所谓知己知彼，百战百胜。

（三）环节二：用心"倾"听（14分钟）

师：我曾在樊登读书上听过这句话："如果您在教育孩子的过程中感到很痛苦，那么可能是您与孩子的相处方式出了问题。"问题出在哪呢？我们一起来听听。

（听音频《我们的日常》。）

从刚才的音频里，我们可以听出晓红和妈妈的谈话并不愉快。请将描述不愉快的动作、语言、情绪的语句写在图 A 上。

师：日常交流里，我们可能会用严肃的声音和孩子说话，甚至还有家长用责骂、哄骗的语气与孩子进行交流，这样长期发展的结果便是孩子不愿意和父母进行沟通。

针对刚才的场景，我们如何才能使晓红和妈妈之间的谈话变得融洽？请大家将改编的语句写在 B 图上。

教师小结：

1．父母要想教育好孩子，就得先了解孩子的年龄特征和个性特征。

2．父母最好不要和孩子进行情绪化的互动，孩子情绪激动时，最好暂停，待其平静后或另找时机交流。不带激烈情绪与孩子交流，交流时只说自己的感受，不指责孩子，否则将激起孩子的自我防御机制，导致争吵发生。

3．父母在提问时，最好以商量的、平和的语气进行，如"发生了什么？""你这样做是怎么想的？""我的理解是……"父母要努力成为孩子愿意倾吐秘密的对象，成为对孩子的事情感兴趣、好奇的人。

【设计意图】第一，古人言：当局者迷，旁观者清。因此，让家长站在旁观者的角度来审视别人，弄清音频中其他家长的问题，从而反思自己作为家长所存在的问题。第二，家长以旁人的身份来探讨音频中父母所存在的问题，通过小组交流的方式，交流意见、发现问题、解决问题。第三，所选案例来自家长与学生的调查问卷，并选取了最有代表性的问题；解决了该问题，也就解决了班上多数家长与孩子的问题。第四，帮助家长反思自己存在的问题，只有清楚自己的问题所在，才能更好地改变自己。

（四）环节三：角色互换（8分钟）

师：都说孩子是父母的一面镜子，当我们与孩子互换角色，我们会有怎样的感受呢？

（观看图片《和孩子交换人生3天》。）

教师小结：孩子在成长过程中所面临的压力，或许只有在我们交换人生后，才能真正地体会。家长与孩子之间没有换位思考、缺乏平等、尊重等沟通基础，导致生活中矛盾不断升级，亲子关系恶化。

1．父母要帮助子女从儿童世界走向成人世界，要真正了解孩子的成长规律，在价值导向、意志品格、婚姻生活、人际交往方面成为子女的导师。

2．接受孩子的叛逆，给予孩子更多的信任，不要过分关注孩子让你烦恼的表面问题，而是要理解他们的正面诉求，给他们自己做决定和承担责任的机会。

3．把握好与孩子发展亲密关系的"关键期"，通过家长的接纳与陪伴，唤起孩子心中对家的眷念、对家长的信服。

【设计意图】更多时候，父母总是站在自己的角度，用自己认为正确的方式对待孩子，却不考虑孩子是否接受这样的方法。通过交换人生的图片，让家长感受孩子的不易，从而更多理解和包容孩子。所选图片清晰明了体现交换人生后，父母与孩子的心理变化，用直白的方式让父母发现自己的问题，改变自己的教育方式。

（五）环节四：方法总结（6分钟）

从这次班级调查的结果来看，孩子们虽然对父母有着各种抱怨，但他们也很强烈地表达出，最希望的就是和父母有更多的交流和沟通。那我们如何才能更好地和青春期的孩子建立有效的沟通，拥有和谐的亲子关系呢？

我把大家之前的回答大致的总结如下：

1. 父母需要了解青春期孩子的个体成长规律，找到症结。

2. 发生冲突时慢一步、缓一缓、静一静，待彼此冷静下来再处理。

3. 换位思考，在"文言软语"中引导孩子。

4. 平等对待，静待花开。

5. 营造良好的家庭氛围。

教师小结：青春期的孩子们叛逆也好，斗争也罢，都是孩子成长过程中必须经历的阵痛。试着去关注孩子的感受，尊重孩子的独立，理解孩子的艰难。当孩子走过青春期，我们就会发现，此刻我们所有的付出和关爱，都会在未来有所回应。希望今天的节目能对大家有一定的帮助，愿我们的生活充满欢声笑语，多一些快乐少一些烦恼。最后祝愿大家家庭和睦，幸福安康！

【设计意图】第一，教师站在第三者的角度，以主持人的身份给出建议和意见，更能让家长信服。第二，帮助家长梳理建立有效沟通的方法，总结本节课所得，完成本节课的教学目标。

九、教学小结及延伸拓展

（一）小　结

家庭教育的问题并不是一朝一夕就能解决的，家庭教育是一种长期教育，更多时候需要不断积累和内化；同时想要解决家庭教育问题，除了对父母进行指导，还要对孩子进行教育，只有双方同时做出改变，才能取得预期的效果。

（二）延伸拓展

节目结束一周后，家长将自己做出的改变及孩子相应的改变，例如，孩子与自己在平时的交流与相处中所发生的变化，以书信或者音频的方式反馈给教师。教师根据家长的反馈，设计一节针对孩子的班会课。教师可挑选部分家长的反馈作为班会课的内容，让孩子们感知家长做出的改变，引导孩子理解和体会父母的爱，学会与父母有效沟通。我想只有双方的改变才能让亲子交流变得更为融洽，达到事半功倍的效果。

十、板书设计

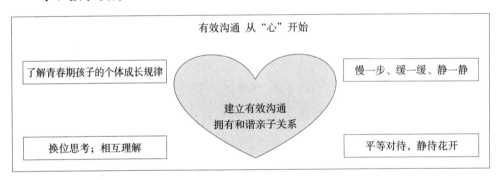

十一、附　录

学员用表：用心"倾"听

1. 请将描述不愉快的动作、语言、情绪的语句写在图 A 上。

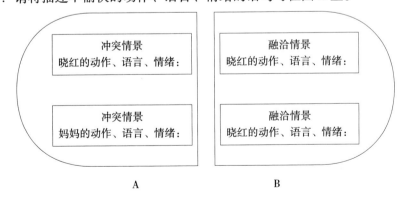

2. 将融洽情景中晓红和妈妈之间的动作、语言、情绪的特点写在 B 图上。

共情尊重，正向沟通

——初三家长的亲子沟通

贵阳市行知学校　谭佩芸

一、案例简介

（一）案例概述

案例来源《家庭教育知行读本》（中学版）中的《不会"好好说话"的牧涵》一文。案例讲述了因为缺乏有效沟通、不理解初三孩子特点和需求的李牧涵妈妈和女儿牧涵在吃营养品、买衣服等事情上频频发生冲突。牧涵和家长沟通时语气冷淡，还会不耐烦、顶撞，甚至反驳或大声争吵。家长想与之沟通，牧涵就用不说话或者"随便"两个字应对，完全不能和家长"好好说话"。

（二）案例分析

从牧涵妈妈的角度看，自己辛苦为孩子准备牛奶、水果等营养品，女儿牧涵却不理解自己的苦心，找"喝牛奶拉肚子"的借口大吼拒绝，甚至摔门而出，不喜欢自己买给她的衣服，穿妈妈觉得不合适的衣服，所以感到委屈、难过和不解，不知道牧涵为何从"听话懂事"的孩子变成"不愿意沟通、不耐烦、不能好好说话"的孩子。

客观分析后发现并不能把全部问题归咎于牧涵。

1. 牧涵多次表达过"喝牛奶拉肚子"，却被妈妈认为是借口而拒绝相信，依然持续为他准备牛奶，忽视孩子的心声，妈妈将自己的意识强加给牧涵，产生矛盾，导致亲子关系紧张。

2. 尽管从小衣食住行都是妈妈打理，但初三的孩子已经具备自主选择的能力，牧涵有了自己的主见和想法，在穿衣风格上妈妈可以在一定范围内尊重孩子的选择，给孩子自主选择的空间。

3. 父母担心孩子，所以想竭尽全力在生活上将孩子照顾得无微不至，但初三的学生在这个阶段渴望独立，应该给他们独立成长、照顾自己的机会，家长可以"按需供给"，否则家长的关爱会变成孩子眼里的唠叨啰唆、多管闲事；

4. 家长不知道很多行为在"叛逆期"是正常情况，只是希望孩子像从前那样听话，一旦孩子有了变化，就会很敏感，担心孩子变坏。

5. 家长和子女没有换位思考、缺少平等沟通的基础、不具备有效沟通的理念和策略。久而久之，沟通会变得更加困难。

二、教学背景

当孩子进入初三阶段，"和孩子沟通"成为令很多家长头痛的问题，一部分家长认为孩子脾气怪、不会好好说话，也有一部分家长跟孩子没说几句话就像点了火药桶，一发不可收拾。事实上，初三的学生正值青春期，身心都发生着巨大的变化，如果家长不做相应的调整，确实难以应对，所以在这个时候给家长及时提供家庭教育科学理念的方法和指导，让他们掌握家庭教育本领，辅助孩子平稳地渡过初三，是亟需解决且具有深远意义的问题。

三、授课对象

初三学生的家长（城市）。

四、学情分析

（一）学生情况

1. 该班学生整体较为开朗，据家长反映：超过 1/2 的学生在跟家长沟通过程中频发争执，家长觉得孩子"不听话"。

2. 初三的孩子自我意识高涨，逐渐具备自主选择的能力，不喜欢被父母唠叨和责备，渴望被尊重，希望被当作成年人对待，但是部分父母依然以从前的方式对待孩子，所以学生容易排斥父母，甚至引起更多的争吵和隔阂。

（二）家长情况

1. 该班约一半家长属于进城务工工作者，对家庭教育认识不足，教育知识缺乏，教育理念有待更新，部分家庭存在家长工作繁忙，陪伴缺失的情况；

2. 在此阶段如何处理亲子冲突，发展良好的亲子关系是初三父母面临的问题，父母需要做的是与孩子一起成长，了解并正视亲子冲突，适应孩子成长的变化以及随之而来的亲子关系的变化。

五、教学目标

（一）知识目标

1. 了解孩子在初三年龄段的心理特点和需求；
2. 学习正向沟通的理念与手段。

（二）能力目标

1. 克制对孩子的指责批评，尊重共情，接纳聆听；
2. 掌握"抑 + 听 + 说 + 找"正向沟通的方式。

（三）情感目标

1. 意识到共情和尊重的重要性；
2. 珍惜当下的亲子时光。

六、教学重难点

（一）重　点

了解孩子在初三年龄段的心理特点，克制指责批评，尊重共情，正向沟通。

（二）难　点

克制指责批评，尊重共情；掌握"抑 + 听 + 说 + 找"正向沟通的方式。

七、教学策略与方法

采用情景剧或短视频的"情景创设法"再现生活中常见的情境和问题，家长更有代入感，迅速了解故事来龙去脉。大量使用"讨论法"让家长通过"重返十五岁"等活动进行换位思考并积极地分析出现亲子沟通障碍的原因、讨论可行的方法，让家长做课堂教学的主体。

八、教学过程

（一）引言（2 分钟）

非常开心能够邀请到各位家长朋友参加今天的家庭教育分享，你们的积极参与说明了大家对孩子教育的重视，今天的主题是"共情尊重，正向沟通"，也希望家长们能从今天的分享中学到对亲子关系有益的沟通理念和技巧。在分享之前我们先来做一个约定：在接下来的 45 分钟里，我们一起认真思考、积极讨论、坦诚分享。

【设计意图】明确本次分享的目的，定下原则和基调，希望家长主动思考、积极参与，畅所欲言，最终有所得。

（二）观看情境表演，"重返 15 岁"（13 分钟）

师：下面有请几位同学为大家进行情境表演，当表演内容和你家日常生活场景一模一样时，家长可以用力鼓掌。

表 9　情境表演

情境表演
"还有半年就中考了，你怎么跟没事人一样，天天只会看小说、打游戏，你知不知道，如果一个人没有文化，打苦工都赚不到钱？"
"你明知道自己皮肤黑，就不要穿纯白色的衣服，纯白色只会显得你更黑。穿那件藕色的不行吗？"
"你走路不能挺直腰吗？你本来个子就矮，还驼着背，一点朝气都没有。"
"我像你这么大的时候，不仅要上学，还要帮家里干农活、做饭。就这样，我的成绩也在班里名列前茅。你看看你，天天什么都不干，就学习，还能考成那样！你对得起谁？"
"以后不要跟小涛玩了。那个孩子，成绩这么差。你跟他玩，能学到什么？跟小欢、小闫玩吧，他们学习成绩好，是好孩子。"

师：家长们的掌声此起彼伏，是不是发现了好几个似曾相识的场景？现在，家长们假设自己重返 15 岁，体会一下自己的爸爸妈妈如果对自己这么说会是什么感受，自己可能会给出什么反应，请家长们讨论并分享。

师：通过分享家长朋友们不难发现，如果自己 15 岁时听到这些"有道理的话"也会不开心。作为孩子，希望听到父母怎样的表达？请家长们讨论并分享。

教师小结：其实十四五岁的我们跟孩子们现在的状况大同小异，会跟父母反抗甚至争吵，希望父母能尊重自己，不指指点点、唠唠叨叨。

表 10　14—15 岁青少年的表现

14—15 岁青少年的表现
1.态度强硬，举止粗暴：情绪表达比较直接，口无遮拦、讲话难听；意见不合或没顺孩子意思，容易冲突或争吵。
2.漠不关心，冷淡相对：阴阳怪气、脾气差、态度不好，容易引起父母的误会或指责。
3.反抗具有迁移性：反感某一方面，变成否定全部。
4.强烈狂躁与温和细腻共存：情绪的反应强烈，但是也较敏感细腻。
5.内向性与表现性共存：开始有想隐藏的秘密，同时又渴望倾诉。

14—15 岁初三学生的这些表现，是由于这个年龄段的一些心理特点。

表 11　14—15 岁青少年的心理特点

步入初三这个年龄段的学生的心理特点
1. 智力水平迅猛提高，学习能力也有了很大提高。
2. 自我意识高涨，具有自己的判断和见解，但对自我的认识和评价过高或过低，具备一定自主选择的能力，希望自己做决定。
3. 反抗心理出现的原因： A. 生理方面：生理成熟产生成人感，希望被当做成年人对待，心理发展处于半成熟状态，主要是这种矛盾造成反抗； B. 心理方面：进入"心理断乳期"，渴望独立； C. 社会因素：渴望得到接纳和尊重，自尊心大大增强，不喜欢被父母唠叨和责备，更渴望教师和家长的尊重与理解。

师：所以自我意识高涨、反抗期的出现是心理发展中的正常现象，作为老师和家长应帮助孩子们顺利渡过这一特殊转折期。

教师小结：海姆·G.吉诺特说过，十几岁的孩子对不请自来的关注和建议感到愤怒。十四五岁的孩子，他们努力让自己显得成熟、独立和自主。所以孩子们没有问题，这些表现是青少年时期的发展特征。但是因为父母不了解，依然希望像孩童时期一样控制他们，无法接受这样的转变，才会觉得他们不正常，生出强烈的不安和焦虑。家长们可以试着克制指责批评，学会尊重共情，接纳聆听。

1. 克制批评，是不张口指责孩子的缺点。

让孩子注意自己的缺点，就像用刺眼的聚光灯照着孩子一样。他的眼睛会被聚光灯晃得睁不开，他的心会因眼睛一过性失明而受伤。孩子可能为了维护尊严和边界与父母对抗到底。

2. 尊重，是理解他在迈向成年时的选择；共情，是认同孩子的感受。

这是一种真诚地对孩子的情绪和感受做出回应，又不被孩子的情绪和感受所感染的能力。认同感受不等于认同行为。但是，认同感受一定可以改变孩子的行为，这种改变是悄悄的、积极的、有利于亲子关系的。

3. 接纳聆听，是面对孩子的抱怨，先询问原因表达理解认同，再进行适当引导和教育。

为什么孩子愿意跟朋友聊天却不愿意跟家长聊天？是因为他们可以在朋友身上找到认同感和共鸣，而长辈带给他们的大多是说教和压力。家长作为孩子的倾诉对象，在回答之前可以先了解和询问清楚，再给予回应，这样可以大大减少对孩子的压力。同时，当孩子真心吐露被接纳而非指责时，他们会愿意透露更多生活上的烦恼甚至是心底话。

【设计意图】通过情境表演，再现现实生活中家长和孩子沟通常常出现的问题。家长重返 15 岁的换位思考，共情十四五岁的青少年的行为特征，并通过家长的分享和讨论，教师带领大家认识初三学生的心理特点，并引导父母放下内心的控制欲和焦虑，正视青春期的这些正常表象，教师给出"克制指责批评，尊重共情，接纳聆听"的沟通小建议。

（三）课本案例分析（24 分钟）

1. 课本案例引入，请家长观看提前录制好的第一个视频（见附件案例前半段至牧涵气冲冲上学）。

2. 讨论分析分享：是什么原因导致牧涵气冲冲上学？请家长找出这段视频中李牧涵行为的合理之处。

3. 教师小结家长观点：李牧涵正值十四五岁的青春期，很容易用强硬的态度对待父母，缺乏沟通的耐心，情绪反应强烈，这是正常现象。而且李牧涵说过很多遍"喝牛奶拉肚子"，但是妈妈依然给他准备牛奶，忽视了牧涵的感受和需求，所以牧涵不耐烦，最后还发脾气。

师：大家已经能自如地换位思考了，针对刚才的场景，家长们也有很多自己的亲子小妙招，可以为李牧涵妈妈提出建设性建议吗？请家长分享自己的见解。

教师小结：家长朋友们都提出了很多有效的沟通方式，总结来说有以下几点：

1. 不先入为主，不在沟通之初横加指责；

2. 聆听接纳孩子的需求。通过沟通发现孩子的生活需求、兴趣爱好，关心孩子、尊重孩子；在生活方面按需供给，不将自己的喜好强加给孩子；

3. 尝试书面交心。如果口头沟通常常发生冲突，那么可以通过写信、留纸条、发微信的方式与孩子沟通，见字如面，郑重地跟孩子娓娓道来。

教师总结：珍惜当下，正向沟通。

1. 假设孩子高中、大学都在本地读，每天回家，除了做作业睡觉的时间以外，如果每天跟家长有 2 小时的沟通时间，7 年也才 5040 个小时。更别说如今大部分孩子都是高中寄宿、大学出省读书，实际留给我们与孩子有效沟通相处的时间少之又少。

2. 分享正向沟通四字法。用"抑＋听＋说＋找"的正向沟通四字法有效沟通。

抑：在说话之前，一定要先控制住自己的脾气，不急于批评指责；

听：倾听对方，准确了解对方的情绪诉求，减少不必要的误解，聆听也让对方感到尊重；

说："我看到……（发生的事实）""我感到……（情绪、感受）""我期待……（期望、需要）""我可以……（我能做点什么）"。说出我们现在的烦恼、感受、诉求，正面地表达自己，说出自己的要求"刚才发生了……我感觉不太舒服了，或许是因为……"让孩子能够第一时间理解你的初心，并非指责找茬，避免不必要的误解；

找：家长和孩子将双方看作一个阵营的同盟，把待解决的问题看作共同需要面对的挑战，作为一个战壕的兄弟姐妹一起寻找解决方法。

3. 知行合一。请家长观看提前录制好的第二个视频，试着用"克制指责批评、尊重共情、接纳聆听"和"抑＋听＋说＋找"的正向沟通方法分析，并举手与其他家长分享。

教师总结：除了克制指责批评，尊重孩子，聆听孩子，刚才我们又学习并运用了"抑＋听＋说＋找"的正向沟通法，帮助家长们正面表达，正向沟通，希望大家能在日常生活中练习这个小技巧。

【设计意图】课本案例为两个部分，第 1 个部分案例，家长继续角色转换，讨论和分析出牧涵为什么生气，也让家长试着运用刚才所学"克制指责批评、尊重共情、接纳聆听"给牧涵妈妈合理建议，提出书信交心的方式与孩子沟通来避免正面冲突。亦通过数字计算引起父母的共情，珍惜当下的亲子时光。再引入正向沟通法，在第 2 部分案例中综合强化运用上一步的方法和"抑＋听＋说＋找"的正向沟通分析 2 号视频，通过实践，知行合一，真正领悟和运用这两种方法。

（四）教师小结，家长完成自评表（3 分钟）

今天我们了解了 14—15 岁初三学生的心理特点，所以作为家长可以在日常亲子相处中注意以下方面：

1. 克制批评、尊重孩子、共情孩子的感受，接纳聆听，不唠叨不指责；

2. 口头沟通有障碍时可以书面交心，见字如面，见信如晤；

3. 希望家长们珍惜当下难得的亲子时光，用"抑＋听＋说＋找"的四字法正向沟通。

表 12　家长自评表

序号	项目	在适合选项的上打勾		
1	了解孩子在初三年龄段的心理特点	不太清楚	有些了解	很清楚
2	分析了亲子冲突产生的原因，找到优化沟通方法	不太清楚	有些了解	很清楚
3	理解了正向沟通的理念与手段	不太清楚	有些了解	很清楚
4	意识到共情和尊重的重要性	不太清楚	有些了解	很清楚
5	愿意珍惜当下的亲子时光	不太愿意	愿意试试	非常愿意
6	愿意了解并共情理解孩子	不太愿意	愿意试试	非常愿意
7	愿意通过微信、QQ、留便签、写信等方式之一，利用正向沟通的方式沟通	不太愿意	愿意试试	非常愿意
8	愿意将所学润滑亲子关系的技巧和方法运用到日常亲子关系中，先改变自己，再影响孩子	不太愿意	愿意试试	非常愿意
您的感受和建议：				

【设计意图】教师带领家长总结回顾这节课的感受和收获，请家长完成自评表，评估本节家庭教育分享的所得，教师最后回收此自评表，分析反思本次分享

的亮点及不足。

九、教学小结及延伸拓展（3分钟）

作为人生最美好也最敏感的一段时期，青春期太容易成为父母不懂孩子的阶段，但只要家长愿意放下自己的评判标准，不再坚持自以为的"对"，不轻易控诉和指责，用陪伴和聆听，用尊重和共情对待孩子，就可以变成"不讨孩子厌"的父母，陪孩子平稳地度过这个容易狂躁争吵的阶段。家长们还可以关注我校家庭教育公众号，里面定期推送家庭教育相关的优质短视频，还可以积极参加我校组织的讲座，不断成长。

如罗杰斯所说："爱是深深的理解和接纳。"希望我们在生活中，无时无刻不记着爱孩子的初衷，因而放下自己的脾气和掌控欲，共情尊重，正向沟通！

在分享的最后，给家长们留一个小作业：结合今天所学，给孩子写一段留言，说说自己的心里话，表达愿意尊重接纳孩子、希望了解倾听孩子的意愿！

【设计意图】总结并布置小作业，在日常生活中，中国父母的爱通常比较深沉，羞于表达袒露自己的心声，通过小作业的形式，加强父母与孩子的沟通。

十、板 书

> 共情尊重，正向沟通——初三家长的亲子沟通
>
> 1. 14—15岁初三学生的心理特点：自我意识高涨、反抗心理出现，是青少年发展的正常现象。
>
> 2. 克制指责，共情尊重，接纳聆听。
>
> 3. 书面交心，见字如面，见信如晤。
>
> 4. 珍惜当下，"抑＋听＋说＋找"四字法正向沟通。

参考文献：

[1] 林崇德. 发展心理学 [M]. 北京：人民教育出版社，2018：350-387.

[2] 吴小建，庄楚群，陈慧瑜，杨海荣. 亲子矛盾不断，我该如何与父母相处？

我陪孩子共成长之如何帮助孩子提高自控能力

贵阳市第四十五中学　郑　康

一、案例来源

本教学设计案例来自《家庭教育知行读本》（初中分册）第85-91页。

案例一讲述了"电筒"夏杰热衷于摆弄电子产品，在父母的合理引导下夏杰变得更加优秀。案例二讲述了沉迷网络的克明因为家庭教育缺失，缺乏自控力，给学习、生活存在一系列问题。

上述两个案例将两个不同的家庭教育方式导致的孩子的行为表现作了对比，使家长认识到在家庭教育中提高孩子自控能力的重要性。

二、教学背景

我校是特殊学校，学生属于特殊群体，学生文化水平普遍较低且严重分化，学生个体差异较大，并且普遍存在自控能力不足的问题。大部分孩子在进入我校之前，因为自控能力差而出现过盗窃、抢夺、暴力倾向等严重不良行为。因此，针对我校学生自控能力水平低、法治意识非常欠缺的现状，为帮助学生提高自控能力，增强学生法治意识，帮助学生家长找到科学合理的家庭教育方法，在一定程度上降低未成年人二次违法犯罪率，维护社会安全稳定和帮助学生健康成长，特制定本教学设计。

三、授课对象

本节课教学设计所针对的是我校初一至初三年级学生家长（乡镇）。

四、学情分析

我校学生家长主要来自乡镇，文化水平普遍较低，缺乏理论功底，学生家长在知识构成方面差别较大，对事物的认知水平均比较低，尤其在关于孩子的家庭教育方面，家庭教育方式比较极端、粗暴或者放任，家长与孩子之间矛盾突出。因此，迫切需要使家长认识到家庭教育的重要性，认清培养孩子自控能力在整个家庭教育中的重要地位。我校学生年龄分布在13—18岁之间（不含18岁），均有严重不良行为且自动辍学较多，长期流浪混迹于社会，义务教育阶段知识严重缺失，家庭教育严重缺失，多数学生家庭结构不完整，学生法治意识薄弱。

五、教学目标

（一）认知目标

1. 理解什么是自控力，认识到自控力的重要性。
2. 认识到在家庭教育中培养孩子自控能力的重要性。

制定依据：使家长认识到家庭教育的重要性，是家长重视家庭教育的思想前提。只有使学生家长认清自控力的含义和重要性，才能使家长形成重视培养孩子的自控力的家庭教育意识。

（二）能力目标

1. 通过学习使家长具备自我反思的能力和自控能力。
2. 使家长具备培养孩子自控力的能力。
3. 提高家长面对孩子出现自制力失控时的情绪自控能力。

制定依据：只有家长在认识到家庭教育的重要性之后，学以致用，具备帮助孩子提高自控能力的能力，本节课的教学目标才能真正实现。

（三）情感目标

1. 通过学习，端正家长家庭教育态度，学会站在孩子的角度思考问题，具有更强的同理心。

2. 通过学习，提高家长自身的自控能力，产生榜样的力量，最终形成正确的家庭教育观念，重视家庭教育，掌握科学合理的家庭教育方法。

制定依据：帮助学生家长掌握科学合理的家庭教育方法，使家长真正重视形成家庭教育的意识，学会换位思考，具有较强的同理心，才能使家长在今后的家庭教育中产生积极影响。

六、教学重点与教学难点

（一）教学重点

让家长了解提高孩子自控能力的重要性，掌握帮助孩子提高自控能力的方法。

（二）教学难点

让家长掌握帮助孩子提高自控能力的有效方法。但是方法往往是最难掌握的，需要加深理论印象，反复练习才能熟练掌握科学方法。

七、教学策略与方法

（一）教学策略

使用问卷调查法、讲授法、启发法等。我校家长普遍文化程度较低，家庭教育方式方法简单粗暴，需要通过直接理论灌输和案例启发引导，从而使家长提高家庭教育认识水平，提高自我反思能力为形成家庭教育同理心打下基础。

确定依据：因我校大多数学生家长文化基础薄弱，缺乏理论功底，因此本节课在教法上主要以讲授法、讨论法、启发法为主，辅之以必要的多媒体教学手段，帮助学生家长学会本课知识，掌握方法，提高能力。

（二）教学方法

案例分析法、自主学习法、合作学习法、探究学习法。通过情景创设使家长感同身受，通过案例分析法，使家长彻底进入到家庭教育角色中，通过课堂互动，使家长学会合作、表达和倾听，最后能站在孩子的角度出发，控制住自身的不良情绪和行为，陪孩子共同学习、成长。

确定依据：为了体现家长的主体作用，引导家长主动学习，积极参与到整个教学过程中来，从自主学习到合作学习，共同探究出帮助孩子提高自控能力的方法。

八、教学过程（60 分钟）

（一）自控力小实验，创设情境实验导入（时间 5 分钟）

创设情境，制定游戏规则。选出五位家长，说出自己在活动过程中的感受。

第一步，选择左边两排家长将自己的手机放在桌面上，不玩手机，同时允许右边两排家长玩手机（可以接打电话、听歌、看电影、打游戏等）。第二步，请右边两排家长将手机放在桌面上，不玩手机，同时允许左边两排家长玩手机（可以接打电话、听歌、看电影、打游戏等）。家长相互观察、自我感受。然后请各位家长发表自己的感受。

【设计意图】引起家长思考自身控制力水平和在家庭教育过程中是否以身作则，最终促使家长在家庭教育中树立榜样和学会换位思考。

（二）环节一：问卷调查（问卷见学员用表）

教师小结：通过游戏实验，我们发现，部分家长在游戏过程中，很难控制住自己不触犯规则，即自身控制力不足。

【设计意图】通过问卷调查使学生家长对自身的自控能力水平有基本了解，引导家长思考在家庭教育中自控力方面存在的问题。

（三）环节二：分组讨论：什么是自控力呢？

教师小结：自控力即自我控制的能力，是人类面对诱惑及冲动时管理自己的情绪、想法和行为的能力。

【设计意图】对自控力的内涵有基本了解，通过讨论活跃课堂气氛，形成讨论氛围，使家长增进相互联系，相互讨论产生共鸣，剖析自身自控能力水平，互通教育理念。为彼此思考家庭教育方式方法是否存在自控力不足的问题。

（四）环节三：问答

设问一：请问各位家长，您认为自控能力重要吗？为什么？

教师小结：自控力的重要性主要表现在两个方面：一方面，较强的自控能力可以使自己在实际工作、学习和生活中克服不利于自己的恐惧、犹豫、懒惰等；另一方面，自控力使人善于在实际行动中抑制冲动行为。

【设计意图】对家长的自控能力、理解能力有定位作用。使家长认识到自控能力的重要性，从而重视孩子自控能力的培养。

设问二：您计划如何提高自己的自控能力？具体方法有哪些？

设问三：你计划如何能提高孩子自控能力？

教师小结：自控力并非天生的，他是孩子在后天的环境中，随着认知的发展和教育的影响而不断形成和发展起来的，自控力是可以培养的。

【设计意图】通过连续发问，摸清家长在家庭教育中有无方法，对家长在行动力和方法论上有最直观的了解。在设问讨论中可以增强家长的学习主动性，使家长在互动中学习、借鉴、分析彼此在家庭教育中使用的方法，引起家长思考家庭教育方法的得与失，引出更合理、更科学的家庭教育方法。

（五）环节四：案例分析

案例一：克明，15岁，初中三年级。小学二年级父母离异后一直跟父亲生活，父亲工作较忙，无暇管理孩子，经常留点钱让孩子自己在外面买饭吃，孩子基本上是自己照顾自己。孩子经常不吃饭，饿了就泡方便面，省下的钱买装备打游戏，每天除了上课，回到家就泡在网络里，打游戏、聊天。一旦放假，更是没日没夜地泡在网络里，从晚上玩到凌晨，天快亮了才开始睡觉，睡到中午12点或下午 2 点，起来吃点东西，接着上网，有一次连着五天每天只吃一顿饭，不睡觉打网游……学习成绩越来越差，除了语文、地理、历史科目以外，其他科目几乎都听不懂，也不愿意学习，成绩排到班上的末位。人际关系也很差，感觉别人都有小集体，只有他没有，有被孤立的感觉。克明在学校越来越觉着无聊难受，最后索性辍学在家天天打游戏。妈妈平时来看他，也都是买些礼物给些钱，看到孩子的状况，妈妈跟爸爸商量多次，最后决定暂时跟着妈妈一起生活，纠正一下他的习惯，调整目前的状态，帮助他回到学校。

教师分析：

1. 平时父母疏于管理，孩子自理能力和自我管理能力很差，没有目标，没有动力。

2. 在学校成绩差，找不到自我，又没有朋友和同学等同伴的支持，无法融入同学们的小团体里，感到被孤立，网吧就成为可以寄托精神的地方。

3. 遇到困难和挫折时没有人相助，孩子只好逃离到能带给他快乐和成就感的网络世界里。

师：从这个案例中，孩子之所以玩起游戏来没有节制，是因为受家庭环境和生理年龄的限制等原因，控制力较差，抵不住诱惑。

案例二：夏杰，男，15 岁。夏杰从小就喜欢玩电子产品，各种电脑、手机、数码相机拿在夏杰手上，许多功能不一会儿就玩熟了。有一次上课，教室里的多媒体出现了故障，老师急得不知该怎么办才好，这时夏杰告诉老师让他试试。他上去仔细检查了一下，发现是一根线没有接好，很快排除了故障，教学才得以正常进行，老师大大松了一口气。从这以后，夏杰便在学校里出了名，都喊他"电筒脑通"，许多老师、同学的电子产品出了问题都来找他修理。开家长会的时候，一些家长问夏杰爸爸，孩子这么喜欢玩电子产品，难道不会影响学习吗？夏杰爸爸的回答让家长们陷入了思考，他并没有完全禁止夏杰使用电子产品，而是一方面和孩子沟通，商定使用电子产品的时间和场所；另一方面是和孩子一起分享、讨论使用的心得，既保护了孩子的探索心，无形中又加深了父子感情。

请家长对比案例一和案例二思考：同样是孩子喜欢电子产品如手机、电脑等，却产生了两种不同的结果？

教师分析：

1. 随着科技的进步，在生活中我们越来越依赖电子产品，想在生活中隔离电子产品是不可能的。案例中可以看出家长对孩子使用电子产品引导是成功的，要做电子产品的主人，而不是奴隶，因为它毕竟只是个工具。

2. 让孩子保持足够的好奇心，更能促进孩子的成长。

（六）环节五：提高孩子自控能力的方法

1. 培养孩子的规则意识。孩子只有具备了规则意识，才能提高自控水平。家长可以先从生活常规方面着手，制定规则，如按时起床、睡觉，不挑食等。家长要长期坚持一贯的要求，孩子就会逐步约束自己。除了生活常规，爸爸妈妈还可以给孩子订立一些规矩并坚决执行。家长制定家务执行计划和检查标准，安排孩子每周定时定量做家务，达到检查标准给予奖励，不达标则进行一定的惩罚。

2. 通过游戏提高孩子的自控能力。游戏中常常蕴含着规则，孩子通过这种有趣的形式，更容易形成自控能力。如"憋笑挑战"和成语接龙游戏，学会控制自己的动作和语言表达，进而产生自我控制的意识。

3. 家长要做出自我控制的好榜样。家长在自我控制方面表现好的话，孩子也会受到影响。如带孩子外出，遇到堵车的时候，可以和孩子做一些小游戏消磨时光，避免把焦躁情绪传染给孩子，让等待的过程变得有趣。想对孩子发火的时候，深呼吸并说："我要冷静，不能发火。"这些言行都会让孩子学会控制自己的情绪。

4. 要多与孩子沟通、交流。人的成长不但需要物质，也有精神、情感的需要。只有经常与孩子沟通，你才会发现孩子道德品质方面是否发生了偏差？好的行为习惯是否有待于进一步养成？也只有与孩子经常性的沟通，满足孩子的情感需要，才能使孩子从心底里感觉幸福，促成其好的习惯的养成。

5. 循序渐进，及时表扬。培养孩子的自控能力，首先，爸爸妈妈要有耐心，注意循序渐进，切忌操之过急。对于孩子的不良表现，要给予耐心的说服教育，切忌一味地训斥、压制。其次，对于孩子表现良好的自控行为，要给予及时的表扬和鼓励，树立孩子的自信心。

6. 培养孩子顽强的毅力。顽强的毅力是一个人良好自制力的重要保证，所以要培养孩子良好的自控能力，首先要培养孩子良好的意志。比如，家长可以通过让孩子参加"户外拓展训练"等活动，训练孩子坚强的意志。平时，也要注意不要过分地溺爱孩子，而要理智地去爱孩子。

教师小结：父母的陪伴是最好的爱，父母的帮助能使孩子自控能力得到极大提升，使孩子变得更加优秀。

【设计意图】通过真实案例分析，对标自身，反思总结。再次强调家庭教育的重要性，加深本课知识的印象。使家长进一步认识到父母在家庭教育中的重要作用。对比正反两个案例，使家长反思自身在家庭教育过程中使用的方法属于哪一种，并就自身的自控力水平与孩子自控力水平进行对比，形成换位思考和同理心的目的。家长和老师一起，总结帮助孩子提高自控力的方法，再根据家长家庭实际情况采取不同的家庭教育方法，做到具体问题具体分析。

九、教学小结及延伸拓展（5分钟）

孩子是最需要爱的，而最好的爱就是陪伴，孩子的健康成长，离不开自身的控制力。陪孩子共同成长，学会提高自控力的方法，帮助孩子提高自控力，使孩子懂得拒绝不良诱惑，懂得游戏有度，具备较强的自控力，就是我们家长最希望看到的。

请各位家长思考以下两个问题：

1. 您日常的行为表现是否给孩子带来了负面影响？

2. 您是如何在今后的家庭教育中使用课堂上学习的教育方式？

十、板书设计

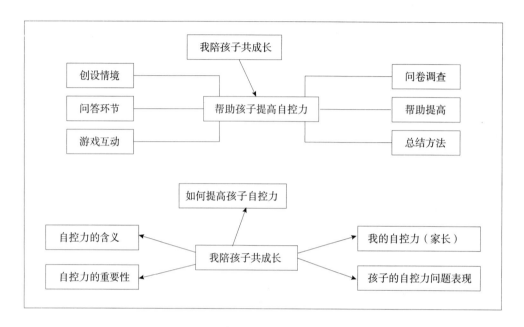

十一、附　录

学员用表

调查问卷
Q1：你大部分时间里都按时起床，不睡懒觉吗？　是　否　（1/0）
Q2：上课时手机响了，你是否会查看？　是　否　（1/0）
Q3：你是否会因为一整天都没有学习而感到愧疚？　是　否　（1/0）
Q4：如果别人不督促我，你会积极主动地学习吗？　是　否　（1/0）
Q5：你空闲的时候，会不停地刷微博、人人吗？　是　否　（1/0）
Q6：制定的计划总是会受到情绪状态的影响吗？　是　否　（1/0）
Q7：你更喜欢在一个安静的环境学习，因为这样效率更高吗？　是　否　（1/0）
Q8：你会请同学帮忙监督学习吗？　是　否　（1/0）
Q9：如果昨天有事没能完成计划好的任务，今天你会一起补上吗？　是　否　（1/0）
Q10：当你处于不好的情绪时，是否会继续完成未完成的任务？　是　否　（1/0）
Q11：当你决定做一件事时，是否会制订具体的计划？　是　否　（1/0）
Q12：当你没有按原计划完成任务时，事后是否会进行反思总结？　是　否　（1/0）
Q13：当看到你非常想吃的食物，你是否会尝试学习如何做呢？　是　否　（1/0）
Q14：穿衣服的时候，你是否会根据明天的情况而定呢？　是　否　（1/0）

Q15：当你面对学习上的困难时，你经常想要逃避吗？　　是　否（1/0）
Q16：有信心改变自己的缺点。非常符合　比较符合　不确定　比较不符合　非常不符合（4/3/2/1/0）
Q17：想通过增强对时间的控制让自己的生活更充实。非常符合　比较符合　不确定　比较不符合　非常不符合（4/3/2/1/0）
Q18：对自己在时间方面的自控感很满意。非常符合　　比较符合　不确定　比较不符合　非常不符合（4/3/2/1/0）
Q19：喜欢把事情拖到最后一刻。非常符合　比较符合　不确定　比较不符合　非常不符合（4/3/2/1/0）
Q20：在上课时，可以集中注意力。非常符合　比较符合　不确定　比较不符合　非常不符合（4/3/2/1/0）
Q21：上课时，发现自己心不在焉你会立马调整自己，努力让自己集中注意力。非常符合　比较符合　不确定　比较不符合　非常不符合（4/3/2/1/0）
Q22：当生气或伤心时总可以通过其他方式转移注意力从而调整自己的情绪。非常符合　比较符合　不确定　比较不符合　非常不符合（4/3/2/1/0）
Q23：经常有意识地去培养自己的自控能力。非常符合　比较符合　不确定　比较不符合　非常不符合（4/3/2/1/0）
Q24：会把电脑锁在柜子里以激励自己用更多的时间学习。非常符合　比较符合　不确定　比较不符合　非常不符合（4/3/2/1/0）
Q25：如果因为自控力不足而没有完成某个任务，会采取一些补救措施。非常符合　比较符合　不确定　比较不符合　非常不符合（4/3/2/1/0）
Q26：在学习中，一个学期过去后，会反思自己。非常符合　比较符合　不确定　比较不符合　非常不符合（4/3/2/1/0）
A：强自控型35分↑　　　B：自控型25分↑　　　C：放纵型15分↑　　　D：甩手型5分↑

第四篇　高中段

"圆满"的旅程

——帮孩子找到人生的动力

贵阳市第三实验中学　史芙蓉

一、案例来源

（一）案例内容摘要

本次案例教学中使用的案例选自《家庭教育知行读本》（高中分册）中的《帮孩子找到人生前行的动力》一文。案例讲述了高三男生罗烨最近的困惑。罗烨觉得，虽然父母并没有给自己什么压力，但自己仍然找不到人生的方向，也不想努力，觉得生活、学习都没有什么意思。

（二）案例分析

案例中的罗烨妈妈认为自己并没有给孩子压力，对孩子的学习也没有过高要求，她不明白为什么孩子会有这样的表现。其实父母都爱孩子，但爱的方式是否是孩子所需要的呢，怎样才能触及孩子内心的需求，找到一条通道能够帮助孩子去制定目标，激发内驱力，是我们想要探讨的话题。

二、教学背景

父母之爱子，则为之计深远。作为现代社会的家长，不仅仅要结合孩子身心特征，引导其做好生涯规划；还需要填充自我的知识体系，跟上时代的步伐，才能与孩子共同进步。从社会大环境背景下来看，新兴领域的发展、意识形态的更新，都使得现在的孩子对自己的人生道路有了新的思考，他们不再拘泥于父辈的生存及生活模式，想要有自己的规划及人生道路。而基于年龄、阅历等的限制，他们又无法全面、理性、客观地规划自己的人生。父母如果能尊重孩子的想法，并给予适当的正面引导，无疑对孩子的帮助非常大。基于以上，本课从家长及孩子的两个角度进行思考，主要目的在于引发家长思考，如何正面引导孩子合理规划，找准目标，激发内在动力，付诸行动。

三、授课对象

高一年级学生家长（城市）。

四、学情分析

（一）学生基本情况分析

高一年级学生面临着相较初中更为复杂的发展性问题。学习难度的增加、环境的变化、对未来目标的不确定等方面的因素，都有可能会导致其迷惘，找不到方向，从而丧失动力。家庭作为学生的重要支持系统，父母在这一阶段扮演着两个重要角色，即，陪伴者和引导者。在这一阶段的学生，往往希望能够从父母那里获得良性支撑，比如足够的尊重、理解、倾听、鼓励和陪伴。

（二）家长基本情况分析

1. 随着经济的发展，人们物质生活质量得到了极大的提升，因此，他们期待下一代有更高的成就，拥有世俗眼中更成功的人生道路。然而家长们有时却苦于孩子和自己不是"一条心"，总是感觉自己越使劲，孩子越退缩，也不知道问题出在了哪里。许多家长觉得自己的人生阅历比较丰富，给孩子做好规划能够避免他们"走弯路"，但是从人本主义的观点出发，孩子具有自身潜能及发展倾向，原本就不是父母的复刻，如果父母强行要求孩子按照他们规划的路线走下去，结果孩子可能就会出现案例中罗烨的情形——找不到想要实现的目标，失去前进的动力。本课基于这一学情进行教学设计，目的在于引导家长认识到孩子更需要的是陪伴他找准目标，进而帮助他实现目标，而非为他设定目标。

2.城市家长的受教育程度虽然相对较好，但依然有家长文化程度较低，不能很好理解理论性的知识点，本课基于以上学情进行设计，利用较容易激发家长共情的绘本方式，目的在于引导家长意识到自己在家庭教育中，如何正确引导孩子，帮助孩子建立内驱力，实现自己的人生目标。

五、教学目标

（一）引导家长了解孩子内在动力不足的原因。这一教学目标的设定主要是使家长了解孩子内在动力不足的原因可能在于家长为孩子设定的目标并不一定适合孩子，而孩子本人又没有找到适合自己的目标，所以丧失兴趣和动力。

（二）引导家长探索帮助孩子激发内在动力的方法。这一教学目标的设定目的在于，使家长意识到更重要的是陪孩子去找到他们的人生价值与目标。

（三）将课堂教学内容进行延伸，期望家长能够将课堂中的体验、感悟应用到实际的亲子关系中。

六、教学重难点

（一）教学重点

引导家长意识到孩子动力不足，除了孩子自身的原因外，家长的方法非常关键。

（二）教学难点

引导家长探索激发孩子内在动力的方法。

七、教学策略与方法

（一）教　法

1.创设情境：应用图片及绘本方式创设情境。

2. 投射：将绘本中情境进行现实投射。

（二）学　法

1. 分组讨论：分小组讨论并完成任务。
2. 分享：将讨论结果进行分享。

八、教学过程

（一）导入（5分钟）

教师：展示《十人爬树图》并提问家长。

图11　十人爬树图

1. 如果图中有您的孩子，您希望他是哪一个呢？请说说原因。

2. 您觉得孩子现在的状态和图中哪一个人的状态最接近呢？请说说原因。

【设计意图】通过展示图中十个人的不同状态，运用投射技术，引导家长意识到自己对孩子的期望与孩子对自己的期待是有所区别的。孩子更希望父母能够陪伴他找到自己一生都为之追求的目标，并在努力实现目标的过程中给予支持和鼓励，而父辈或者祖辈的人生经验只能成为辅助孩子前行的助力，并不能代替孩子做决定。就像案例中的罗烨，父母认为的成功并不是他认为的成功，比如金钱、感情，这些成年人认为的成功标志，对于罗烨来说是无味的，这导致他找不准自己的人生目标，每天浑浑噩噩。通过导入，激发家长们思考，并期望探索问题答案，怎样才能帮助孩子在人生旅途中找到前进的方向，激发前进的动力，将教学步骤引入主题活动部分。

（二）主题活动（25分钟）

环节一：最初的"圆满"（5分钟）

教师：1. 播放绘本视频《"圆满"的旅程》

　　　2. 提取视频中的分场景，展示绘本主人公——"圆满"。

"圆满"最初其实是不"圆满"的，它带有很多的棱角，就像我们的孩子，出生时都带着自己的气质类型，经过成长、磨练，才能慢慢磨去棱角，变得圆润。

　　3. 分享：不知道在座的各位家长朋友们，是否还能记起孩子小时候的模样，还能回想起当您的孩子用稚嫩的声音说出他将来的理想时，您给予的回应是什么呢？

环节二："迷茫"的"圆满"（5分钟）

教师：1. 继续展示绘本。

在成长的过程中，"圆满"发现，远方有自己向往的美丽风景，他想要去那个地方看看，但慢慢发现，带着棱角真的难以前行，他想要寻求帮助，试图找到适应自己的东西能够带着自己前行，可是他发现，这是非常艰难并且可遇不可求的事情。

（1）有的大小合适，但无法前行。

（2）有的可以前行，却尺寸不合适。

（3）有的虽然合适，却不懂得怎样配合。

慢慢地，"圆满"开始失去信心，他不知道应该怎么做才能到达想要去的远方。

2. 课堂活动：请家长在学案2（附2）上写下孩子当下面临的困境及您的处理方式。

教师小结："圆满"的迷茫首先来自对未来懵懵懂懂的向往，却没有一个明确的目标；其次对自己没有全面了解，并不知道什么才是适合自己的。这就像孩子在成长的过程中，会有很多的梦想，也会遇到挫折，父母都会给予孩子帮助，案例中罗烨的父母，他们认为给予孩子物质生活的满足，提供发展平台就是在帮助孩子，但不知他们是否有思考过，这样的帮助真的是孩子需要的吗？就像绘本中的"圆满"，大家都想要去帮助他，却并不适合他。

【设计意图】通过展示"圆满"在旅途中的种种不顺利，激发家长思考平时对待孩子的方式是否合理，给予孩子的帮助是否有效。

环节三："躺平"的"圆满"（5分钟）

教师：1. 继续展示绘本：

远方的美丽风景吸引着"圆满"，他仍然想要努力去到那个梦想的远方，可是，之前的失败经历仍然让他心有余悸，他不敢前行，慢慢地，他学会了"躺平"。

2. 课堂活动：请家长在学案2上写下孩子在"躺平"时的状态以及您对待孩子的态度和应对方式。

教师小结：这样的"躺平"状态看似颓废，却也可以理解为调整和积蓄能量的过程。就像案例中的罗烨，现在的状态躺平了，但躺平不代表他没有梦想。其实躺平恰恰是孩子成长的必经阶段，因为孩子找到了不适合，知道了不适合，其实这比孩子盲目接受父母给他的安排要更好，这是一种成长。

【设计意图】请家长仔细思考在面对孩子"躺平"状态，也就是彷徨期时自己的态度和应对方式，并反思是否合理。目的有两个方面，一方面，使家长意识到每个人的成长过程都会经历"躺平"期，接纳孩子的状态，不指责。另一方面，引导家长认识到如果引导得当，"躺平"期可以成为孩子发展的助力，希望家长能够和孩子产生共情，真正站在孩子的角度去思考，理解孩子并给予合理的支持，为下一环节做铺垫。

环节四：成功的"圆满"（5分钟）

教师：1. 继续展示绘本。

后来，"圆满"遇见了他生命中的贵人——"大圆满"，大圆满对他说，也许，你可以尝试自己向前滚动，当你把棱角磨掉，像我一样圆润，就可以轻易前行，当然，这个过程会有一点辛苦，但没关系，慢慢来，我会陪着你。

（1）"圆满"的眼睛亮了，因为从来没有人告诉过他可以依靠自己，于是，他艰难地竖起自己的棱角，开始向前移动。

（2）一下、两下……慢慢地，他的形状开始变化。

（3）慢慢地，他前行得越来越快。

（4）他越来越自信，因为身边的"大圆满"一直陪伴着他，鼓励着他，引领着他。终于，圆满和"大圆满"，相互陪伴，向梦想的远方奔赴而去！

2. 课堂活动：请家长在学案 2 上写下从绘本中"大圆满"对待"圆满"的方式上得到的启发。

教师小结：在孩子的人生选择上，什么样的陪伴才最好呢？身为"大圆满"的家长们，其实也是在不断的挫折磨砺中不断地调整自己的目标与形态，从而成为"大圆满"。而父母们其实很想让孩子不走弯路，所以我们给了孩子很多的建议与选择。但其实每一个"圆满"都需要一个打磨与调整的过程，"大圆满"最需要的是陪"圆满"打磨与调整自己。孩子的成长过程中最重要的不是告诉他们终点与目标是什么，而是陪伴与告诉他人生的目标是一步步打磨掉一些棱角后，才能找到最适合的目标与状态。罗烨的问题更关键可能在于把父母觉得好的目标，当成了自己的目标，他并没有真正去面对自己想要的目标，如果父母能够更多地去了解孩子真正的需求，引导他澄清自己的人生目标，而非被动地提供自认为正确的帮助，或许能够帮助孩子提升内驱力。

【设计意图】通过绘本中"大圆满"对待"圆满"的方式，激发家长们思考自己在面对孩子的问题时的解决方式，转换思维，尝试反思平时做得不合理的地方。

环节五：分享、交流，如果您是"圆满"，您希望遇到怎样的"大圆满"（10分钟）

【设计意图】通过前面四个环节的层层递进，在这一环节，通过家长转换角色，将自己置身于孩子的角度去思考，真正了解孩子的内心需求，找到孩子缺乏动力的原因，以孩子能够接受且有效的方式，帮助孩子度过困惑期。这一环节也起到将前面教学环节目标进行落地的作用。

九、教学小结（5 分钟）

（一）课堂升华

想和大家分享一个真实的故事——《木村阿公的奇迹苹果》，感兴趣的家长可以去搜索这个让人感动的故事，故事中有一句话我想和大家共勉："主角是苹果，我只是帮助它生长，毕竟人再怎么努力也无法靠自己开出一朵苹果花。"相信孩子，陪伴孩子，支持孩子，最后，静待花开。

（二）视频欣赏——《后浪》

十、板书设计

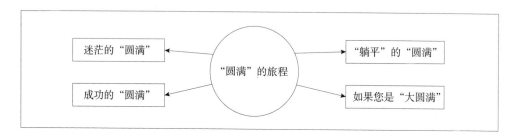

十一、附 录

（一）案例呈现

罗烨是一名高三男生，刚开学两个月，妈妈就带着他来找心理咨询师。妈妈说，孩子最近几个月放学回家后就不爱出门了，周末更是不爱走动，在家也很少说话，说高考没有什么意思，有时候会说自己感到害怕。其实，孩子的成绩是不错的，考"一本"问题不大。妈妈还说一点儿不担心孩子高考，即使考不好，他们家也有能力安排好他今后的生活，就是希望他能快乐一点。

心理咨询师让妈妈暂时离开咨询室，单独和孩子交流。罗烨看上去近一米八了，外表很帅气，穿着打扮也很时尚。他却说：什么都没有意思，太容易得到了。咨询师问：容易得到的是些什么呢？他说：物质、女友或其他。小时候成绩还不错，爸妈、老师、亲朋好友都常表扬他，他想要什么，爸妈没有不答应的。到了高中，成绩也还是不错的，加上长得帅，女朋友也很容易得到。他也知道无论上什么样的大学，今后想要有一个好的工作也没有问题；加上他本来就对钱和权没有太高的追求，能过上正常普通生活就可以了。故而觉得生活没有什么意思，学习也不知为什么在学，好像已经看到一辈子就是这个样子，感到没有意思。

（二）课堂用导图

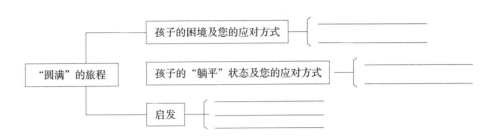

如何帮助孩子认识并悦纳自我

贵阳市第二中学　杨　漪

一、案例来源

（一）案例内容摘要

本次案例教学中使用的案例选自《家庭教育知行读本》（高中分册）中的《如何帮助孩子认识并悦纳自我》一文。案例讲述了主人公曹晶初中是优等生，名列前茅，但进入高一后成绩严重偏科，数学成绩好，语文、英语成绩差，导致整体成绩越来越差，他也出现越来越不爱交流，厌学、不想去学校、情绪激动、易发脾气等状况。

（二）案例分析

案例中的曹晶是很多高一学生的缩影，曹晶本是一个成绩名列前茅的孩子，进入高一后，因为成绩下滑开始对自我认识不清、怀疑自己，不能接纳自己，从而造成不与同学交流、封闭自己、厌学、情绪激动、易发脾气等。埃里克森认为，人要经历八个阶段的心理社会演变，而高一的学生正处在容易自我同一性和角色混乱的冲突时期，如果没有将这一冲突处理好，容易造成不能更好地自我悦纳等问题。

二、教学背景

高一城市家长对孩子的教育有一定的认知并高度关注学生的学业状况，但家长并不能清楚地意识到孩子出现问题的原因实则也有家庭教育、家庭关系的问题。与此同时，家长不能客观地认识孩子，正视孩子的问题，不能接纳孩子；高一的新生进入高中各方的压力都较初中更大，易出现自我冲突、自我认识不稳定、不能自我接纳，影响身心与学业的情况，家长观其衍生的表象，不能很好地溯源找其原因，对孩子不能自我悦纳而产生的种种问题束手无策。

三、授课对象

高一年级学生家长（城市）。

四、学情分析

（一）学生情况分析

进入高一这个全新而又陌生的环境，孩子会面临如下问题，影响着孩子自我认识、自我悦纳。

1. 自我怀疑

高一的学生学习科目增多、难度也增大，面临的学习任务较初中重了很多，一些学生因不能快速适应高中的学习，加上主动性或学习方法等问题，导致在高一的成绩较初中的成绩有很大的落差，学生此时的自信心很容易受到打击，从而产生自我怀疑、自我不认同，在学习与生活上产生消极的情绪。

2. 自卑与焦虑

一是，高一的部分学生因发挥失常、状态不佳等原因，中考成绩不理想，相较于去了更好学校的同学，很容易产生自卑感。二是，一些新生入学后，成绩由初中时的名列前茅，到优势不突出或落后，优越感消失，取而代之的是一种油然而生的失落感和自卑感。三是，进入高中，学生跟其他物质条件比较好的学生相比，产生自卑心理。四是，一部分学生初中更注重学业成绩，在与他人的交流及兴趣爱好的发展、能力的提升方面有所欠缺，当他看到交际能力强、兴趣爱好广泛、才艺双全或深受他人喜爱的同学时，自己却无法融入，心里易产生自卑感。

五是，一部分学生进入高中会更多地关注自己，会因身体的欠佳，如自我感觉肥胖、个子矮小，五官不漂亮等引发心理的自卑，这些问题都会让高一的新生产生自卑心理，从而引发焦虑、抑郁的情绪。

3. 人际交往不良

高一的新生，学习生活环境相较于初中发生了较大的改变，远离了初中熟悉的朋友、同学、老师及校园环境，进入高中后，面对陌生的一切，容易产生不愿交流、不愿融入集体的心理。有的同学因性格腼腆或缺乏人际交往技巧，也会在与同学相处中遇到很大的困难，尤其是独生子女，在初中时，父母对其关爱有加，让他们形成了严重的依赖心理，到了高中之后，这种依赖基础突然减弱，学生就会闹情绪，人际关系紧张等问题接踵而至。在这样的情况下，他们极易把自身的问题归罪于别人对自己不友好，对老师百般苛责，对同学戒备有加，与集体格格不入，产生人际交往不良的问题。

4. 目标意识差，自觉性差

进入高中，由初中更多的是靠老师告诉学生应该做什么、怎么做、什么时候做，到高中更多地强调自主学习、自主管理、自我规划；从父母每天的监督监管，到进入高中校园，大部分时间在校或住校远离父母，学生的目标意识、自觉性问题在进入高中后凸显出来，从而产生一些拖拉、散漫、无目标、前进动力不足等现象。

（二）家长情况分析

高一的学生进入新的环境，面临很多的新问题，这些问题都会影响着学生对自我的认识、自我的悦纳，从而影响其健康生长。由此，在高一年级引导学生自我悦纳尤为重要，而想要引导学生更好地自我悦纳，除老师外，家长是引导学生的重要角色，是学生成长的关键钥匙。引导家长去帮助学生认识自我与自我悦纳显得非常重要。城市家长有一定的教育方法，但还不能认识到孩子认识自己、悦纳自己的重要性，不能清楚地意识到家长对于孩子的客观认识与悦纳对孩子成长的重要性，同时，在学生进入新环境下，学生自我冲突、自我认识不稳定、不能自我接纳，影响身心与学业的情况下，家长束手无策，不知如何更客观地认识孩子、悦纳孩子，从而给予孩子更好的引导与助力。

学生在进入高中，面临新的环境，产生以上问题时，家长对孩子问题的接纳就显得尤为重要，就如美国心理学家罗杰斯曾说过："爱是深深的理解和接纳。"我们为什么要接纳孩子的问题？谈到这里，我们不禁要问问各位家长朋友，作为父母的我们能够客观地认识与接纳我们的孩子吗？如果一个孩子在成长的迷途中，连自己的父母都不能认识与接纳自己，他又哪来的勇气和力量，克服困难，改变自己。一个人对压力与困难的应对力量取决于感受，而感受很大程度上，来自重要人的接纳与鼓励。接纳孩子是开启孩子成长的关键钥匙。

由此，引导家长深刻体悟家长认识并悦纳孩子的重要性及掌握引导孩子认识、悦纳自我的方法和策略尤为重要，也迫在眉睫。

五、教学目标

1. 了解孩子正确认识自我和悦纳自我对孩子成长的重要性。
2. 家长深刻体悟认识并悦纳孩子的重要性。
3. 家长掌握引导孩子认识、悦纳自我的方法和策略。

六、教学重难点

（一）教学重点

家长深刻体悟认识并悦纳孩子的重要性。

（二）教学难点

掌握引导孩子认识、悦纳自我的方法和策略。

七、教学策略与方法

（一）教学策略

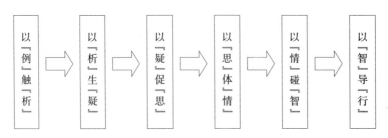

图 12　教学策略

案例导入引分析—孩子现状引思考—对比深入引反思—渐深反观引重视—策略探讨引思考—推荐助力续成长—作业布置强落实。

（二）教学方法

教学方法：分析、讨论、体验、探究、启发。

八、教学过程

师：各位家长，在孩子的成长过程中，我们知道他会制造很多的麻烦，会有出现很多的问题，但问题才是孩子成长的关键，孩子真正的成长，是面对问题—解决问题—超越问题，今天让我们一起来探讨如何帮助孩子更好地认识并悦纳自己。

（一）环节一：案例呈现——以例触析

<table>
<tr>
<td>
案例一
主人公：曹晶
现状：厌学不想去学校、情绪激动、易发脾气。
经历：
1.初中优等生，进入高中班级时名列前茅；
2.高一上学期成绩严重偏科，数学好、语文英语差；
3.整体成绩越来越差，越来越不爱交流。
</td>
<td>
案例二
主人公：小A
现状：厌学、情绪障碍。
经历：
1.初中成绩很好
2.父母期待很高
3.理科学习不顺利，周测成绩不理想
4.妈妈在3个月前生了弟弟
</td>
</tr>
</table>

图13 两个案例呈现

任务一：请各位家长帮助曹晶和小 A 的父母找出造成孩子现状原因，并思考自己的孩子是否有这样的状况。

家长活动：

1. 家长通过阅读、分析两个案例，思考造成孩子现状的原因。

2. 讨论分享观点，碰撞与互通有无。

3. 关联孩子，分享孩子的现状，并引发家长对孩子现状的思考。

参考示例：自我认识不清、不能接纳自己、压力、不自信、负面、无力。

【设计意图】以"例"触"析"。本环节通过分析《家庭教育知行读本》上的案例与教育过程中的真实案例，引导家长初步了解、认识到"自我认识不清""不能接纳自己"等是造成孩子现状的原因。

（二）环节二：启问与深究——以析生疑，以疑促思

师：你眼中的孩子是什么样的？

任务二：请家长在课堂辅助表上快速写下自己孩子的优点与缺点，并分享你眼中孩子的优缺点？

家长活动：

1. 家长在辅助表上填写孩子的优缺点。

2. 分享与交流。

PPT 展示：《"父母眼中的我"小调查》。

展示"父母眼中的我"调查问卷中的学生典型问卷。在发放的 105 份学生问卷中，认为自己在父母眼里有三个以上优点的只有 11 个同学，仅占被调查人数的 10.47%。

任务三：为什么会出现这样的状况呢？

家长活动：

1. 家长通过阅读调查中的数据及孩子写下的文字，对比自己眼中的孩子和孩子写下的"父母眼中的我"，思考出现这种状况的原因。

2. 思考、讨论与分享。

师：为什么会出现这样的差距呢？我觉得我的孩子是这样，孩子却没有感觉到？我们的孩子，真的优点这么少吗？还是我们被"成绩的"的色片挡住了，没有用欣赏和发现美的眼光发现他们身上的闪光点呢？是我们的评价方式、交流方式出了问题吗？

家长活动：家长审视自己与孩子的相处现状，思考以上追问并交流分享。

教师小结：作为家长的我们，请回望在孩子的成长过程中，我们是不是也一直用成绩在衡量着我们的孩子呢？当我们用成绩的墨镜看风景时，风景变成一个色调，单调、没有生机。当我们用成绩的墨镜看孩子时，孩子也变成一个色调，单调、没有太多优点。孩子不能够清楚地认识自己、悦纳自己，实则也是我们家长不能够正确、客观地认识、悦纳我们的孩子。

【设计意图】以"析"生"疑"。本环节的设计通过对比家长写的"我眼中的孩子"与孩子写的"父母眼中的我"，家长能够认识到孩子不能清楚认识和悦纳自己也是因为家长不能正确客观地认识、评价悦纳我们的孩子。

（三）环节三：反观与思考——孩子眼中的自己——以思体情

师：您知道您的认识、评价、接纳对孩子有多大的影响吗？

PPT展示：《"孩子眼中的自己"小调查》。

展示"孩子眼中的自己"调查问卷中的学生典型问卷。

在发放的105份学生问卷中，写出自己三个以上优点的只有18个同学，仅占被调查人数的17%；只写出一个优点的有59个同学，占到56%；没有写出自己优点的有28个同学，占到26%；写出自己三个以上缺点的有89个同学，占总人数的84%。

家长活动：家长通过阅读调查中的数据及孩子写下的文字，观看视频、图片，感受并认识到自己的认识、评价与接纳对孩子的影响。

教师小结：学生进入高中，面临新的环境，家长对孩子问题的接纳就显得尤为重要，就如心理学家罗杰斯曾说："爱是深深的理解和接纳。"作为父母的我们能够客观地认识与接纳我们的孩子吗？如果一个孩子，在成长的迷途中，连自己的父母都不能认识与接纳自己，他又哪来的勇气和力量，克服困难，改变自己。而一个人对压力与困难的应对力量取决于感受，而感受很大程度上，来自重要他人的接纳与鼓励。由此，接纳孩子是开启孩子成长的关键钥匙。

【设计意图】以"疑"促"思"，以"思"体"情"。本环节的设计选择了"孩子眼中的自己"调查中的文字和数据，以及视频、图片，多角度呈现孩子对自己的认识与接纳情况，引导家长感受并深刻认识家长的认识、评价与接纳会对孩子造成多大的影响。

（四）环节四：探讨与分享——父母，您就是那把钥匙——以情生智

任务四：作为父母，我们该如何引导孩子更好地认识与悦纳自己？

家长活动：

1. 家长思考、讨论、画思维导图或条例。

2. 分享与交流。

【参考示例】

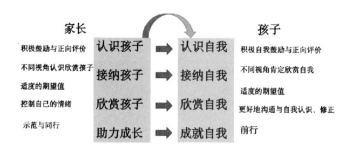

图14　如何更好地认识与引导孩子悦纳自己

教师小结：对家长们策略与方法分享的梳理、给予正向评价及补充建议。

【设计意图】以"情"碰"智"。探讨引导孩子认识、悦纳自我的方法和策略。策略无处不在，细微之处，显张力。旨在提供给家长多种能够帮助孩子正确认识自己、悦纳自己的策略和方法。

（五）环节五：知行合一——专属家庭作业——以智导行

1. 发现你孩子身上的 10 个优点，并告诉孩子、肯定孩子。

2. 面对你孩子身上的 5 个缺点，当它出现时，尝试抱抱孩子并告诉他/她，妈妈/爸爸陪你一起改进，然后分析原因及改变对策。

【设计意图】以"智"导"行"，知行合一。家长也需要不断练习，与孩子一同前行。

九、教学小结及延伸拓展

（一）教学小结

各位家长，回到我们这课堂之初所言，在孩子的成长过程中，他会制造很多的麻烦，会出现很多的问题，问题才是孩子成长的关键，孩子真正的成长是面对问题—解决问题—超越问题。在孩子的成长过程中，正视孩子的情绪与控制自己的情绪，从不同视角认识欣赏孩子与正向鼓励评价孩子。与此同时，适度的期望值，做好示范与同行等来更好地接纳孩子的问题，也只有家长更好地认识孩子、接纳孩子，孩子才能更好地自我认识、自我接纳、自我成就。阳光正好，让我们一起做孩子成长最和善又最坚定的陪伴着、同行者！

（二）延伸拓展

1. 家长作业之一起成长

（1）发现你孩子身上的 10 个优点，并告诉孩子、肯定孩子。

（2）面对你孩子身上的 5 个缺点，当它出现时，尝试抱抱孩子并告诉他 / 她，妈妈 / 爸爸陪你一起改进，然后分析原因及改变对策。

2. 家长再学习之最美同行人

推荐书目：《家庭教育知行读本》《父母的语言》《正面管教》《好妈妈胜过好老师》《忙碌的爸爸也是好爸爸》《解码青春期》。

十、板书设计

如何更好地认识与引导孩子悦纳自己	
家长	孩子
积极鼓励与正向评价	积极自我鼓励与正向评价
不同视角认识欣赏孩子	不同视角肯定欣赏自我
适度的期望值	适度的期望值
控制自己的情绪	更好地沟通与自我认识、修正
示范与同行	前行

十一、附录

学员用表

如何引导孩子认识自我并悦纳自我

我眼中的孩子	
优点	缺点
乐观	爱发脾气
积极	懒惰
讲卫生	不讲卫生
做事快	拖拉 / 做事慢
情商高	情商低
懂礼貌	不懂礼貌
懂感恩	不知感恩
有毅力	没有毅力
有勇气	胆子小
成绩好	成绩不好
表达能力好	表达能力差
兴趣广泛	兴趣太少
善于交流	不善交流
细心	粗心大意
自觉性好	自觉性差
能够坚持	坚持不够
良好的时间观念	时间管理差
我的补充：	我的补充：

（二）与孩子一起成长，做用心智慧的父母

推荐书目：
1.《家庭教育知行读本》
2.《父母的语言》
3.《正面管教》
4.《好妈妈胜过好老师》
5.《忙碌的爸爸也是好爸爸》
6.《解码青春期》

推荐电影或演讲：
1.《破风》
2.《悦纳自我》

推荐公众号：
1.家教有方
2.家庭育儿知识分享
3.家庭教育父母课堂

工具推荐：
1.专业测试：（MBTI性格测试、霍兰兴趣测试等）
2.我的性格卡（自己、家人、朋友、老师、同学……）
3.我朋友圈（最美同行人）
4.美丽身心图
5.我的分析卡（成功失败的归因）

参考文献：

[1] 安冬冰. 高一新生易发心理问题及其自我调节策略 [J]. 教育，2018（13）：56–58

[2] 王雅春. 中学生学校幸福感的调查研究 [J]. 长春师范大学学报，2020（1）：177–184.

天生我材必有用

——如何帮助孩子搭乘生涯列车

贵阳市第五中学　李　璐

一、案例来源

（一）案例内容摘要

本次案例教学中使用的案例选自《家庭教育知行读本》（高中分册）中的《利用多元智能成就孩子未来的职业发展》一文。案例讲述了一位家长以"唯分数论"对孩子进行单一评价，而阻碍了很有音乐天赋的孩子的多样化发展之路的故事。

（二）案例分析

案例中这位妈妈的顾虑正是当下很多父母单一评价孩子的一个缩影，由于现在实行分数单一评价，每个同学身上的能力与素质很难得到综合评价。家长们也因为各种主观和客观的原因，无法看到孩子身上的闪光点，很多孩子的天赋被埋没。同时，这样的评价矛盾也成了亲子间沟通不畅的源头之一。

二、教学背景

改革开放 40 年来，我们见证了祖国的变化与成长，也看到了无数"职业"的变化。40 年前，铁路扳道工、弹棉花手艺人等，这些职业在当年耳熟能详，但对于现在的年轻人来说已经陌生。40 年之后的今天，无人机飞手、程序员、月嫂、营养师等，这些40年前未曾预料到的职业如今却在走红。改革开放40年，改变的不仅是经济体量，也改变着社会分工。

最近有不少家长担心，"双减"政策会不会让我们的孩子学得少，变得不够聪明，或者是，如果我们的孩子因此放弃了努力，最终考试时，又是自己吃亏呢？其实，这样的心态背后更多的还是对分数的迷信和对"成功"的迷恋。对孩子的人生而言，最有价值的应该是他步入成年之后能发现自己的乐趣，有他的个性发展，有健康的体魄，对生活和事业抱有热情，而不仅仅是高考考多少分、读什么样的大学。《礼记·哀公问政》说"凡事预则立，不预则废"，这就是规划的重要性。或许，我们都应该思考一下，什么是真正的教育，然后勇敢地相信孩子。

三、授课对象

高一年级学生家长（城市）。

四、学情分析

（一）学生基本情况分析

进入高中后，随着学习压力的加大，更多的问题会摆在孩子们的面前，尤其是面对分数的压力，一些不那么擅长考试的孩子就会产生挫败感，感到焦虑甚至自我放弃。如果在这时，家长再以分数来单一评价孩子的话，极容易造成亲子间沟通障碍、关系紧张。且会让孩子的天赋被埋没，错过自我选择的机会。

（二）家长基本情况分析

随着还处于青春期的孩子进入高中，家长们都会更加重视孩子的分数甚至为之焦虑，并把这样的焦虑或有意或无意地在孩子面前表现出来，但稍不注意，就很容易引发孩子的抵触情绪，造成家庭关系紧张。很多家长对此也非常苦恼，迫切地想要找到解决办法。

五、教学目标

1. 通过多元智能理论的测试，引导家长了解自己评价孩子和孩子自我评价之间的偏差；

2. 教会家长转变观念，尝试多元地评价孩子；

3. 帮助家长理解、接纳青春期孩子的想法，树立陪伴孩子做好生涯规划的意识。

六、教学重难点

（一）教学重点

引导家长意识到多元评价孩子的重要性和必要性。

（二）教学难点

通过多元智能理论的测试和偏差，教会家长转变观念，尝试多元地评价孩子。

七、教学策略与方法

（一）教学策略

案例分析生共情—多元对比引反思—职业变迁长知识—吸取经验明方法—主动改变见成效。

（二）教学方法

案例分析法、讨论法。

八、教学过程

（一）破冰活动（5分钟）

1. 活动——角色扮演

通过家长自愿或老师邀请，让6名或8名家长参加活动。将参加的家长分成两组：一组家长蒙上眼睛，扮演失明者，另一组家长扮演搀扶的好心人。在老师的带领下，一个搀着一个，走过一段有楼梯的路。

活动预设：很多情况下，搀扶的家长总是很用心，眼睛被蒙上的失明者却总是犹豫着，甚至摸索着，一定要自己摸到墙壁或扶手才肯向前跨出一小步。虽然没有让大家比赛。但搀扶者总是很着急，想要争第一，总想拉着失明者快一点向前。

2. 交流分享（参加活动的家长）

（1）刚刚扮演"搀扶的好心人"的家长，刚刚在行进过程中，你在想什么？

（2）刚刚扮演"失明者"的家长，为什么会在行进过程中犹豫呢？

【设计意图】通过这个游戏，让家长们明白，谁都不能代替孩子的成长。孩子让家长搀扶，是对家长的信任，但家长不能因为这种信任，就剥夺了孩子摸索的过程。

（二）环节一　案例重现（4分钟）

1.《"艺考"还是"高考"？》

主人公：杨枫

现状：爱好音乐、课余时间几乎都花在音乐上、文化成绩不理想。

经历：

（1）从小喜欢音乐，小学四年级开始就对钢琴非常着迷。

（2）初中想学钢琴，但家里经济条件不是太好，他就利用自己的课余时间泡在琴行学习。

（3）高中仍然热爱音乐，并在音乐课上表现出了天赋，但文化成绩不是很理想，由于母亲的犹豫，还是没能对音乐进行系统的学习。

2. 交流分享

（1）如果您是老师，会给杨枫的妈妈怎样的建议？为什么？

（2）如果您是杨枫的妈妈，您会怎么做？

（3）您怎样看待杨枫妈妈的犹豫？

3. 教师小结

我们的孩子在成长路上需要父母的帮助。如果说孩子是游戏中的失明者，那么搀扶着孩子前进的人就是我们的家长。孩子在成长的过程中让家长搀扶，是对家长的信任，但家长不能因为这种信任，就剥夺了孩子摸索生涯的过程。由于现在实行分数单一评价，在学校里，分数考得高的才是人才，成绩总分不高而又有某方面特长的就叫做"偏才""怪才"，可是许多卷面成绩高的学生实际上也是"偏才"，因为他们只会考试，要让他们完成一点其他创造活动根本不可能。而实际上，每个同学身上的能力与素质都应该得到综合评价。今天我们就围绕"如何帮助孩子搭乘生涯列车"这个主题展开交流。

【设计意图】通过案例让家长体会到每个孩子都有自己的价值所在，不能以"唯分数论"来单一地评价孩子。

（三）环节二 追根溯源（15 分钟）

1. 向家长们介绍多元智能理论（PPT 展示）

多元智能理论是 20 世纪 80 年代中期以来风靡全球的国际教育新理念，它由美国当代著名心理学家和教育学家加德纳博士于 1983 年系统地提出，并在后来的研究中得到不断发展和完善。我国自 20 世纪 90 年代起，对多元智能理论予以较多介绍，并且越来越认识到多元智能理论的重要价值，认为"多元智能理论是对素质教育的最好诠释"。

图 15　多元智能理论

2. 家长评一评——家长根据问卷中的问题，如实回答后绘制孩子的"多元平衡之轮"

（1）每种智能 1—10 评分；

（2）在平衡轮上画出您认为的孩子的八种智能状况；

（3）您对孩子有什么发现？

（4）你觉得什么职业和您的孩子最匹配？

图 16　多元平衡之轮

活动预设：大部分家长会专注于孩子智力、学习能力方面的评价，忽视或者不了解其他智能发展情况。

3. 对比分享（课前将孩子自测的"多元智能之轮"放在信封中分发给各位家长）

让家长打开手中的信封，引导家长对比、发现结果差异，展开讨论分析。

（1）您对孩子的评价和孩子的自我评价是否存在差异？

（2）差异主要体现在哪些智能评价上？

（3）您认为孩子适合的职业符合孩子的想法吗？差异大吗？

（4）为什么会存在着这样的差异？

【设计意图】通过活动让家长体验到了自己和孩子之间的评价差异。这样的差异能引发家长的思考，为之后老师的引导提供条件。

4. 活动——了解职业变迁

（1）消失的职业（PPT展示）

在新修订的2015版《中华人民共和国职业分类大典》中我们看到，新增了很多职业，包括"快递员"等347个职业。同时，也有一批职业消失了。与1999版大典相比，取消了"话务员""制版工"等894个职业，有些职业，对于90后来说，可能只在电视上见到过。（图片展示10种消失的职业）

（2）观看央视新闻短视频《适老体验师：智能时代下诞生的体验不智能生活的新职业》

（3）了解新职业（PPT展示）

2021年3月18日，人社部会同市场监督管理总局、国家统计局向社会正式发布了集成电路工程技术人员、企业合规师、公司金融顾问、易货师、二手车经纪人、汽车救援员、调饮师、食品安全管理师、服务机器人应用技术员、电子数据取证分析师、职业培训师、密码技术应用员、建筑幕墙设计师、碳排放管理员、管廊运维员、酒体设计师、智能硬件装调员、工业视觉系统运维员等18个新职业信息。从2019年至今，两年多的时间，人社部已经更新了40种新职业。

【设计意图】让家长意识到他们的上一辈和他们之间存在的职业认知差异，同时了解时代的飞速发展带来的影响之一是新职业类型的爆发式增多。

（四）环节三：知行合一（12分钟）

1. 交流分享

（1）了解了职业的变化之后，您感受如何？

（2）现在再反观家长和孩子不同的"多元平衡之轮"，您有没有新的发现？

（3）您认为应该怎样搀扶孩子摸索生涯？

2. "天生我材必有用"——观看李玫瑾教授讲座片段

（1）为孩子创造"体现价值"的机会。

（2）观察他的兴趣与关注点。

（3）扩展他的涉猎范围和领域。

（4）尊重并把选择权交给孩子。

3. 交流分享

（1）这节课到现在，您收获了什么？

（2）您准备怎么帮助孩子找到他的价值？

（3）您还可以做些什么来帮助孩子开好他自己的生涯列车？

（五）环节四：余音袅袅（4分钟）

1. 梳理家长交流分享成果

2. 老师建议

（1）把孩子当做您的兄弟/闺蜜，尝试平等沟通。

（2）偶尔示弱，让孩子感觉"被需要"；相信、尊重他的想法和决定。

（3）让孩子了解、参与您的工作，体验生活不易。

（4）当孩子的"参谋"，帮助他认识社会。

（5）陪伴是最好的"育"。

……

3. 教学小结

每一个父母都有两次机会塑造自己孩子的生命。遗传基因是一次，它决定的一个人身体各方面的上限，后天的家庭教育是一次，它则决定了一个人是否能够利用自己的条件走得很远。

每一个孩子，都有自己的价值，大可报国，小可报恩。也希望各位家长，能看见、帮助孩子完善他的"多元平衡之轮"，帮助孩子搭乘好"生涯列车"，让孩子在人生路上走得更稳、走得更远！

4. 延伸拓展

（1）陪孩子看一部电影

《放牛班的春天》——1949年的法国乡村，音乐家克莱门特到了一间外号叫"塘低"的男子寄宿学校当助理教师。学校里的学生大部分都是难缠的问题儿童，体罚在这里司空见惯，学校的校长只顾自己的前途，残暴高压。性格沉静的克莱门特尝试用自己的方法改善这种状况，他重新创作音乐作品，组织合唱团，决定用音乐的方法来打开学生们封闭的心灵。人与人之间的交流是用心的，看一部好电影的感觉像是给心灵洗了一个热水澡。从里到外都会感觉到清澈。

（2）每周陪孩子做一件他感兴趣的事情

通过和孩子沟通，共同决定一起做的事情，每周抽空一同完成，增进孩子与父母的互相了解。

九、板书设计

十、附　录

案例呈现

"艺考"还是"高考"？

杨枫是一名高二男生，妈妈带着他来向老师咨询职业生涯规划。妈妈说，儿子将很快升入高三，今后是选择参加常规高考还是艺考，她拿不定主意，希望老师能够帮忙提点建议。

妈妈说，他们家住在县城，孩子小学、初中在县城读的书，高中是跟随亲戚来到省城读书。杨枫还在读幼儿园的时候就特别喜欢听歌，还常常在那儿摇摇晃晃陶醉地跟着唱。有一天，杨枫看到了一台电子琴，便立刻对它产生了巨大的好奇，像玩大玩具一样玩了电子琴近两个小时。小学四年级时，杨枫和许多同龄孩子一样，喜欢玩游戏机。有位同学给他介绍了一款新游戏，他回家后准备试试，不料他一下就被游戏的音乐吸引了，一听就是一百多遍，反而把打游戏的事情忘得一干二净。上了初中，杨枫会到街上琴行去玩，把自己听到的音乐在钢琴上摸索着弹出来。他想学钢琴，但是家里经济条件不是太好，也只有课余时间去琴行弹弹。和琴行的老师混熟了，老师也断断续续地教他一些钢琴弹奏知识，他初中阶段的课余时间几乎就花在弹钢琴上面了。

到了高一，一次音乐课上，他弹奏了马克西姆版本的《加勒比海盗》，同学们报以热烈掌声。音乐老师想向他要这个版本的乐谱，他却说，他是听录音和看录像演奏的，没有谱子，我不识五线谱。老师听说后很吃惊，课后给杨枫母亲建议，让孩子去系统学习音乐吧。母亲却犹豫了，母亲说：第一，学音乐需要那么多的钱，很怕自己的经济承担不起；第二，学音乐这条路靠谱吗？音乐学院招生毕竟有限，要是孩子高三报考时没考上，耽误了学习怎么办？因为有这些顾虑，孩子学习音乐的事情又耽搁了两年。现在，高二即将读完，孩子的文化成绩又不是那么理想，妈妈想是不是就考音乐专业算了，因为音乐专业高考分数毕竟要低一些。

巧借第三方，有效解决亲子沟通中的难题

贵阳市第三实验中学　安启龙

一、案例来源

（一）案例内容摘要

参考案例来源于东方出版社出版的《家庭教育知行读本》（高中分册）中的《孩子不与父母交流》一文，主要讲述小伟在高中之前一直生活在部队军属大院，上下学均有校车接送。父亲为部队干部，很少回家；妈妈经商，经常出差外地。小伟能和爸爸妈妈在一起的时间较少，交流也很少，仅有的交流也几乎都是对其学习成绩的关心询问，更多的是保姆照顾其生活起居。在小学和初中时，小伟是老师家长眼中的"好孩子"，学习习惯好，作业也都按时完成。

进入高中后，小伟转到外省的学校寄宿就读，由于周围的同学、老师、生活环境和之前都有很大的差异，开学1个月后，小伟出现了严重的适应问题，随后出现了厌学、不想上学的情况。也不和父母交流，父母多说几句就不耐烦，大声吼，在语言上对妈妈出言不逊。

（二）案例分析

小伟的行为，属于青春期孩子与父母关系不融洽，导致的沟通不畅。首先，是小伟出现厌学后，妈妈简单的要求小伟继续学业让小伟心理产生了进一步抗拒。在妈妈与小伟的沟通中，因为反复要求、来回强调，引起孩子不愿意、反感妈妈的说教式劝学。

其次，是解决问题的"硬着陆"。在孩子出现厌学时，妈妈没有去深入了解小伟厌学的原因，没有去理解小伟的内心感受；没有从帮助者的角度出发去关爱小伟一起解决问题，而更像是管理者一样地去要求小伟，这是直接导致亲子关系恶化的原因。

再者，是陪伴少，亲子沟通的基础不良好。小伟父母工作忙，陪伴、交流的时间很少，亲子关系维系得较差。同时他们更多从自己的视角出发，把自己的价值观，人生经历、生活感悟，缺少策略、硬性的要求给孩子，但是实际上孩子成长的社会环境、家庭环境、学校环境、人际环境和父母经历的有很大的不一样。问题出现后，孩子会认为妈妈不理解、不尊重自己。

二、教学背景

2015 年教育部下发的《教育部关于加强家庭教育工作的指导意见》强调"积极发挥家庭教育在少年儿童成长中的重要作用，促进儿童健康成长和全面发展"。文件直接性地指出了家庭教育对孩子成长成才的重要性；而《第二次全国家庭教育现状调查报告》显示，"不知道用什么方法教育孩子"的父母占 47.4%，成为家庭教育四大困难之首。由上可以看出，家庭教育、亲子沟通对孩子的健康成长、身心发展非常重要，但是家中存在与孩子沟通的方法方式是否妥当、有效等问题。再者，2012 年教育部下发的《中小学家长心理健康教育指导刚要》指出高中生正值青春期，自我意识高度发展，情绪变化大，独立意识增强；现实生活中我们也接触到大量的因亲子沟通不畅引起的亲子矛盾，甚至是恶性事件。

于是，面对亲子沟通中的难题，甚至是无法沟通，可否借助第三方来进一步促进亲子沟通呢？这是本节课拟解决的重点问题，也是想把多年积累的借助第三方有效促进亲子沟通的方法分享给家长们。

三、授课对象

高一年级的学生家长（城市）。

四、学情分析

（一）学生基本情况分析

从学习方面来说，高一年级是青少年学习成绩出现适应问题较为严重的时期，高一在学业上面临着承上启下的关键作用，若这个时候出现学业问题，那么学生自己着急，家长也焦虑，在家长缺少理解、沟通方法时，这就埋下了亲子沟通不畅、矛盾激化的隐患；同时，高一阶段的学生进入青春期，情绪变化大、独立意识也增强，面对家长的教导，有着一定程度的抗拒之心，加上父母的反复叮嘱、来回强调，引起孩子不愿意，极有可能出现亲子沟通的困难及矛盾。

（二）家长基本情况分析

孩子进入高中，身体、心理、价值观都有较大的变化，但不少父母还是以权威式的管教方式把孩子当初中生来进行教育，孩子出现问题之后还是用简单的说教，没有去理解和感受到孩子的难处，若父母在孩子小学、初中陪伴少，亲子关系不亲密，那么就很有可能出现沟通不畅，甚至沟通冲突、沟通破裂的情况。

五、教学目标

（一）在意识上认识到借助第三方是一种能够有效解决亲子沟通难题的方法

当家长和孩子沟通陷入僵局，比如孩子不耐烦听讲或者是在沟通中大声地吵闹，没有礼貌地反驳甚至会说一些粗话时，借助第三方来进行沟通是一种有效方法。

（二）在方法上能掌握借助第三方的方法

能掌握借助第三方促进解决亲子沟通难题的核心"四找、三反馈、二注意、一核心"，也即找人物、找主题、找机会、找时间；第三方反馈、孩子的反馈、家长观察后的反馈；注意借助第三方只是辅助，不能代替亲子沟通，孩子有个体差异；家庭和谐，提供安全需要是孩子成长的核心。

六、教学重难点

（一）教学重点

家长掌握"巧借第三方，有效解决亲子沟通的难题"的方法。

（二）教学难点

家长在意识上认识到借助第三方是一种有效解决亲子沟通中难题的方法。

七、教学策略与方法

（一）任务驱动法

以亲子冲突的实例，布置任务请家长讨论，给案例中的妈妈一些方法与建议。在任务驱动中为家长提供体验实践的情境和感悟问题的情境，让家长围绕任务展开学习，以任务的完成结果及分享，使家长主动探究、思考、运用、表达。

（二）使用四化课堂的情景化、问题化、技术化、思维化教学技术

即使用情景化、问题化、技术化、思维化提高教学效果，达到高效课堂的目的。在本节课中，设置亲子沟通冲突的场景，并辅以生动的课件呈现，充分让家长感触、思考、生成。

（三）小组合作

班杜拉认为学习是探讨个人的认知、行为与环境因素三者及其交互作用对人类行为的影响。在本节课中，家长小组讨论分享本身是一种互相学习，方法共享；更核心的是教师基于大量的案例进行"巧借第三方，有效解决亲子沟通的难题"方法分享。

八、教学过程

（一）导入：情景引入（3分钟）

师：各位家长好，请问您和您的孩子是否发生过沟通的冲突？老师想请各位家长回忆一下，哪一次是您印象最深刻的？哪位家长愿意分享一下，并简要阐述冲突缘起、过程及如何解决的，以及解决的效果？

【设计意图】以问题破冰，拉近与家长间的距离。同时以情景引入，紧扣主题，对亲子沟通中的难题对焦。

（二）环节一：案例重现（8分钟）

师：各位家长，案例中的小伟妈妈非常难过且没有方法。请我们各位家长阅读完案例之后，以小组为单位进行讨论，并给出你们促进亲子沟通的方法建议。

教师小结：请家长拿到案例资料之后，认真查看并思考，给案例中的妈妈建议。

【设计意图】使用亲子沟通中的难题案例，让家长转变角色，促进思考；同时，家长进行小组讨论，家长相互倾听对亲子沟通矛盾的理解与思考，打开各自的思路。

（三）环节二：家长方法分享（8分钟）

针对以上案例，邀请家长以小组为单位分享各自的方法建议。老师对分享的众多方法中有使用到第三方的地方，老师及时抓捕。

教师小结：对家长分享的给予回应，并抓捕使用第三方的方法。

【设计意图】家长充分思考并小组讨论后，得以充分表达针对问题的方法。

（四）环节三：有效借助第三方的方法建议（12分钟）

师：各位家长，刚刚你们分享的方法，很多都是你们积累的成果。今天，我想把我针对此类亲子沟通陷入僵局、困难时的方法总结分享给大家，即"巧借第三方，有效解决亲子沟通中的难题"。

1. 借助第三方沟通解决问题的必要性

当我们和孩子沟通陷入僵局，比如孩子不耐烦听讲、在沟通中大声地吵闹、没有礼貌地反驳，甚至会说一些粗话时，那么父母与孩子停下来，借助第三方来进行沟通就显得尤为必要了，比如通过发信息、写信、微信这些形式，但现在，我主要分享的是通过人作为第三方沟通的策略。

2. 借助第三方沟通解决问题的优势

（1）可以提高信息传递的效率

有时候因为我们和孩子沟通出现了超限效应，想通过沟通传递给孩子的信息，重复说多次，一再强调，可能还不如第三方给孩子说一次。比如，在小学阶段，孩子做完作业，没养成把书本收拾好的习惯，妈妈说了很多次没有用，但是若家长请老师来给孩子说一次可能就奏效了。

（2）可以提高信息的可信度

其实每一个人都会有一定程度的惯性思维，父母是陪伴孩子最多的，所以自然和孩子的沟通、教导也是最多的，因此父母说的话可能会打折扣，但是第三方说的话，孩子接受度就高了。比如某一个孩子习惯很不好，花钱大手大脚，但是父母的收入也不是那种可以任意挥霍的。父母希望孩子有所节制，于是给孩子说自己挣钱的辛苦，但孩子感受不是很深，效果不好。若请第三方来，有意或者无意让孩子知道父母挣钱辛苦，那孩子的感受是不一样的。

（3）能满足孩子被爱的需要

从心理学家马斯洛的需要层次理论看来，每一个人都有爱和被爱的需要，多一个人和孩子沟通，这个人只要是有一定同理心的，那么其实一定程度上是满足了孩子被爱的需要，同时也会让孩子感受到尊重；孩子心里会想，因为他们在乎我，所以特意来和我沟通。

（4）对孩子的教育效果更强

当亲子沟通借助第三方的时候，说明亲子沟通已经出现一些问题，或者是家长希望孩子的一些行为、态度得到改变，那么假如这个沟通由第三方来进行，那教育孩子的效果远远大于父母，比如孩子的一些陋习在家里是很难改掉的，但是在学校思教处老师的沟通之下很快就能得到解决。

3. 如何借助第三方

我把借助第三方的操作步骤总结为：四找、三反馈、二注意、一核心。

（1）四　找

一是找人物，这个是最关键的，这个第三方人物的选择会决定沟通的效果，甚至决定沟通的成败，所以选择很重要。应该根据解决的不同问题找不同的第三方，比如孩子的失恋问题，心理老师和大姐姐的角色会比较适合，孩子乱说脏话的礼貌问题，班主任的角色会比较适合。整体上来说，首先，第三方应该能让孩子信任，这是他们沟通下去的一个基础。其次，这个人还需要同理心高，因为这样第三方才能感受到孩子的情绪、想法，同时给出反馈；最后，这个人还需要有一定的权威性，也就是让孩子能够有更多的信服感，在沟通中给孩子建议，引导的效果才好。在本案例中，孩子对其英语老师最为信任，而且该英语老师有多年的班主任经验和丰富的家长心理辅导实战经验。

二是找主题，借助第三方沟通的主题应该聚焦，最好一次一个切入点，比如孩子在初中的时候学习成绩很好，但是进入高中之后成绩就下滑，父母主动和孩子沟通，孩子不愿意谈或者敷衍，那么此刻请第三方老师的时候就以学习为核心进行。又比如说，孩子在感情方面遇到一些问题，但是这个话题一般孩子是不愿意和父母沟通的，那么请老师或者孩子的同辈、同龄来进行沟通的时候，就应该是关于人际交往或者是情感困扰的方向。在本案例中，经英语老师与之沟通交流后，确定和孩子的沟通按主题分多个阶段进行，分别是学校适应、学习适应、人际关系、父母关系。

三是找机会，机会分成两种，一种是有意的，特别是孩子的一些行为、态度已经到必须需要调整的时候，此时第三方可以直接和孩子切入相关的主题；另外一种是无意的，比如孩子很厌烦家长，不喜欢家庭，或者家长察觉到孩子心理压抑了很多东西，但是不知具体的原因是什么，那么请心理教师去沟通的时候，或者是类似于心理老师角色的人去沟通，一般来说，对此类的问题第三方都会从侧面慢慢切入，取得一定的信任之后，再到需要沟通的主题。在本案例中，因为英语老师是小伟的科任老师，在小伟休息一周返校后接触小伟比较多，通过创造接触机会，进行无意的沟通。

四是找时间，第三方和孩子沟通的时间，应该是双方都有空的时间，比如在孩子玩游戏的时候，去找他沟通，那效果肯定不好；又比如，第三方自己比较忙，很急冲冲地去找孩子，简单聊一聊，效果可能不会好，甚至会让孩子反感这种聊天。在本案例中，英语老师避免小伟的尴尬，特意寻找在大课间以及下午自习课的时间来进行聊天沟通。

（2）三反馈

在第三方进行沟通之后，家长要从以下三个方面来进行反馈：

第三方反馈：家长应该从第三方处了解到沟通的信息，孩子的想法是什么？孩子的感受是什么？孩子希望如何去做？然后相应地讨论，家长自己今后如何去改变，如何去陪伴、如何调整教育孩子的策略。

孩子的反馈：在第三方沟通后，孩子的言语、行为、表情等是否有相应的反馈，是有一些改变，还是毫无影响，这都涉及之后的教育、沟通策略是否需要调整。

自己观察后的反馈：家长自己留心观察第三方沟通后孩子相应的行为，若孩子的确已经有一些改变，那么也要给出相应的反馈。比如孩子的某个行为的确已经改变了，那么自己就不要像以前那样再去提起这个事情，不然又可能会让这个问题回到原点。

（3）二注意

在进行以上两步之后，就已经在一定程度上解决了孩子的一些问题。但是需要注意以下两个方面：

第一个注意：第三方不能替代亲子沟通，也就是不能替代父母和孩子的言语、肢体等直接沟通。第三方沟通只是作为一种亲子沟通的补充手段，更是一种调整亲子关系、解决矛盾的方法，最终回归的还是父母和孩子的直接沟通和陪伴。

第二个注意：孩子有个体差异性，有些孩子不一定能够接受，若是孩子反感，那么就要做相应的调整，可能是第三方人物的选择问题，或者是这种方法行不通。

（4）一核心

孩子的健康成长，良好的亲子关系，和谐的家庭氛围是最重要的基础。

（五）环节四：答疑解惑（4分钟）

在基于案例指导的方法建议分享后，开始答疑解惑，主要针对家长们对方法的疑惑进行解答。

九、教学小结及延伸拓展（5分钟）

（一）教学小结

本堂课就亲子沟通出现的问题，借助第三方促进解决亲子沟通难题的核心"四找、三反馈、二注意、一核心"，即找人物、找主题、找机会、找时间；第三方反馈、孩子的反馈、家长观察后的反馈；注意借助第三方只是辅助，不能代替亲子沟通、注意孩子有个体差异；家庭和谐，提供安全需要是孩子成长的核心。

（二）延伸拓展

推荐阅读贵州晚报的专文《巧借第三方，有效促进亲子沟通》和书籍《每一个孩子都需要被看见》进行家庭教育的学习。

十、板书设计

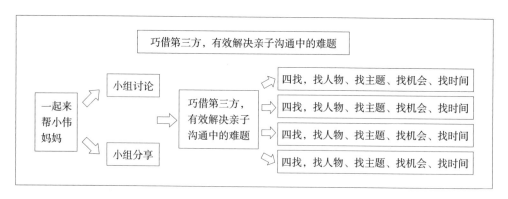

十一、附　录

案例呈现

小伟在高中之前一直生活在部队军属大院，上下学均有校车接送。父亲为部队干部，很少回家；妈妈经商，经常出差外地。小伟能和爸爸妈妈在一起的时间较少，交流也很少，仅有的交流也几乎都是对其学习成绩的关心询问，更多的是保姆照顾其生活起居。在小学初中时，小伟是一个老师家长眼中的"好孩子"，学习习惯、作业完成都挺好。进入高中后，小伟转到外省的学校寄宿就读，由于周围的同学以及家长生活环境和之前都有很大的差异，开学 1 个月后，小伟出现了严重的适应问题，随后出现了厌学、不上学的情况。并不和父母交流，父母多说几句就不耐烦，大声吼，在语言中对妈妈有不礼貌的词语。

请小组讨论，给小伟妈妈方法建议：

_____

_____

_____

参考文献：

[1] 李明昌.《家庭教育知行读本》[M]. 北京：东方出版社，2018：54–55.

营造和谐的家庭氛围

贵阳市白云区职业技术学校　黄煦媛

一、案例来源

（一）案例内容摘要

本课案例选自教材《家庭教育知行读本》（高中分册）中的《营造和谐的家庭氛围》一文及授课教师在开展家庭教育指导中的案例。案例一讲述了小程（化名）父母用指责、讽刺的方式评价小程的体重，导致家庭氛围紧张，小程出现情绪低落、自卑等心理问题。案例二讲述了小龙（化名）父母陪伴、理解、接纳、尊重小龙，家庭氛围和谐，激发了小龙的潜能，取得了优异成绩。

（二）案例分析

从案例中分析，如果父母采取错误的方式，即用不及时回应孩子、不就事论事、妄下评断、不接纳孩子等方式来与孩子交流，那么家庭氛围就是紧张、冷漠的，会让孩子身心都受到极大的影响，引起心理问题。

从案例二中可以看出，如果父母能接纳、陪伴、理解、尊重孩子，营造的家庭氛围就是和谐、温暖的，这样的家庭氛围可以激发孩子的潜能，让孩子身心健康成长。

二、教学背景

正处于青春期的孩子，如果父母不能接纳孩子，并与孩子进行良性沟通，孩子在这一时期可能会出现叛逆、情绪不稳等表现，家庭氛围会变得紧张、冷漠，从而影响家庭成员的身心健康。通过对案例分析，家长感受到营造和谐家庭氛围及学习营造方法的重要性，树立重视营造和谐家庭氛围的观念。

三、授课对象

中等职业学校一年级学生家长（城市）。

四、学情分析

（一）学生基本情况分析

进入青春期的孩子会有独立性和自我意识明显增强、情感丰富但不稳定的心理特点，如果这些特点父母不能接纳、理解，那么极容易发生亲子矛盾。然而父母通过学习，学会接纳、陪伴及与孩子进行良好的沟通，引导孩子学会调节情绪，学会处理问题，就可以营造和谐的家庭氛围，从而让孩子身心健康成长。

（二）家长基本情况分析

所授课的对象是中职学校一年级学生家长，来自城市家庭，此部分家长文化素养较高，具备了积极参与、思考感悟、主动调整的能力，能从教学活动中理解到教学目标里提出的认识营造和谐家庭氛围的重要性，并掌握营造和谐家庭氛围的方法。

五、教学目标

1. 让家长感受轻松愉悦的氛围，认识营造和谐家庭氛围的重要性。
2. 通过情景模拟、游戏活动、观看视频、角色扮演等过程，使家长掌握并运用营造和谐家庭氛围的方法。
3. 培养家长树立接纳孩子、陪伴孩子、回应孩子的情感态度与价值观。

六、教学重难点

（一）教学重点

让家长掌握营造和谐家庭氛围的方法。

（二）教学难点

让家长能在实际生活中运用所学的方法营造和谐家庭氛围，与孩子建立亲密关系。

七、教学策略与方法

（一）教　法

采用的教法是演示法、游戏法、讨论法、讲授法、案例分析法、角色扮演法，达到以下目的：

1. 使家长置身于真实情景中，最大限度获得知识经验；

2. 使家长在短期内直观形象地学习教学内容；

3. 让家长在真实的情境中通过对教师、小组成员活动的观察、模仿进行主动学习。

（二）学　法

采用情景创设法、自主学习法、合作探究法等学法指导，引导家长体验和谐氛围，自主思考与孩子的关系，合作探究体验到和谐家庭氛围的重要性，积极投入课堂学习中，进行思维活动，完成学习目标。

八、教学过程

（一）破冰游戏——按摩操（2分钟）

（课前家长随机分组，围坐成四个小组，十人为一组，并选择一名小组长。）

师：各位家长，大家好！在课程开始前，让我们一起做一个按摩操。

（进行按摩操活动，让家长放松。）

教师小结：破冰游戏就是想让大家轻松一笑，感受一下轻松愉悦的氛围，因为今天探讨学习的内容就是和氛围有关。

【设计意图】让家长将注意力放于课堂之上，同时感受到轻松氛围带给人的愉悦感，并引出后续教学内容。

（二）打开心灵之门（4分钟）

师：各位家长，在你们面前有彩笔和A4纸，现在给各位家长3分钟时间在纸上用简笔画画出，你认为你和孩子的距离。

师：我先请一位家长分享一下，画出与孩子的距离很远是什么感受？

家长分享：感觉很压抑，不知道怎么和孩子说，也不知道怎么办……

师：谢谢分享，大家都感受到了一种沉重感和满满的无奈。有没有哪位和孩子距离近的家长愿意分享下，你的感受是什么样的？

家长分享：和孩子关系亲密，觉得很轻松，就像朋友一样相处，比较愉快……

师：感谢分享，从这位家长的分享中，我们可以感受到的是他的家庭氛围是很愉快轻松的。

教师小结：之前，我们学习到和谐的家庭氛围是可以促进成长的，那在这节课，我们就要系统、条理化地学习营造和谐家庭氛围的方法！今天我们的课堂主题就是"营造和谐的家庭氛围"。

【设计意图】通过此活动，家长思考与孩子的关系，感受家庭氛围对孩子和自己的影响，一是产生相呼应的情绪情感体验，二是引出授课主题。

（三）共赴心灵之约（30分钟）

1. 营造和谐家庭氛围的重要性

（1）案例分析

（PPT呈现案例一。）

教师要求各小组组长上来抽红包，四个红包里装有四个问题，其中两个红包里有"幸运"的词，两个红包里有"幸福"的词，"幸运""幸福"各组记下自己抽到的。现在，给各组两分钟时间讨论抽到的问题，让各小组思考、讨论后写下：

问题一：案例中小程出现了什么样的情绪与行为？小程对自己的评价是怎样的？

问题二：案例中家长可能对小程说的语言是什么样的？家长情绪是什么样的？

问题三：家长的出发点你们认为是什么？为什么小程不能理解家长的出发点？

问题四：案例中呈现的家庭氛围是什么样的？为什么是这样的家庭氛围？

（各小组依次分享各组讨论的结论。）

教师小结：感谢分享，通过这个案例分析，我们都能感受到小程自我评价低、情绪低落＼行为偏激，家长本意是希望孩子能有一个健康的身体，但因为表达问题，导致了家庭氛围低沉，亲子关系紧张。可见，和谐的家庭氛围是如此重要。那么和谐的家庭氛围会带给成长中的孩子什么呢？请大家打开课本看看案例及分析。学习后，请抽到红包中有"幸运"一词的两组，各派一位家长发表自己的感受想法。

（家长学习后分享。）

师：感谢分享，让我把这份"幸运"（棒棒糖）送给家长。

教师小结：从两个案例中，我们感受到和谐的家庭氛围可以让孩子健康、自信地成长，实现自己的价值、梦想，因此，我们该如何营造和谐的家庭氛围呢？

【设计意图】通过抽奖红包的游戏、案例分析，让家长感受到家庭氛围和谐与否给孩子带来的不同影响，从而认识到营造和谐家庭氛围的重要性。

2. 营造和谐家庭氛围的方法

（1）方法一：及时回应

师：请抽到"幸福"一词的两个小组里推荐两名家长阅读一段文字，并在教室外准备。

师：请家长们配合，当第一位家长朗读文字时，你们东张西望，玩手机，看向窗外发呆，不要看他，不要有任何语言、表情、肢体的回应。而第二位家长诵读时，你们坐好，面带微笑，并伴有点头、身体向前倾听的姿态，目光注视着他，可以以"哦""嗯"来做回应。

第一位、第二位家长分别上台朗诵，台下家长根据老师要求，作出表现。老师请家长记住此刻感受并分享感受。

教师小结：谢谢分享，给刚刚上台阅读的家长解释下，台下家长的表现是我要求做的，是想让大家感受到，一是在交流中，除了语言，还有我们的身体姿态、表情、目光都可以传达我们有没有在用心倾听、及时回应；二是想让大家反思，在孩子与我们的交流中，我们是否在用心倾听孩子，用语言、肢体去及时回应。相信大家已经深刻体会到，如果我们没有给与孩子及时回应，孩子会拒绝沟通。因此，及时回应是营造和谐家庭氛围的第一个方法。讲第二个方法之前，想请家长们一起做一个游戏。

【设计意图】通过情景模拟，让家长感受到如果没有及时回应，孩子是拒绝交流的，因此，及时回应孩子，才能让孩子愿意表达自己，感受到被接纳、尊重、理解。

（2）方法二：就事论事，不妄加评断

师：现在我将标签发到各位家长手上，请家长们两人组成一对，拿着标签，你们相互用指责、抱怨的语气读出标签上的内容，并贴在对方的身上，做完这个活动后，请大家讨论感受，各组派一位家长分享总结。

（家长进行"贴标签"活动。并分享感受。）

教师小结：谢谢分享。孩子遇到问题，是会向我们求助的，但我们如果用错误的回应方式，一是会伤害孩子，二是会让家庭氛围变得沉重。其实，在及时回应孩子的基础上，我们只要做到就事论事，不妄加评断，尽量用孩子的话陈述，孩子就会感受到理解、尊重、接纳，家庭氛围自然也就和谐融洽。这是分享的第二个方法：就事论事，不妄加评断。请各位家长记得不要给孩子"贴标签"。接下来，分享最后一个方法，请大家在 A4 纸上写下问题的答案，问题是：如果满分是 10 分,你给孩子打几分?

【设计意图】"贴标签"的游戏活动,让家长感受到"贴标签"的指责抱怨并不能解决问题,反而只会让家庭氛围紧张、冷漠,让人感到沉重、压抑。因此,当孩子愿意沟通时,我们不仅要及时回应,更要学会就事论事,不妄加评断,引导孩子正视问题,思考解决问题的方法。

(3)方法三:接纳并给予支持

(家长写下分数,老师查看分数。)

师:在解读分数之前,先请大家观看视频《如果满分是 10 分,你给孩子打几分?》

(家长观看视频。)

教师小结:看完视频,相信各位家长触动都很深。最开始,我们与孩子的氛围都很和谐,只是在后面的成长路上,我们发现孩子们越来越多的不足、缺点,我们忘记了应该去接纳孩子,给予支持,更忘记了自己也有缺点。所以,第三个方法就是接纳并给予支持,就是在与孩子沟通时,能包容孩子,接纳孩子的不足,并积极回应、肯定和支持,而非指责、抱怨。

【设计意图】通过观看视频,家长感受到自己总是无限扩大孩子的缺点,没有学着接纳孩子,给予支持。作为父母,要接纳孩子的一切,对于孩子的不足,应给予理解、帮助。

师:以上就是营造和谐家庭氛围的方法,具体生活中怎么运用呢?让我们通过角色扮演活动来学习。

(PPT 呈现情景)

15 岁的女儿乐乐放学回家后就进入了自己的房间。你知道她和好朋友珊珊发生矛盾了,但具体怎么回事,你并不清楚。马上就要吃饭了,请问作为父母,你会怎么处理呢?

师:请两位家长上台,分别扮演乐乐及乐乐家长。

(家长上台表演)

表演情况一:家长站在自己的角度,用说教的方式去开导乐乐。"乐乐"说出自己听了这些话的情绪及感受，双方表达感受到的氛围。

表演情况二：家长用课堂上学习的方法和乐乐沟通。"乐乐"说出自己听了这些话的情绪及感受，双方表达感受到的氛围。

（如果家长们没用到今天学习的方法，则老师扮演乐乐家长，运用学习的方法和"乐乐"沟通，让"乐乐"说出不同的交流方式给自己带来的感受，让各位家长感受两种不同的方法带来的结果及氛围。）

教师小结：通过角色扮演，各位家长更进一步理解到营造家庭和谐氛围的重要性，学会在实际中运用今天学习到的方法来营造和谐的家庭氛围，学会及时回应孩子、学会就事论事、学会接纳孩子，与孩子建立亲密关系。

【设计意图】通过角色扮演，让家长进一步感受到家庭和谐氛围的重要性，真正理解并掌握课本中阐述的方法，学会在实际生活中运用。

（四）点亮心灵之灯（4分钟）

1. 总结课堂

师：各位家长，今天通过按摩操感受到了轻松、愉悦的氛围；通过绘画，思考了我们与孩子的距离、家庭的氛围；通过案例分析，认识到了营造和谐家庭氛围的重要性；通过情景模拟、"贴标签"游戏、观看视频，学习了营造和谐家庭氛围的方法；通过角色扮演的练习，学会运用营造和谐家庭氛围的方法。希望各位家长能将今天在课堂上的收获运用到实际中去。

2. 布置作业

师：现在给大家3分钟时间，请各位家长对照《家长自查表》进行自我检查，反思我们与孩子的关系及我们的家庭氛围。

（家长进行自查）

师：今天的课后作业是请各位家长在下次上课前完成一次一家人的按摩操，拍照或录像发在学习群里进行打卡。今天的课程到这里就结束了，愿我们能营造和谐的家庭氛围！谢谢！

【设计意图】通过总结课堂，梳理学习内容，强化学习效果。同时，布置课堂作业，让家长对自己和孩子的关系有一个深刻认识，明白家庭氛围不和谐是有原因的。课后作业呼应课堂开始的按摩操，让家长回想、感受轻松愉悦氛围带来的舒适感，使课堂上所学到的知识能在实际生活中去运用。

九、板书设计

营造和谐的家庭氛围

破冰游戏——按摩操

一、打开心灵之门

绘画：我与孩子之间的距离

二、共赴心灵之约

1. 营造和谐家庭氛围的重要性

2. 营造和谐家庭氛围的方法

三、点亮心灵之灯

1. 课堂总结

2. 课堂作业《家长自查表》

3. 课后作业：一家人做一次按摩操（拍照或录像）

十、附　录

家长自查表

自查内容	是	否	自查内容	是	否
1. 当众批评孩子。			11. 常在外人面前说孩子的不足。		
2. 极少表扬孩子。			12. 和孩子基本很少沟通交流。		
3. 用别的孩子挤兑自己的孩子。			13. 夫妻在孩子面前吵架。		
4. 总用自己年轻时的事情教育孩子。			14. 一家人一年里没有两次及以上旅游。		
5. "我都是为了你好"挂在嘴边			15. 过于看重孩子的考试分数。		
6. 对孩子提出的问题没有耐心。			16. 将自己的负面情绪发泄到孩子身上。		
7. 夸大孩子的缺点。			17. 总帮孩子解决问题，没有让孩子自己解决。		

自查内容	是	否	自查内容	是	否
8.按自己的认识给孩子定标准。			18.对孩子不尊重,总认为他小不懂事。		
9.说理不做理,重言教轻身教。			19.一个月里批评孩子次数超过 15 次。		
10.总认为孩子缺点很多。			20.孩子一犯错,就忍不住要生气发火。		

参考文献:

[1] 张琳. 青春期孩子的心理特点及家庭教育 [J]. 当代家庭教育,2020(26):28-29.

画说家庭氛围

贵阳市第三实验中学　张　璐

一、案例来源

（一）案例内容摘要

本次案例教学中使用的案例选自《家庭教育知行读本》（高中分册）中的《家庭氛围对孩子的影响》一文。案例讲述了主人公小强刚进入高中时，成绩一直保持在班级前列，积极参与学校的各项活动和兴趣小组，并被同学选为班干部，但是从高一下学期起，小强的成绩排名直线下降。父母帮他找补课机构补课，班主任不时找他谈心分析以及和他的父母多次沟通，希望能帮助他找到问题的根源。但小强成绩仍在不断下降，回家后一句话也不说，经常感冒，还会经常抱怨班里的同学、老师。最后在学校心理老师帮助下，才知道这一切是因为他无意中发现了父母的离婚协议书。

（二）案例分析

父母向小强隐瞒了关系破裂的事实，被小强意外发现。对小强身体、心理以及社会功能等方面都产生了很大的影响。这个故事仅仅是亲子关系矛盾中的冰山一角，家庭氛围对于每一个家庭成员都很重要，对孩子的成长也很重要。家庭中没有两个人之间的事情，家庭中的每一件事情、每两个人之间的互动都会形成一定的氛围，对孩子产生影响。

二、教学背景

当前社会家长对孩子的教育越来越重视，教育能力也是在不断地提高，每个家长对孩子的爱毋庸置疑。但是很多家长依然有这样的疑问："我和他爸爸虽然关系不太好，但是我们都很爱他，为什么他会出现这么多问题？"家庭是孩子成长的第一所学校，也是待得最久的一所学校，所以家庭教育对孩子的成长至关重要。家庭氛围从孩子出生就会存在，但恰恰也是父母最容易忽视的点，孩子成长中遇到问题的时候，父母会去考虑教育方法、与孩子的相处方式，然而父母之间，父母与孩子之间以及家庭中每一个成员之间形成的家庭氛围很容易被忽视。

三、学情分析

（一）学生基本情况分析

进入高中后，一些孩子会爆发似的出现各种心理和行为问题。与初中时期相比，高中生情绪的表现形式，以外显为主向以内隐为主发展，他们会更愿意隐藏自己的真实想法，所以外界（包括家长）很难了解他们内心的一些看法与观点。

（二）家长基本情况分析

当代社会父母越来越重视孩子的教育问题，由于高中生的心理特点，家长和孩子之间很可能会出现沟通不畅的情况，很多时候家长不知道原因是什么，更不知道该如何解决问题。家庭氛围对每一个孩子的成长都非常重要，当孩子出现一些异常情况的时候，家长更多的关注点可能都在孩子身上而忽略了另一半，其实很多时候良好的家庭氛围、父母之间良好的互动都可以让孩子感觉到温暖，体会到精神支持，愿意敞开心扉，积极和父母沟通并且遇到困难时愿意向父母寻求帮助。

四、授课对象

高一年级学生家长（城市）。

五、教学目标

1. 帮助家长认识到家庭中没有纯粹只是两个人之间的事情，家庭中的每一件事情、每两个人之间的互动都会形成一定的氛围，对孩子产生影响。

2. 引导家长理解家庭氛围对孩子的生理、心理以及社会功能都会产生影响。

3. 引导家长思考适合自己家庭的氛围，如何建立更好家庭氛围的方法。

六、教学重难点

（一）教学重点

引导家长认识到家庭氛围对孩子身体、心理以及社会功能的重要性。

（二）教学难点

帮助家长反思自己家庭中有无类似问题，思考适合自己家庭更好的家庭氛围建立方法。

七、教学策略与方法

（一）教学策略

分享讨论。创设情境，通过学生的画引发家长的思考并进一步交流分享。

（二）教学方法

案例分析。采用学生关于家庭的画和实际案例分享，引发家长思考。

八、教学过程

（一）暖场导入活动：摸鼻子（3分钟）

师：请各位家长双手交叉放在胸前，向内绕一圈，再将两个食指放在我们鼻翼的两侧，然后将手打开，看我们的手指是缠绕在一起还是完全打开。成功的家长可以帮一下手指缠绕到一起的家长。

（家长跟着指导语进行摸鼻子活动。）

教师小结：家长们刚坐到这个教室的时候，绝大多数都是陌生人，坐在教室里会有一些不自在的感觉，但是通过这样一个简单的小活动之后，我们教室的氛围就发生了很大的变化，我们也会觉得比之前舒服很多，所以说氛围的影响真的很大，显而易见，我们待得更久的家庭氛围对每一个家庭成员的影响就更大。

【设计意图】活跃课堂氛围，拉近家长彼此之间、家长和老师之间的距离感，引出家庭氛围的主题。

（二）案例分享（5分钟）

（视频分享小强的故事，设置问题，介绍家庭氛围概念。）

师：您听了小强的故事后，有什么感受呢？

家庭氛围是指孩子所处的家庭环境的气氛与情调。它客观地存在于每个家庭之中，并且严重地影响着生理和心理都处于发展过程中的孩子。良好的家庭氛围能使孩子活泼开朗、积极阳光，更有力量面对生活中的挫折。因此，建立和谐、愉快、整洁、平等、尊重的家庭氛围是保证孩子健康成长的有利途径。

（家长观看视频并思考问题。）

教师小结：在家庭中，任何两个家庭成员之间的互动都可能受到第三个家庭成员的影响，也会影响第三个家庭成员。比如刚才的案例中，父母向小强隐瞒了关系破裂的事实，被小强意外发现。对小强身体、心理以及社会功能等方面都产生了很大的影响。这个故事仅仅是我们亲子关系矛盾中的冰山一角，家庭氛围对于每一个家庭成员都很重要，对孩子的成长也很重要，这节课我们以学生创作关于"家庭"的画为载体，从一幅画说起，"画说"家庭氛围。

【设计意图】通过播放视频的方式，家长更直观地感受到家庭氛围对孩子的影响，引出家庭氛围对孩子成长的重要性并介绍家庭氛围的概念。引导家长认识到家庭中没有仅仅两个人之间的事情。

（三）图画分享（8分钟）

（教师布置任务，巡看各组家长讨论情况。家长根据不同任务单，小组内讨论分享。）

1. 信封①：学生关于家庭的画 + 问题

看了孩子的画，您猜孩子想表达什么呢？（您有3分钟的时间思考并讨论这个问题。）

2. 信封②：问题（3分钟后发第二个信封）

（1）看到孩子关于画的描述后，您觉得孩子产生困惑的原因是什么？

（2）如果让您调整这幅画解决问题，您最想更改哪个部分？为什么？

（请用画笔在画上做出修改并回答问题。）

教师小结：各组家长通过讨论后都有了自己的答案，接下来我们就请各个小组依次分享。

【设计意图】让家长感受孩子眼里的家庭，引导家长讨论如何解决孩子可能面临的问题。

（四）家长分享（18分钟）

（教师聆听家长分享，即时点评。家长聆听、分享和思考。）

教师小结：

1. 关注分数背后的原因（家庭氛围对孩子心理的影响）

图 17　学生的图画一

在我准备这节课的时候，有个同事跟我说，她小时候成绩一直都很好，初二的时候突然有一次成绩大幅度下降。班主任老师把她家长找来，还提到她最近一段时间上课经常睡觉。爸爸因为被班主任批评，回到家后对着她发了脾气，她更不愿意把心里话说出来了。现在她已经为人母，但是这件事依然印象深刻。当时父母在家里经常吵架闹离婚，她非常焦虑，这种焦虑致使她晚上难以入睡，这才影响到了学习。

如果我们不进行深入的思考，怎么会想到家庭氛围还会和学生的成绩产生关联？父母关注孩子的学习没有错，对现代社会里的每一个孩子来说，成绩都很重要，但是当孩子成绩有波动或者不令人特别满意的时候，请父母不要只关心成绩，应该了解背后的根本原因，对症下药。

其实现在很多孩子，特别是到了高中这个年纪，他们都很理解家长在学习上对自己严格要求，但有些方式方法他们是真的不能接受。各位家长，您对孩子有期望没有错，但一定要找到适合督促自己孩子努力学习的方式方法。父母应该是孩子的同盟者，与孩子共渡每一个难关。如果孩子成绩下降的原因是担心父母离婚或父母经常发生冲突，那得知孩子成绩下降的爸爸不分青红皂白地打了孩子，试想孩子有多委屈，这样的环境和氛围孩子的成绩能提高吗？如果父母过度的关注孩子的分数而不是孩子本身，孩子怎么敢去面对自己考不好的现实呢？

2. 给孩子发声的机会（家庭氛围对孩子社会功能的影响）

图 18　学生图画二

　　人的气质更多地是受个体生物组织的自然影响。不同环境和教育的影响以及个人的实践塑造着人的不同性格。也就是说孩子的性格是可以后天塑造的，家庭环境会产生很大的影响。

　　我有一个心理社团的学生，在以家庭为主题做活动的时候表演情景剧，原本写的剧本是要他和"爸爸"反驳，但是演的时候他没有演出来。结束之后面对组内成员的抱怨，他和我说："老师，在我家里爸爸比较强势，我不敢反驳他。"这种感觉已经蔓延到了情景剧中。我当时听的时候心里有点难受。家庭所形成的氛围已经被学生迁移到自己与同学的相处中，已经影响到他的社会功能也就是人际交往的能力了。

　　各位家长，请您想想，您希望孩子以后用什么面貌来面对这个社会的风吹雨打呢？您的家庭氛围是更倾向于民主还是严厉强势呢？孩子虽然没有足够的能力做决定，但是他们对自己的事情可以有参与权。当你足够尊重信任孩子，倾听孩子的想法，适当地给他们机会去突破自我的时候，一定会有意想不到的收获。

3. 在孩子面前减少争吵（家庭氛围对孩子身体的影响）

图19　学生图画三

　　您觉得在家庭中，夫妻关系和亲子关系哪个更重要呢？父母只爱孩子就够了吗？

　　其实不是这样的，如果父母之间没有爱，而是把爱都给孩子，许多心理需求也要从孩子那里得到满足，由此父母会对孩子产生很多期待，这不但让孩子感觉到很大的压力，而且还会产生许多亲子互动问题。

有的学生平时活泼又健康，但一到考试的时候不是头疼，就是肚子疼，只能请假回家，家长带去医院检查也查不出什么原因。有的时候孩子可能会在一些特定的情境下出现一些异常情况，比如每次稍微大型考试之前就会生病；在比较吵闹的环境里会异常恐慌……之前有个学生跟我讲，因为小的时候父母总是吵架，现在大家正常地讨论一个问题，只是说话声音大一点，他都会觉得很心慌。当出现这些情况的时候，我们需要停下来认真想一想，孩子恐惧的、深层次的原因究竟是什么。试想一下，如果孩子成长的家庭氛围不够幸福，本该天真烂漫的年纪，每次回家都要担心父母是不是会吵架、他们是不是又要冷战，持续提心吊胆，如何能快乐成长、安心学习呢？

幸福的家庭氛围真的很重要，所以请不要当着孩子的面发生争吵，夫妻吵架不仅仅是你们两个人之间的事。孩子都看在眼里，难过在心里。

【设计意图】帮助家长思考自己家中有无类似的问题以及相应的解决办法。体会在孩子面前减少争吵、给孩子发声机会等细节对孩子成长的重要性。

（五）总结升华、布置作业（6分钟）

教师对本节课的内容进行总结升华，布置家庭作业。家长思考如何落实并完成作业。

九、教学小结及延伸拓展

（一）教学小结

家庭氛围的好坏对每个家庭成员来说都很重要，对孩子的成长尤为重要。当今社会有很多不同类型的课，比如我们学习插花、茶艺、古筝等，都有专门的课对我们进行培训。但是却没有一门课教我们如何去做父母。我觉得与其说父母把孩子抚养成人，倒不如说，父母与孩子一起成长、共同学习。

（1）关注分数背后的原因（心理）。当孩子分数突然下降的时候，请您关注分数背后的原因。

（2）给孩子发声的机会（社会功能）。孩子对自己的每件事情都可以有参与权，要认真倾听孩子的想法，他一定会带给您意想不到的收获。

（3）在孩子面前减少争吵（身体）。可以周末抽空一家人出去转转、去公园，或者陪孩子做他自己想做的事情。平时在家的时候可以摸摸孩子的头，拍拍他们的肩，适当地给一些拥抱。

（二）延伸拓展

（1）全家人一起翻一翻电子或者纸质的照片，选出各自喜欢的 10 张合影，用各自喜欢的方式展示。

（2）请您现在想象家庭中让你觉得最温馨的一个画面，并尽快在家中实现它。

【设计意图】针对本节课的内容进行总结提炼。通过家庭作业把建议具体化，运用到实际生活中。

十、板书设计

$$
\text{家庭氛围}
\begin{cases}
\text{心理——关注分数下降背后的原因。} \\
\text{社会功能——给孩子发声的机会。} \\
\text{身体——尽量不要在孩子面前发生争吵。}
\end{cases}
$$

十一、附　录

案例呈现

小强是一名高中二年级学生，中考时以优异的成绩考入某市重点高中。刚进入高中时，小强的成绩一直能保持在班级前列，他还积极参与学校的各项活动和兴趣小组，并被同学选为班干。但从高一下学期起，小强的成绩就直线下降。父母刚开始以为是小强还未能适应高中学习，就为他联系了补课机构让他补课。在学校，班主任也不时找他谈心分析，希望能帮助她找到问题的根源。时间一天天过去，小强的成绩仍在不断下降。原来喜欢与父母聊天的他也渐渐变得沉默寡言，有时回家后一句话也不说，直接走进自己的房间并把门反锁上。父母能听到小强说的，往往是小强所在的班级哪些老师不好，在寝室里哪些同学的习惯影响了自己的休息，有时甚至埋怨班主任的各种不好。在学校，班主任发现小强变得情绪低落，不太愿意与同学交往，经常独来独往。小强的身体也好像出了什么问题，经常感冒。他也不像过去那样积极参加各种活动了。

为了帮助小强，班主任与小强的父母进行过多次沟通，希望能找到小强变化的原因，但无论是从小强在学校还是在家里的各种表现分析都无法找到真正的原因。为此，班主任建议小强到学校心理咨询室寻求心理老师的帮助。小强迟疑了一会儿后，同意了班主任的建议并走进了咨询室。

在咨询老师多次真诚与耐心地辅导下，小强终于说出了他心中的那个结，那个紧紧缠着他的心魔。小强清晰地记得，那天他回家去父母的衣柜里拿户口簿抄自己的身份证号码时，户口簿里却掉出一张信笺纸，他打开读完顿时觉得天昏地暗。那是一份协议书，是父母的离婚协议。协议里提到为了不影响小强的学习，父母暂时不分手，当着他的面也不再争吵等。看着手里的协议书，小强觉得天塌了，什么都完了。自己不愿想起的父母争吵、没有任何交流的画面一幕幕喷涌而出，他恨父母的虚伪，恨自己的无力……

《画说家庭氛围》导学单

（一）学习目标

1. 理解家庭中没有两个人之间的事情，家庭中的每一件事情、每两个人之间的互动都会形成一定的氛围，对孩子产生影响。

2. 理解家庭氛围对孩子的生理、心理以及社会功能都会产生影响。

3. 思考适合自己家庭建立更好家庭氛围的方法。

（二）教学重难点

教学重点：体会到家庭氛围对孩子身体、心理以及社会功能的重要性。

教学难点：反思自己家庭中有无类似问题，思考适合自己家庭更好的家庭氛围建立方法。

（三）学法提示

认真体会课上出现的情景，积极参与小组讨论，真诚分享。认真思考自己家中有无出现类似的问题、自己的家庭氛围是否有利于孩子成长、如何在自己家中营造和谐的家庭氛围。

（四）知识链接

1. 家庭氛围指孩子所处的家庭环境的气氛与情调。它客观地存在于每个家庭之中，并且严重影响着生理和心理都处于发展过程中的孩子。良好的家庭氛围能使孩子活泼开朗、积极阳光，更有能量面对生活中的挫折。因此，建立和谐、愉快、整洁、完好的家庭氛围是保证孩子健康成长的有利途径。

2. 高中生情绪情感方面以内隐、自制为主，自尊心与自卑感并存。家长应引导孩子树立健康的人生态度，了解孩子可能遇到的成长问题并提供有效的家庭支持。

（五）学习过程

1. 暖场活动
摸鼻子。

2. 故事分享
视频案例，体会家庭氛围对孩子成长的重要性。

3. 合作探究
根据任务单，以学生的画为载体，小组为单位分析孩子眼中的家庭。

4. 分享交流

在分享交流的过程中感受家庭中可能会出现但是会被我们忽略的问题，思考自己家庭中有无类似问题或其他问题以及如何营造良好的家庭氛围。

5. 总结升华并布置课后作业

①全家人一起翻一翻电子或者纸质的照片，选出各自喜欢的 10 张合影，用各自喜欢的方式展示。

②请您现在想象家庭中让你觉得最温馨的一个画面，并尽快在家中实现它。

参考文献：

[1] 李明昌. 家庭教育知行读本 [M]. 北京：东方出版社，2018 年 6 月：33-36.

[2] 李铮. 对 306 名大学生气质性格的调查与分析 [J]. 心理学报，1982（1）：120-125.

[3] 杨莉. 夫妻关系优于亲子关系 [J]. 中华家教，（3）：12-12.

如何召开家庭会议？

贵州省实验中学　蒲　菌

一、案例来源

（一）案例内容摘要

本次案例教学中使用的案例选自《家庭教育知行读本》（高中分册）中的《孩子不与父母交流》一文，案例讲述了高一男生徐皓成绩偏差，沉默寡言，长期郁郁寡欢，因其对周围的人和事都不怎么关心，同学们给他起了个"冰山"的外号，经班主任了解发现，问题的根源是他与父母交流不畅。小徐与父母的亲子关系一般，家庭氛围偏淡漠，当小徐在生活中遇到困扰想得到父母的支持时，父母要么以忙为理由随意敷衍，要么以学习才是最重要的为说辞，批评教育一番，于是他与父母的交流越来越少，慢慢地，他也变得越来越封闭。

（二）案例分析

案例中徐皓的父母正是当下很多高中生父母的缩影，真实的孩子已经慢慢长大，可是父母并没有用发展的眼光看待孩子，高中生已经不是儿童，除了吃饱穿暖等物质需求外，他们更渴望得到父母精神、情感上的理解和支持。当小徐得不到父母的理解和支持时，当他在父母这里体验不到应有的关心时，当他没有感受到家的温暖时，当他觉得父母也不需要自己关心时，他会有一种巨大的失落感和挫败感，进而会对父母、自己甚至身边的同学、老师产生失望、消极、被动等情绪。如果父母知道如何召开家庭会议，彼此平等沟通，互相理解，说出各自的感受，聆听对方的心声，开诚布公地说出自己心中的期待和愿望，才有可能触及和解决真正的问题，真正的交流才有可能发生。

二、教学背景

在家庭指导教育工作中，部分学生向我表达过他们对家长教育及沟通方式的不满，有的孩子甚至说自己与家长无法沟通。与家长关系的不和谐给这部分同学造成了困扰，影响了他们的学习和成长。孩子上高中后，学业压力增大，住校的孩子一周才回家一次，孩子与家长每周只能周末见面，家长很关注孩子是否适应高中的学习、生活，很想尽自己的最大努力来帮助孩子，但是却不知道如何帮助。对青春期的孩子而言，过多的批评和指责不仅不能促进他们改正不良行为，反而会激发他们逆反和对抗心态。如何更有效地沟通交流是家长和孩子都亟需解决的问题，鉴于此，本人设计《如何召开家庭会议？》一课，期望能帮助新高一的学生和家长利用周末的短暂相聚进行有效沟通，以期达到家长和孩子一起有效解决学习、生活中问题的目的。

三、授课对象

高一新生家长（城市）。

四、学情分析

（一）学生基本情况分析

进入高中以后，孩子的自我意识进一步增强，更关注自己内心的体验，成人感更强，希望父母更关注自己的想法。进入新高一、面对新高考，学生面临很多需要适应的地方：与新同学、新老师的沟通问题；与初中相比更深、更广的学习内容；即将面临的新高考选科问题；住校需要面对的生活自理问题；一个星期才能与家人见一次面的分离等。他们需要家长的支持和理解，他们需要与家长共同商讨，但是正处于青春期的他们面对父母不太适合自己的沟通方式，会叛逆、抵触，甚至会拒绝沟通。

（二）家长基本情况分析

新高一很多家长心里其实是很想帮助孩子，但不知道怎样切入、沟通、表达，有时可能会采用说教、唠叨、批评、指责等方式，高中生已不像儿童时期那样，经常向父母敞开自己的心扉，面对处在学习压力大和青春叛逆期的孩子，这种方式可能不仅不能解决问题，有时甚至还会激化矛盾，不利于亲子关系的健康发展，也不利于学生学习成绩的提高。特别是高中学生住校后，孩子与父母见面、沟通的时间更少，召开一次有效的家庭会议有助于家长更好地了解孩子、理解孩子、帮助孩子，也有利于学生的自我成长与发展。

五、教学目标

1. 通过观看励志视频，唤起家长和学生一起逐梦的心理动力。
2. 通过对相关知识的提炼和呈现，学习有关召开家庭会议的知识。
3. 通过角色模拟、总结提炼，为家长回家召开真实的家庭会议做好准备。

六、教学重难点

（一）教学重点

唤起家长助力孩子逐梦的责任心，学习有关召开家庭会议的知识并体验践行。

（二）教学难点

在教学过程中，引导家长思考、体验、表达自己对"召开家庭会议"这一主题的认识和理解，触动家长动情并投入其中。

七、教学策略与方法

提问、讲授、角色模拟。

八、教学过程

（一）导入（3分钟）

教师播放视频《梦想》，布置任务：寻找关键词。

【设计意图】通过视频导入，引起家长注意；利用视频中激动人心的画面，唤起家长和学生一起逐梦的心理动力。

（二）环节一：思维风暴、知行合一（5分钟）

1. 提出问题：通过观看刚才的视频，大家一定会想，作为家长我如何帮助孩子逐梦呢？请家长们各抒己见。

2. 搜集家长的回答，写在黑板上，并按照"知、行"排列。

3. 请家长们把刚才的这些关键词分一下类（在黑板上将同类的关键词按照"知、行"画圈归类）。

4. 引导家长思考，帮助家长提炼和总结。

5. 提出问题：各位家长，你日常生活中做的和本节课分享的一致吗？

教师小结：同样作为家长的我感受到了各位渴望为孩子付出的真心与热忱，真的非常感动，通过分类，我们体会到需要把我们的想法落实到行动中去，做到"知行合一"，才能给孩子更多的帮助。可是经过反思，我们也发现，在与孩子沟通交流的过程中，我们的所思所想与我们的所作所为常常是不一致的，如何落实"知行合一"？有的时候我们可能需要召开家庭会议，通过家庭会议这种方式，更好地了解孩子的需求，更好地提供我们的帮助。

【设计意图】通过有目的地排列家长的答案并对其进行分类，引导家长发现其中的关联，进而家长自己建构、生成"知行合一"的帮助孩子的思考框架；通过提问引发家长反思自省，引出落实"知行合一"的路径——召开家庭会议。

（三）环节二：提出方法、初步感知（5分钟）

1. 观看视频《愤怒的家庭会议》和《协商的家庭会议》。

2. 提出问题：通过观看视频，家长们了解什么是家庭会议了吗？召开家庭会议要注意一些什么呢？

3. 引导家长思考，帮助家长提炼和总结。

教师小结：家庭会议是家庭成员在固定时间、固定周期里，为沟通意见、解决冲突、学习社会互动经验等而召开的会议。通过两段视频的对比，我们发现召开家庭会议要主题明确，要明确解决的是什么问题；家庭成员之间的沟通要本着互相尊重、平等协商的原则；得出的结论、建议要对家庭成员有帮助。

【设计意图】通过视频视听结合的展示及两段视频不同效果的对比，家长初步感知召开家庭会议的意义和如何正确召开家庭会议。

（四）环节三：夯实知识、践行体验（15分钟）

师：我们的读本《家庭教育知行读本》《正面管教》等书籍对如何召开家庭会议都有详细的阐述，我选取了其中的内容，邀请家长和我一起学习。

1. 幻灯片展示

角色构成：

（1）大家轮流做主持人，主要负责召集大家开会、带头开始致谢、提出解决的问题、第一个持发言棒发言、监督发言棒逐一传递、确保每个人都有机会发表意见或提出建议、主持大家探讨并归纳总结共同得出的结论和做出的决定。

（2）大家轮流做秘书，主要负责记录会议讨论的内容、记录会议做出的决定。

流程构成：

（1）表达致谢。让每一个人向每一个家庭成员致谢。

（2）问题主导。明确问题并讨论解决方案。

（3）全体表决。全体表决通过。

2. 提出问题：开学已有一段时间，我们的孩子遇到了哪些问题？我们选出最有代表性的问题，模拟召开家庭会议。

3. 引导家长回忆、表达、思考孩子出现的问题，并举手表决选出最具代表性的问题。

4. 角色扮演、模拟召开家庭会议：座位相邻的 5 位家长自由组合成 9 个组，小组中年龄最大的是主持人，个子最高的是记录人，各组分别讨论 5 分钟；然后有请其中的 1 个组再次进行现场表演，其他 8 个组观摩、点评。

教师小结：刚才家长们的表现非常棒！我都情不自禁地随着你们的讨论而心潮澎湃，相信在我们的共同努力下，孩子们不适应高中学习内容与节奏、住校生活难以自理、人际关系处理不好等问题都将迎刃而解。

【设计意图】通过学习关于如何召开家庭会议的主要内容，提高家长关于召开家庭会议的理论素养；引导家长表达出孩子出现的问题，并通过模拟召开家庭会议身体力行，为回家召开真实的家庭会议做好准备。

（五）环节四：表达感悟、总结提炼（5 分钟）

师：感谢参加模拟家庭会议的各位家长，你们辛苦了！身在其中的你们有哪些感受？现场观摩的各位家长，你们又有哪些感受？

1. 引导家长思考、总结和提炼。

2. 幻灯片展示。

（1）一个前提：平等尊重。

（2）两个角色：主持人、秘书。

（3）三个环节：表达致谢、问题主导、全体表决。

【设计意图】家长通过模拟以及对模拟行为的观摩，有了切身的感受和思考，用语言把这份感受和思考表达出来，有助于强化感同身受的记忆；通过总结提炼，形成浓缩的口诀，强化召开家庭会议的要点，也便于家长离开课堂后进行落实和操作。

（六）环节五：结尾升华、形成共鸣（5 分钟）

1. 静听音乐《当你老了》。

2. 观看视频《你陪我长大 我陪你变老》。

3. 教师分享：孩子恐惧时，父母之爱是一块踏脚的石；黑暗时，父母之爱是一盏照明的灯；枯竭时，父母之爱是一湾生命之水；努力时，父母之爱是精神上的支柱；成功时，父母之爱又是鼓励与警钟。孩子的成长离不开父母的关爱，家庭会议是践行父母之爱的方式和阵地，纵然前方艰难险阻，愿我们父母砥砺前行，切莫忘记初心！与君共勉！

4. 教师小结：感谢各位家长，古人说："纸上得来终觉浅，绝知此事要躬行。"让我们带着对孩子的爱和我们一起总结出来的召开家庭会议的要点，去不断实践、实践、再实践，一起加油！

【设计意图】通过听音乐、看视频、静听教师分享，将家长生成的对召开家庭会议的责任感、使命感语言化，引起家长的共鸣。

九、教学小结及延伸拓展（2分钟）

（一）教学小结

通过本次学习，家长们知道了召开家庭会议的环节和要点，是否有跃跃欲试之感呢？请家长们回家后参照家庭会议记录表召开一次家庭会议，并反馈会议记录，谢谢大家！

（二）延伸拓展

表 14　家庭会议记录表

会议背景			
孩子情况	年龄：	年级：	性别：
会议主题		会议时间	
主持人		记录人	
与会人员			
会议记录：			

十、板书设计

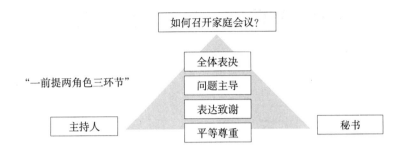

参考文献：

[1]［美］简·尼尔森 著，正面管教 [M]. 玉冰，译. 北京：京华出版社，2009-1-1.

孩子，我陪你一起走出自卑泥淖

贵阳市第八中学　韦　欢

一、案例来源

（一）案例内容摘要

本次案例教学中使用的案例选自《家庭教育知行读本》（高中分册）中的《引导孩子走出自卑阴影》一文。案例讲述了陈启明因从小生活在农村，到城里读书后慢慢变得自卑，甚至敏感、多疑、悲观消极的过程。

（二）案例分析

案例中的陈启明深受自卑问题的困扰，目前已经严重影响了其正常的学业生活及人际交往，甚至逐渐出现注意力不集中、睡眠困难等问题，如果父母不能及时加以恰当引导，很可能发展成严重心理障碍。

二、教学背景

多位学者研究表明，对中学生而言，自卑心理与厌学心理、逆反心理是普遍存在于学生当中的现象（曲文佩，王丽，2017）。中学生的自卑心理有可能外显表现为：孤僻、敏感、疑心重、对人冷漠。他们做什么事都谨小慎微，害怕出差错被别人嘲笑，做事消极被动、畏首畏尾（顾赟，2003；张春旺，王玲，2008）。自卑心理不仅会阻碍一个人的学习、还会严重阻碍一个人未来的成长与发展，如未能及时加以引导，某些孩子会陷入无价值感、长期情绪低落、罹患抑郁，严重者甚至会自杀（李望舒，2004）。

该案例是一例自卑心理问题。案例中陈启明因为从农村到城市学习，外加性格、家庭条件、学业不理想等原因产生严重的自卑心理。案例中呈现的是农村人口向城镇流动及转化过程中比较典型的心理，因此案例内容十分具有代表性。可以用于家长教学中深入的交流和讨论，也能给予家长相关教育方式方法的启发。

三、授课对象

中学生家长（城市）。

四、学情分析

（一）学生基本情况分析

青春期的学生自我意识增强，是寻求自我发展的重要时期。他们热衷于思考"我是谁""我的优缺点"等问题，如果此时缺少来自重要他人的尊重、理解、认可及肯定，就很容易形成自卑心理。在以认识自我为主题的心理课程中，通常会让学生对自我进行描述。在近 5 年的教育生涯里，我发现很多学生在对"自我"进行描述时，都会较多地关注到自身存在的缺点，由此可见，自卑在学生群体中是比较突出的问题，如未能及时加以引导，学生的自卑情绪则会越来越重。

（二）家长基本情况分析

城市学生的家长具有一定的文化程度以及反思能力，但是由于工作等原因，对于孩子的教育没有过多的思考，也没有太多精力去关注孩子的身心发展情况。他们更多的是关注孩子的学业成绩，一旦孩子的成绩不尽如人意，便简单地对孩子采取批评、责骂的教育方式，不仅无法产生效果，反而让孩子变得越来越自卑。

对于这样的家庭，如果为家长提供浅显易懂的教育理念，教会他们一些简单易懂的、家长能够相对快速地理解和操作的方法去引导孩子变得自尊自信，这样的家庭教育课堂是家长所需要的课堂。

五、教学目标

1．了解自卑的表现及对孩子成长的危害及产生的原因。

2．学习并掌握引导孩子走出自卑的途径。

3．通过本堂课的学习，家长能够明白良好的家庭教育方式对于孩子成长的重要性，能够在以后的生活中不断探索健康的教育方式，引领孩子健康成长。

六、教学重难点

（一）教学重点

家长能够理解不良教育方式会造成自卑性格的形成。

（二）教学难点

掌握引导孩子走出自卑的方式方法并能实践。

七、教学策略与方法

（一）教　法

讲授法：教师通过简明、生动的语言向家长传授相关知识。

讨论法：教师引导，家长分小组对核心问题"自卑产生的原因"进行讨论，获得相关知识学习。

直观演示法：教师在课堂中运用多媒体技术，展示相关的案例内容，让家长直观地感受自卑的危害。

练习法：家长在教师的指导下，结合案例对所学习的"恰当的表扬方法"进行练习使用，巩固知识。

（二）学　法

观察法：利用音频素材、文字素材、视频素材，学生结合视觉、听觉多种感官，感知自卑心理的具体表现及影响，对自卑心理这一抽象词汇获得具体的印象，从而获得"自卑"这一词汇的概念。

合作探究法：将教学内容问题化，将学生置于"疑问者"的角色，使学生在学习中产生疑惑，从而推动学生去探讨、去解决问题。

比较学习法：教师通过家长提出的夸奖方式，引导家长比较不同夸奖方式的区别以及产生的影响。

八、教学过程

（一）课堂引入——评价孩子（2分钟）

教学活动：请家长从 0~100 分，给自己的孩子打分，请打分低的家长分享打分如此低的原因，请打分高的家长分享打分高的原因。

教师小结：我们可以看到，打分高的家长善于发现孩子的长处，而打分低的家长则更多观察到孩子的缺点。

【设计意图】了解家长对于孩子的评价，同时为后续"批判型 / 责骂型"家长及"看不到孩子优点"的家长引发自卑埋下伏笔，也和最后的评分活动形成前后呼应。

（二）案例重现——自卑的表现（3分钟）

教学活动：请大家认真观看两段素材，思考以下问题。

1. 素材中孩子的表现属于？

2. 如果你是家长，你希望你的孩子是案例中的样子吗？

教师小结：以上素材中表现的就是典型的自卑心理，表现出低自我评价、离群独处、沉默寡言、谨小慎微、害怕别人嘲笑、敏感多疑等特点。

【设计意图】通过运用多媒体帮助家长直观地感受自卑的表现。

（三）分析分享——自卑的危害（3分钟）

教学活动：请结合案例分析。

1. 自卑心理的危害有哪些？

2. 素材中两位学生未来的生活状态可能是？

教师小结：自卑心理不仅会阻碍一个人的学习生活、人际交往，还会严重阻碍一个人未来的成长与发展，如未能及时加以引导，某些孩子会陷入无价值感、长期情绪低落、罹患抑郁，严重者甚至会自杀。

【设计意图】利用问题，引导家长思考、理解自卑对于孩子成长的巨大危害。

（四）追根溯源——自卑产生的原因分析（8分钟）

教学活动：讨论分享。请家长们根据以上两段素材案例、结合生活中的经验，以小组为单位分析孩子产生自卑的原因，并分享讨论内容。

教师小结：我们会发现，个人认知不足、家庭经济因素、不良教育方式及个人性格特点等因素都会导致自卑心理的产生。

【设计意图】通过讨论活动，家长们结合案例，同时也对自己家庭中的教育方式进行一定的反思，了解自卑产生的原因，也激发了后续学习的动力。

（五）知行合一——如何引导孩子走出自卑泥淖（22分钟）

教学活动：思考，如果你是陈启明的父母，你如何引导孩子走出自卑的泥淖？

1. 保持良好的教养方式（体验活动"言语的力量"）

（1）请每位家长分享自己常常骂孩子的一句话，教师将其整理在黑板上；

（2）请一位家长扮演孩子，其他家长扮演批判型/责骂型/打击型家长，围在"孩子"周围，不断重复以上收集的责骂的话语；

（3）请扮演"孩子"的家长分享此过程中自己看到的和觉察到的。

教师小结：如果孩子长期不被肯定、不被认可，总是被父母批评和贬低，则其很容易形成自卑的性格特点。

【设计意图】通过"言语的力量"体验活动设计，让家长明白教养方式对于孩子自信培养的重要性，从而在以后的教育中能够较少地犯错，避免培养出孩子自卑的性格特点。

2. 对孩子给予恰当的鼓励（视频学习＋案例示范）

（1）请家长分享平日里夸奖孩子的方式或者言语。

（2）分析"你真棒""你真聪明"这样简单粗暴的鼓励方式可能造成的危害。就是形成固定型思维，让孩子以为一个人的能力是固定的，导致孩子害怕挑战，害怕失败。

（3）欣赏视频《如何更恰当地夸奖孩子》理解学习恰当的鼓励方式。

教师小结：有效夸奖孩子的三原则

①使用描述性的词语，把过程中孩子的行为描述出来，而非评论性语言。

②夸奖可以改变的品质（如坚持／合作／耐心／细心），而非天赋型的（如聪明）。

③将以上夸奖总结成一句话（如坚持／合作是一种优秀的品质）。

（4）结合案例，现场示范有效恰当的夸奖方式。

案例再现：陈启明在某一段时间里学习很努力，那段时间他可能每天在校认真听课，按时保质地完成作业，回到家能够控制自己不玩手机／不玩游戏，专注地做作业，有不会的问题会问同学或者老师，如果你是陈启明的父母，在那个时候你如何对其进行有效的夸奖或鼓励呢？

教师小结：夸奖陈启明的坚持／努力／自控等品质，而非笼统地说你真棒／你真优秀。

【设计意图】通过视频学习，结合现场案例示范，帮助家长更好地掌握恰当有效的夸奖方式，从而在以后的生活中能够及时发现孩子的进步，并通过恰当的鼓励引导孩子形成自信自尊、不害怕失败，不怕挫折的性格特点。

3. 看到孩子的优点（优点接龙）

（1）接下来，我会给每位家长 1 分钟的时间，想一下自己孩子身上具有的优点。

（2）当"信号"传到哪位家长面前时，家长迅速站起来，大声讲出自己孩子的优点。

（3）请家长再次从 0—100 给孩子打分，两次打分的变化在于什么？为什么会有这样的变化？

教师小结：我很欣喜地看到，很多家长已经开始能够"看得见"孩子的优点，有时不是孩子做得不好，而是我们缺乏发现他们优点的能力。

【设计意图】通过"优点接龙"活动，赋予家长"看见"孩子优点的能力。

九、教学小结及延伸拓展（2分钟）

（一）教师小结

今天的课堂我们一起了解了自卑对于孩子成长的严重危害，也明白自卑的多种因素。自卑形成也不是一朝一夕，如果要想帮助我们的孩子走出自卑的泥淖，作为家长的我们，首先要做到的便是保持良好的教育方式，多鼓励孩子，少批评、少打击。当然我们的鼓励也不是简单粗暴、毫无品质的表扬，只有用恰当的方式表扬才是有效的。最后，我们要能够看到孩子的优点，我们就是孩子认识自己的一面镜子，当我们能够看到和欣赏孩子的优点时，孩子自然也能够看到和欣赏自己的优点。

【设计意图】对本堂课进行总结、提炼、升华，巩固家长的记忆。

（二）延伸拓展

请所有家长回家后用真诚的态度、坚定的眼神，表达对孩子某一方面的肯定与赞赏。

【设计意图】将课上学习内容进行延伸，帮助家长更好地理解以及掌握相关知识，同时付诸行动，将理论学习用于实践生活中。

十、板书设计

《孩子，我陪你一起走出自卑泥淖》

自卑形成原因：	走出自卑途径：
1. 自我认识不足	1. 良好教养方式
2. 家庭经济因素	2. 恰当有效的鼓励
3. 不良教养方式	3. 看到、欣赏孩子优点
4. 个人性格特点	
……	

十一、附　录

学　案

素材1：音频＋图片《一个孩子的内心自白》（材料来源于心理咨询中某学生自述改编）

我的嘴唇很厚，很难看，我的皮肤很黑，我的性格很不好，人缘也不好，我想没有人愿意和我这样的人做朋友的；在家里我不是一个孝顺懂事的人，我很自私，经常惹父母生气。我就像一个小透明，在班里我不是一个出众的学生，有的任课老师竟然叫不出我的名字。我太平凡了，不，应该说我太不出色了。虽然每天我也像其他同学一样上学、放学，可我总感觉自己是在陪读，有朝一日他们都考上大学了，我的历史使命也就完成了。

素材2：案例呈现

陈启明从小在农村跟奶奶长大，初中时被父母接到城里上学。小陈讲的是方言，班上有同学常会习惯性地重复她的话；加之身体有经常性皮肤红的问题，因而常常觉得自己不如别人，内心很自卑。上高中后，小陈非常害羞，一说话就脸红，不敢注视对方的眼睛；平时几乎不与同学来往，不愿意参加集体活动，但又想通过学习成绩来证明自己比别人强。由于学习基础较差，经过一年的努力，成绩并没有达到自己预期的效果。每当教室里同学们发出较大的欢笑声时，小陈总觉得是同学们在嘲笑自己笨、自己土，有时晚上会睡不着觉，一直想白天是不是又有什么行为让同学们取笑瞧不起了。在课堂上，小陈对老师的提问也从来不举手回答。有时老师在课堂上举例正常事例，只要有同学发出笑声，小陈都会认为老师和同学在取笑自己。到学期后半段，甚至出现不愿意交作业的现象。进入高二后，小陈上课开始注意力不集中，经常抄作业，也不积极参加集体活动，还经常在班级讲些消极的语言，考试成绩严重下滑。当班主任老师了解到小陈家经济条件不好，单独找小陈谈话，动员小陈申请国家助学金时，她不仅没有感觉到老师的关心，反而回家与妈妈闹情绪，觉得家庭贫困的情况让老师知道了，脸上无光，在同学和老师面前抬不起头。

参考文献:

[1] 顾赟. 帮助孩子走出自卑的困境 [J]. 健康生活,2003（04）:45-45.

[2] 李望舒. 关于自卑心理的成因及应对策略 [J]. 思想理论教育导刊,2004,000（002）:66-67,76.

[3] 曲文佩. 中学生常见心理问题分析 [J]. 新课程教学:电子版（17）:2.

[4] 王丽. 中学生常见的心理问题及其矫正对策 [J]. 学周刊,2017（2）.

[5] 张春旺,王玲. 当前青少年自卑心理的表现及原因分析 [J]. 现代企业教育,2008,000（008）:135-136.

[6] 张柏宁. 中学生自卑感与家庭教养方式的相关性探索 [J]. 课程教育研究,2015,000（030）:201-202.

[7] 大 J. 孩子输不起? 祸起"不走心的夸奖" [J]. 家教世界（32）:2.

[8] 视频素材"如何夸奖孩子,培养成长型思维模式"[Z]. https://haokan.baidu.com/v?pd=wisenatural&vid=6716578825471786122

孩子备考路上，家长你是阻力还是助力？

清镇市第一中学　罗丽欧

一、案例来源

（一）案例内容摘要

本次教学使用了《家庭教育知行读本》（高中分册）中的《如何帮助孩子调整心态积极备考》一文，课堂案例均来自学校心理辅导的实际案例。案例呈现的是三位高三学生想对父母说的一段内心话。

（二）案例分析

孩子的内心话让我们看到对应的三位家长，在备考期间用了"高期待""常忽略""适恰爱"这三种陪伴方式，这些不同陪伴方式带给孩子不同的心理感受和心理影响。值得人们思考，家长如何做能更好支持到孩子。

二、教学背景

近年来，学校心理辅导室接待来访的高三学生不断增多，特别在大型考试结束后，常常出现来访"小高峰"。临近高考，不少学生易受成绩影响而出现情绪波动，认为目前的成绩水平可能难以支撑自己的大学梦，由此产生了较为强烈的焦虑感和失落感。一些学生还担忧，如果高考失利，自己将无法面对父母、师长、同学等，多种压力交织，增加了孩子们的心理负担。为此，学校开展了高三学生系列心理调适活动，该活动需要学校与家庭密切合作，共同为学生营造良好的备考环境，帮助他们渡过这个困难时期。

三、授课对象

本次授课对象为在备考中不知如何有效关爱孩子，但又想了解备考学生心理状态、增进亲子关系、为孩子高考助力的高三学生父母。

四、学情分析

（一）学生基本情况

高三备考学生有来自学业、家庭、人际等多方面压力，加之青春期亲子沟通不畅，学生们一方面难与父母分享备考苦乐，另一方面不少学生因担心自己一旦高考失利必定让亲人朋友失望，愧对父母，又徒增压力。因此，作为父母怎样适当引导孩子并成为孩子的坚强后盾就显得尤为重要。

（二）家长基本情况

在这个特殊时期，家长们也倍感压力。孩子高三，整体上家长会比以往更重视孩子，但孩子需要家长怎样的支持和关爱，很大部分家长不清楚孩子的需求或不知道怎样有效支持、关爱孩子。

五、教学目标

1. 让家长了解备考期间孩子的心理状况，了解有效的关爱行动或方法。

2. 增加家长对孩子有效的家庭支持和关爱行为，减少对其进行无效或不当的关爱方式。

3. 让家长察觉和反思自己的备考陪伴方式，进一步走进孩子、理解孩子，增强亲子沟通。

六、教学重难点

（一）教学重点

增加家长有效的亲子支持和关爱行为，减少对孩子进行无效或错误的关爱方式。

（二）教学难点

家长放下父母身份去感受孩子的内心世界，设身处地感受孩子所面临的压力，引发家长对孩子关爱方式的反思。

七、教学策略与方法

主要采用情景教学法和讨论法。本文通过生动的案例来呈现孩子心声，为家长创设一个有主题、有情绪色彩的具体场景，引发家长一定的情感体验，让家长有感而发。在讨论与分享中，家长不断对照案例、反思过往做法，激发有效陪伴孩子的动机。

八、教学过程

（一）导入：高三家长备考现状——心理小调查（5分钟）

1. 现场调查。"高三备考，家长最担心孩子出现的状况有哪些？"

（1）担心孩子成绩大起大落、考试发挥不稳定。

（2）担心孩子失去信心，一蹶不振。

（3）担心孩子因生病浪费时间、谈恋爱分心等。

（4）担心孩子对自己要求太高。

（5）担心孩子对高考不着急、不上心。

（6）担心孩子还没参加高考就想着复读。

（7）其他担心。

师：刚才的现场调查发现，家长在对待孩子备考时，大多都出现过上述情形。我们再来看一项网络调查数据。

2. 网上调查。"备考期间，高三党最不喜欢听父母讲的话是什么？"

网上有一篇名为《高考冲刺阶段，高三党最不喜欢父母说这些话》的文章谈到，"当高三学生被问到最不喜欢听父母说的话时，有30%的孩子最不喜欢听父母讲生活起居，事无巨细；23%的孩子最不喜欢听父母代入过去经验，盲目指导；14%的孩子最不喜欢父母啰唆、重复；14%的孩子最不喜欢父母拿自己跟别人比较，和过去比较；8%的孩子最不喜欢父母以爱之名，责任归咎；7%的孩子最不喜欢父母嘴上说不要压力太大，但常传递负面情绪；4%的孩子最不喜欢父母说尽力就好，仍对自己期待很高。"

教师小结：通过上述情况，不难发现我们家长对孩子需要的备考支持存在盲区。面对孩子备考，家长在努力支持孩子，而孩子们却在表达"你们给予的关心未必是我想要的"。在孩子最后的备考路上，家长们究竟扮演了怎样的角色呢？是孩子备考路上的"助力"还是"阻力"？

【设计意图】心理小调查，一是为了贴近家长，拉近授课人与家长的心理距离，活跃课堂气氛；二是让家长能觉察自己目前的心理状况；三是为后面内容做铺垫，引出本课主题。

（二）环节一：案例分析——听孩子心声，我们成了阻力还是助力？（20分钟）

师：大家一起来听听高三孩子们想对父母说的内心话，这里截取了三个片段。

1. "如果我考差了，你还会抱我吗？"

"爸妈，其实现在的我对你们是会有一点害怕的。我妈总背后打听这个亲戚那个同学成绩，并把他们和我作比较，你们好像比我更关心成绩，成绩不理想时，在你们失望隐忍的目光下，我知道高考太重要，成绩太重要。在我考好的时候爸爸会亲自下厨为我做饭，有几次成绩上升妈妈开心到控制不住和我拥抱。这让我有一点担心，担心高考成绩不那么理想，可能会让你们失望。我想问问我的爸妈，成绩是不是比我重要？如果我考差了，你还会抱我吗？"

2. "反正不经意间我就被忽略，彼此很难真正交流了。"

"马上高考，有好多事情就一直压着压着，像学习、人际……周末好不容易回家，自从爹妈换智能手机后，整天机不离手。我爸、我妈还有我，各自刷手机，家里唯一有点动静的就是电视，整个屋子安静得只剩电视声。我就对我妈说：'一天还说我玩手机，现在你呀，瘾比你姑娘的还大'，我妈回我：'老娘的事你少管'。然后我爸呢？我把自己和朋友闹翻的事告诉他，他就说我矫情，朋友处得来就处，处不来就拉倒。反正不经意间我就被忽略了，我们彼此很难真正交流了。"

3. "您的关心我都看得见，我会好好加油。"

"整个高三，爸妈从来没有主动提起过成绩，有时我主动提起，他们会假装轻松地'哦'一声，然后试图找到别的话题转移过去。但奇怪的是，我每次考试失利，总有一通及时的电话，他们就唠叨唠叨我的衣食住行，这就是他们独特的方式吧，从来不直接表达。有次突然下雨了，坐车进市里到学校还要转车一次，没带伞，父亲坚持要撑着他的外套送我回学校。雨很大，我躲在父亲的外套下，就像父亲为我撑起了一片晴天。到了学校，他什么也没说，只一个劲地挥手让我赶紧进去换衣服。看着父亲透湿的头发和微红的脸，真的，很想哭。想对父母说：'感谢你们，有你们在让我很安心，虽然你们想要把关心悄悄藏起来，但我都看到了。我会好好加油，为自己也为你们！'"

家长活动：讨论与分享。进行分组，**邀请家长朋友在组内交流**，最后每小组推选一个代表在全班进行分享。

1. 作为父母大胆猜想：高三备考，孩子最渴望获得的帮助或支持是什么？

2. 这些案例里的父母也有我们的影子吗？我们有哪些相同的做法，又有哪些不同做法呢？

3. 结合案例，谈谈什么样的做法更能让家长为孩子备考助力？

教师小结：经过讨论，大家认为高三备考时期，孩子们的内心是渴望被关照、被安慰、被支持，恰当的关爱可以让他们在备考过程中减少无助、焦躁、抱怨、压抑……

上面三个案例分别代表了三种陪伴类型：高期待型、常忽略型、适恰爱型。案例一，当父母期待子女代替家族或自己去圆梦时，孩子身上负重不堪，甚至怀疑父母是爱那个优秀小孩，还是爱我这个人本身？案例二，孩子感到自己被忽略，父母难以理解她，同在一个屋檐下三人却无话可聊，好不容易向父亲倾吐了自己的烦恼也无济于事。案例三，父母尝试理解孩子、贴近孩子，并给予恰当的爱时，父母真正成了孩子备考路上的助力。刚才，各位家长也谈到，自己身上或多或少也有案例中父母的影子，对孩子关心过多或过少都欠妥当。让家成为孩子永远的避风港，不少家长谈了下一步可以调整的方向，也有部分家长表示对具体做法不知如何着手。

【设计意图】举例"高期待""常忽略""适恰爱"三种情况，正反案例的对比让父母聆听孩子的心声，同时让父母体会孩子的内心渴求究竟为何？案例讨论的问题设置层层递进，逐步推动父母去思考，自己做得怎样？是否还有完善的空间？下一步努力的方向是什么？

（三）环节二：打好三张牌——成为孩子备考路上的助力（12分）

第一张牌：家长首先调整自己。

高考是一场只能赢不许输的人生赌局，这个念头已经成功绑架了很多人。作为父母，我们应允许孩子失败，接受孩子现状，鼓励其做好现在、盘算好以后。我们还应当觉察对孩子"老放心不下""超乎寻常的关心"这类行为或想法，可能缓解的是家长自身焦虑，却干扰了孩子正常备考。家长应尽量避免自己着急上火，还把火烧到孩子那里去。

第二张牌：了解孩子平等对话。

每个家庭均有差异，孩子的成长环境、性格气质不同，意味着每个家庭助力的侧重点不同。但助力孩子备考有一点是共通的，那就是需要走进孩子、了解孩子。了解高三学生心理状态重要指针：一看人际关系，二看情绪状态，三看饮食与睡眠。了解高三孩子普遍问题：现实和理想的巨大落差让孩子们不敢面对高考失败。家长可通过一些契机与孩子进行深度对话。方式可采用写信，如《女儿，要高考了，妈妈有话对你说》《致即将高考的儿子》等，不仅给孩子提供身体营养，还提供精神营养。

第三张牌：制定家庭备考方案。

原则：充分尊重孩子，在能力范围内，有益可落地。

内容：前期——备考阶段的家庭饮食、起居、娱乐活动、家庭谈心等；中期——高考的出行、生活日常；后期——高考结束后的填报志愿、大学录取抉择、假期旅行等。

【设计意图】在上个环节唤醒家长意识的基础上，进一步帮助家长明确具体做法。家长要助力孩子，首先修炼自己，其次了解孩子需要，最后制定家庭方案，这"三张牌"也层层推进。

九、教学小结及延伸拓展（3分钟）

（一）教学小结

家长一路陪伴孩子十八载真心不易。孩子们不久将迎来高考，结束三年的高中学习生涯，他们会离开家、离开父母，开启属于他们年轻人更广阔、更独立的一片天地。

身为父母，我们为孩子做的好像还有很多，仿佛能做的又很少，但可以肯定的是父母需要终身成长，像樊登写的这本《陪孩子终身成长》书名一样，愿我们的家长朋友能在这最后的日子，用最恰当的方式为孩子高考助力，陪伴孩子一起度过青春路上最特别的高三备考。

（二）延伸拓展

课后推荐阅读书目：

1.《陪孩子终身成长》（樊登 著）

2.《巴菲特给儿女的一生忠告》(范毅然 编著)

3.《亲爱的安德烈》(龙应台 安德烈 合著)

十、板书设计

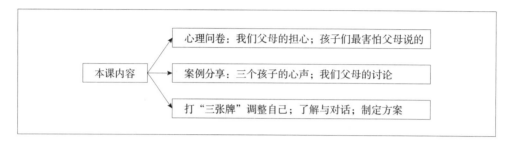

十一、附　录

课堂家长反馈评价表

课题：孩子备考路上，家长你是阻力还是助力？	家长姓名：
1. 请对今天这堂课的满意度打分（划√）：★★★★★	
2. 你觉得教师讲课的课堂氛围如何？（　　　） A. 很死板、不爱听。 B. 气氛沉闷、打瞌睡。 C. 气氛活跃、感兴趣。	
3. 这堂课的主要内容是？（　　　） A. 主要指导家长如何填报高考志愿。 B. 主要是讲孩子学习策略和高考学习方法。 C. 主要是指导父母如何在孩子备考期间给予孩子支持和帮助。	
4. 这堂课，总体上是否有聊到你关心的孩子备考困惑？（　　　） A. 完全没有。 B. 有一部分。 C. 大部分有提到。	
5. 你比较喜欢这堂课的哪个环节？（　　　） A. 一开始的小调查，发现原来这么多家长和自己有相似的感觉。 B. 案例分析与讨论，很有共鸣感。 C. 后面提到的各种关爱方法，觉得可以用到自己身上。	

6. 这堂课上完后，你觉得自己更能理解自己的孩子了？（　　）
A. 完全没有这样的感觉。
B. 有一点。
C. 更能理解孩子了
7. 你有想过尝试课堂中提到"打好备考三张牌"里的建议？（　　）
A. 完全没想过。
B. 也许会试一下。
C. 不确定。
8. 今天这堂课，谈谈你的收获？

厚植沃土，助木兴焉

——为孩子创造良好的备考环境

贵阳市第三实验中学　刘　莹

一、案例来源

（一）案例内容摘要

本次案例教学中使用的案例选自《家庭教育知行读本》（高中分册）中的《营造利于复习备考的家庭环境》一文。案例讲述了高三学生晓琳在备考的过程中，因家庭环境的影响产生的一些问题。

（二）案例分析

案例中，晓琳的家庭环境中存在的问题正是当下很多家庭所面临的问题。家长不顾及孩子的感受，自以为喧闹的环境不会影响孩子的学习，还盲目干涉孩子的学习，无形中给孩子带来了巨大的压力，让孩子产生抵触心理。

二、教学背景

学生进入高三，面临更加全面系统和繁杂的学科知识，更繁重的课程和更多的考试，会出现情绪不稳定，心理压力大等问题。而决定学生考试成绩的因素有很多，是内因和外因共同作用的结果，内因固然是关键，但外因的作用也不可忽视。家长如何帮助孩子在考试中发挥最佳水平，已经成为很多家长关心的重要问题。

三、授课对象

高三年级学生家长（城市）。

四、学情分析

（一）学生基本情况分析

高三学生身体、心理发展相对成熟，有自己独立的见解和思维方式。学习上，他们要将学到的所有知识进行汇总融合，形成一个系统，课业负担相当繁重。另外，由于高考的压力，激烈的竞争导致学业压力巨大。同时，家长会更加注重孩子的学习成绩，家长老师的殷切期望更是给他们带来了无形的压力。这种如影随形的来自外在与内在的精神和肉体的巨大压力让他们涌现出很多心理方面的问题。

（二）家长基本情况分析

到了高三以后家长更关注孩子的学习，对孩子抱有很高的期望。但很多家长缺乏科学有效的方法指导，一味根据自己的想法和习惯对待孩子，不顾及孩子的感受，强势地提出更高要求，频繁询问学习成绩、学习情况，家长自身焦虑等多种情况的出现，使学生压力增大、情绪不稳定。很多家长也不能很好地与孩子交流，需要进行有针对性的指导。

五、教学目标

1. 让家长认识家庭氛围对孩子成长的重要意义和作用。

2. 案例分析让家长了解备考过程中，在家庭教育上出现的主要问题。

3. 讨论、教师指导和实践演练，让家长掌握并在实践中运用为孩子创造良好备考环境的方法。

4. 认同"家和万事兴"的家庭文化观念，认识到建立和谐亲子关系、营造和谐家庭氛围的重要性，增强构建和谐家庭的责任意识。

六、教学重难点

（一）教学重点

1. 让家长了解备考过程中，在家庭教育上出现的主要问题。

2. 使家长了解为孩子创造良好的备考环境的方法。

（二）教学难点

1. 让家长认识家庭氛围对孩子成长的重要意义和作用。

2. 掌握运用为孩子创造良好的备考环境的方法。

七、教学策略与方法

（一）教 法

1. 案例法：通过案例创设情境，引发家长的共鸣；通过案例分析引发家长的思考讨论。

2. 问答法：通过问题引领让教学指向性明确，启发家长的进一步思考。

3. 讲授法：通过对理论知识的讲授提高家长认识的深刻性，让实践活动有理论和方法的指导。

（二）学 法

1. 小组合作：通过小组讨论交流分享自己的经验和思考成果，充当课堂教学的主体。

2. 比较探究：通过对不同案例的比较分析，联系自身实际，引导家长自觉地思考解决方案。

八、教学过程

（一）课前准备

印发电视剧《小欢喜》中的三个故事，后面附问题：对故事中的三个孩子，各位家长认为他们出现问题的原因有哪些?

故事一,父慈母严的普通家庭:爸爸方圆、妈妈童文洁、儿子方一凡。儿子方一凡,从小学到高中,学习成绩一直在下游徘徊。"佛系"老爸方圆,秉承"快乐教育"理念,他认为"考上还是考不上,小小欢喜才是好",而"虎妈"童文洁对儿子说的话则是大部分中国孩子也常常从父母那里听到的:"高考这场战役打不赢,终生遗憾啊!"童文洁之前一直都觉得,自己和老公都是学霸,生出的儿子不可能会学习不好,常常自以为钱花了,把儿子送到补习班就够了,并未关注孩子的改变过程。

故事二,丧偶式育儿的离异家庭:妈妈宋倩、爸爸乔卫东、女儿乔英子。乔英子自小父母离异,爸爸多年不闻不问,在高三开学前才开始有意识地关心女儿;妈妈虽然是一直含辛茹苦地带着女儿,但是在女儿的学习问题上,经常独断专行。为了让女儿把更多的时间放在学习上,她可以一言不合就把女儿心爱的望远镜没收,英子被她视为唯一,更被视为实现自我价值的替代品。英子内心一直非常渴望能够和爸爸妈妈一起生活,但是每次爸妈一见面就吵架,让她很是伤心。

故事三,父母缺失的富裕型"留守家庭":爸爸季胜利、妈妈刘静、儿子季杨杨。季杨杨,官二代,父母忙于工作,对儿子疏于陪伴,长期缺失与父母沟通。他过了六年留守儿童一般的生活,这六年正是他心理成长的关键时期。后来,父母意识到了问题所在,开始做出改变,当季胜利和刘静主动去了解儿子热爱的赛车时,这个家庭的隔阂之墙,也开始瓦解。

【设计意图】通过课前的交流互动消除家长的紧张情绪,让家长对本次教学的课程有个初步的了解。也拉近家长之间、家长和老师之间的距离,营造和谐交流、轻松的课堂氛围。

(二)情境导入(5分钟)

1. 教师引导家长进行交流,对故事中的三个孩子,各位家长认为他们出现问题的原因有哪些?

2. 根据家长的发言总结：家长的行为习惯直接影响到孩子的成长。

【设计意图】以热播剧的故事导入，引发兴趣，让家长初步感受家庭氛围对孩子成长的重要意义和作用。

（三）环节一：案例重现（10分钟）

1. 展示案例

导语：请各位家长阅读下面的案例，在现实生活中我们也会遇到类似的情况。

案例呈现：晓琳，女，18岁，某市一所寄宿制高中的高三学生，爸爸是一名公司经理，妈妈则下岗在家。

晓琳的妈妈特别喜欢打麻将，几乎天天都邀约邻居和好友在自己家里打麻将，而且经常从上午九点打到次日凌晨一两点，有时甚至通宵都在打麻将，而学校寝室的同学晚上经常卧谈到凌晨一两点，晓琳想申请走读，晚上可以在家里安心复习备考。爸爸妈妈很高兴地同意了她的要求，并办理了相关事宜。然而，走读才没几天，让晓琳烦恼的事情来了。妈妈和"麻友"们都是老熟人，深夜打麻将的习惯已经由来已久，晓琳下晚自习回到家里，经常发现"麻友"们还在火热战斗中，完全没有撤退的意思。相比以前，妈妈打麻将的时间变短了但是频率并没改变。晓琳妈妈认为，只要自己不要打得太晚，也没有什么，况且晓琳也是在自己的房间里学习，只怪她自己没有定力，没有把心思放在学习上，否则再吵的环境也是可以学好的，反而希望晓琳要好好反思自己的学习态度问题。同时，晓琳的爸爸和妈妈还对其在家的学习生活状态提出了很多要求，比如每天必须学够15个小时，放学回家后吃完饭就应该在卧室里写作业，不能看和高考复习无关的书籍，更不能使用手机、看电视、听音乐，这些都让晓琳很抵触，感觉自己像一个犯人一样被看护着，完全没有自由的空间。

2. 分析分享

（1）思考讨论问题：案例中的哪些情况会影响到孩子的备考状态？

（2）教师组织各小组分享讨论结果。

教师小结：教师根据小组讨论结果，总结案例中影响到孩子的备考状态的因素：家庭环境过于嘈杂；对孩子关心少，不顾及孩子的感受；盲目干涉孩子的学习。

【设计意图】通过案例分析，让家长了解备考过程中，自己在家庭教育上出现的主要问题。

（四）环节二：追根溯源（10分钟）

1. 通过问题引导家长分析产生问题的原因。

导语：通过以上案例的分析，我们不难发现，家长的很多举动影响着孩子的备考状态。家长的所作所为营造出来的便是家庭氛围。影响备考环境最大的一个因素就是家庭氛围。如果说孩子是一颗种子，那么家庭就是土壤，只有厚植沃土，才能帮助生长于其上的树木更好地成长。那么，什么是家庭氛围呢？

家庭氛围，是指孩子所处的家庭环境的气氛与情调。著名教育家苏霍姆林斯基认为：家庭风气既是进行家庭教育的前提条件，它本身也是一种有效的教育方式。我们要培养孩子成材，就必须厚植家庭氛围这片土壤。家庭氛围包含的内容很丰富，下面重点讨论其中重要的四个部分：环境氛围（居住环境）、情感氛围（家庭成员关系）、人格氛围（家长言行举止）、文化氛围（业余爱好及活动时的心态）

2. 提问：对应以上的家庭氛围包含的内容，请各位家长思考，在孩子备考时，应该如何创造良好的备考环境呢？

3. 教师组织家长进行交流。

教师小结：对应以上的家庭氛围包含的内容，家长应该做到如下几点：

（1）妥善处理邻里关系，保持家庭内部居住环境干净整洁，营造安静环境，尽可能为孩子创造良好的学习生活环境。

（2）避免争吵纠纷，讨论时避免批评嘲讽，互助互爱，注意孩子的心理需求，坚持陪伴，家庭成员关系和谐友好。

（3）以身作则保持平常心，客观看待高考，给孩子树立勇于面对困难的榜样，不唠叨说教，不让自身的焦虑情绪影响到孩子。

（4）注意家庭文化生活，适度关心但不盲目干涉孩子的学习，让孩子劳逸结合。

【设计意图】通过理论知识讲授，让家长了解什么是家庭氛围，它包含哪些内容。认识家庭氛围对孩子成长的重要意义和作用。通过问题引导家长进行分析思考，让家长了解为孩子创造良好的备考环境的方法。

（五）环节三：知行合一（10分钟）

1. 通过问题引导家长将理论知识运用于实践，学以致用。

导语：在学习到了为孩子创造良好的备考环境的方法之后，请各位家长再次回顾案例，思考并讨论以下两个问题。

（1）案例中影响孩子备考的情况对应着家庭氛围营造上出现的哪些问题？

（2）如果您是晓琳的家长，该如何解决这些问题？

2. 教师组织家长进行讨论交流。

教师小结：在案例中，家庭氛围中的环境氛围、人格氛围、文化氛围都出现了问题。对应的解决办法有：营造安静环境；注意孩子的心理需求，坚持陪伴；适度关心但不盲目干涉孩子的学习，让孩子劳逸结合；客观看待高考，注意家庭文化生活等。

【设计意图】让家长掌握为孩子创造良好的备考环境的方法，并能将其运用到实践中。

九、教学小结及延伸拓展

（一）教学小结

如果说孩子是一颗种子，那么家庭就是土壤。孩子在我们的精心培育之下即将成为有用之"材"，此时我们更是不能放松对他们赖以生长的土地的管理，只有厚植沃土，才能助木兴焉。在备考期间，一起努力创造良好的备考环境，为孩子的高考助力！

（二）延伸拓展

（1）通过本次课程，家长认为自己的家庭现阶段在营造良好的家庭氛围中存在哪些问题呢？您准备如何解决？请家长将自己的答案写下来，与老师单独进行交流。

（2）除了营造良好的家庭氛围之外，在备考期间家长还可以从哪些方面帮助孩子呢？推荐阅读《家庭教育知行读本》（高中分册）。

十、板书设计

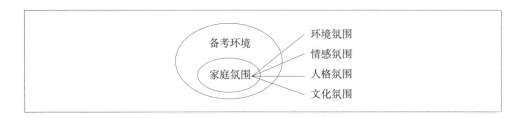

参考文献：

[1] 毕德洲. 试论如何营造良好的家庭心理氛围 [J]. 课程教育研究·上，2015 年第 10 期.

[2] 郭蕾. 家长对青春期初中生的心理关注点及对策 [J]. 中小学心理健康教育，2018-02-11.

[3] 储铭慧. 如何创造良好的家庭氛围 [DB/OL]. https://wenku.baidu.com/view/58416540336c1eb91a375d31.html?fixfr=IkDszVGJUs1blu4AenN4GA%253D%253D&fr=income1-wk_go_search-search，2011-05-23.

[4] 韩美龄. 孩子害怕自己上学该怎么办 [J] 中华家教（上半月），2016-03-01.

家长巧解压力，孩子敞开心扉

贵阳南明甲秀高级中学　何　晴

一、案例来源

（一）案例内容摘要

本次案例教学中使用的案例选自《家庭教育知行读本》（高中分册）中的《如何引导孩子成为情绪管理高手之孩子在高中阶段心理压力过大》。案例讲述了重点寄宿制高中高一学生敏敏满怀信心和憧憬地去学习，却没有收获到自己期待的结果，在反反复复的受挫中，造成内心的习得性无助，觉得自己怎么努力都不会有好结果。而心理的压力慢慢引起了生理上的变化，比如肠胃问题、睡眠问题，这些点点滴滴都产生负面情绪的积累，于是压力慢慢倍增，加上父母的不关注，导致心理压力过大的问题。

（二）案例分析

敏敏的压力更多来源于学业，她满怀信心和憧憬去好好应对学业，却没有收获到自己期待的结果，反反复复受挫，使她内心压力慢慢增大。可以看出压力过大会产生不适的反应。但是压力太小又会让人缺乏行动的推力，因此保持着适当的压力，让自己头脑处于觉醒、身体处于适当的紧张状态，才能够更好地推动学习和工作。

二、教学背景

教育部《德育指南》和《中小学心理健康教育指导纲要》指出："要开展学

生认识自我、尊重生命、学会学习、人际交往、情绪调适、升学择业、人生规划以及适应社会生活等方面教育，引导学生增强调控心理、自主自助、应对挫折、适应环境的能力，培养学生健全的人格、积极的心态和良好的个性心理品质。"良好的心理素质是人的全面素质中的重要组成部分。心理健康教育是提高中小学生心理素质的教育，是实施素质教育的重要内容。心理学研究也表明，心理素质是素质的基础、核心，心理素质能影响也可以促进其他素质的形成与发展。

高三第一轮复习后，我班学生已经掌握了一定知识、具备一定能力和水平，但学习上更多的疑点、难点逐渐显露出来，部分同学成绩不仅没有进步还有下滑现象。对自我有着"高标准，严要求"的他们，开始过度焦虑，开始自暴自弃，部分学困生认为学与不学都一样，他们想要得到同学、老师和家长的帮助。然而有很多家长只关注孩子成绩的变化，却忽视了孩子的心理。更有甚者将自己的焦虑转嫁到孩子的身上。鉴于此现象，我设计了此次家庭教育指导课。旨在帮助家长正确认识学习压力过大给孩子带来的负面情绪，在课堂中找到调适自己和孩子情绪的方法，培养出一个自信开朗、有抗挫能力、乐观向上的孩子。

三、授课对象

高三学生家长（城市）。

四、学情分析

（一）学生基本情况分析

学生进入高三后，由于应试的压力加大，学习任务的加重、学习节奏的加快、学科练习的频繁，家庭的隐形压力导致学生出现各种各样的心理问题。特别是一轮复习后，学生学习进入高原瓶颈期，成绩不进反退。主要表现为：急功近利、心理承受能力弱、自我抛弃感强、学习效率低下、过度焦虑导致不适应高三学习环境、惶恐不安、失眠多梦等。

（二）家长基本情况分析

高三家长分为几类，其中以两类家长给孩子带来的压力最为典型。一类是过度放心，认为孩子很乖很努力，忽视孩子内心的需求，让孩子感觉到被忽视，就如同案例中的敏敏家长。另一类家长是过度担心，压力大。源于期望值过高，现在大部分都是独生子女，被父母视为掌中宝，但凡孩子有什么风吹草动就焦虑不安。他们把所有的精力都放在孩子身上，怎么看都觉得有问题。总觉得孩子有更大的提高，但是总感觉孩子做不到。家长的负面情绪往往在不知不觉中传达给孩子，影响到孩子，孩子的压力很大程度上来自家长，然而他们却不自知。孩子会敏感地感觉到这种来自家长的担心，最后也极有可能会转变为压力、并且影响学校正常的教学秩序和学生的学习。

五、教学目标

1. 案例分析，引导家长了解孩子压力的来源，重视孩子的心理健康成长。

2. 观看视频，让家长明白孩子的压力不仅仅是学业压力，自己施加给孩子的显性压力和隐形压力都会影响孩子高三的学习。

3. 引导家长提出缓解压力的多种方案，关注孩子的心理健康发展，培养一个自信开朗、有抗挫能力、乐观向上的孩子。

六、教学重难点

（一）教学重点

通过案例分析，引导家长了解孩子压力的来源，重视孩子的心理健康。

（二）教学难点

引导家长提出缓解压力的多种解决方案，关注孩子的心理健康发展，培养一个自信开朗、有抗挫能力、乐观向上的孩子。

七、教学策略与方法

通过小游戏、小组合作、教师点拨等方法找到调节情绪，缓解压力，提高效能的办法。

八、教学过程

（一）游戏导入（3分钟）

师：家长朋友们，很感谢您今天来参加我们的家庭课堂，今天大家上了一天班，应该有点累了吧？现在让我们一起做个小游戏《手指曼波》。

（教师播放音乐，发出指令，老师和家长进行游戏。）

教师小结：刚刚我们玩的游戏叫做《手指曼波》，当疲惫时我们可以练一下，舒缓舒缓情绪，保持良好状态。

【设计意图】家长们参加课程，多少都有点陌生和紧张。游戏可以打破僵局，舒缓情绪，拉近距离，提高注意力。

（二）案例分析（5分钟）

环节一：案例重现（2分钟）

师：孩子是一个家庭的未来，是一个家族的延续，关系到千家万户的发展。高三是人生中最关键的一年，我们都有一颗"望子成龙，望女成凤"的心。但是随着应试的压力加大，学习任务的加重、学习节奏的加快、学科练习的频繁，孩子们出现各种各样的心理问题。正如以下这个案例中的敏敏一样。请认真研读PPT上的案例，思考在这个事例中，敏敏的压力形成的原因是什么？

教师活动：PPT展示案例，教师旁述。

【设计意图】通过学生真实案例的分析，引导家长认识孩子面对的压力问题的重要性和普遍性。

环节二：分析分享（3分钟）

师：下面我们请家长来分析，在这个事例中，敏敏的压力形成的原因是什么？

家长分享：（预设回答）

1. 环境因素：从地方进入市区优质高中，同学都很优秀，学校教学进度快，作业量大，跟不上学校的节奏。成绩靠后，心理落差大，对自己的现状没有正确定位。父母未做好初高中衔接工作，对孩子过度信任，未能真正了解孩子的需求，倾听孩子的内心。

2. 个人心理因素：时刻处于高压状态，不敢放松，分秒必争。不这样做就会有负罪感，但又不能舍弃自己的兴趣爱好。

3. 个人生理神经因素：过度紧张焦虑导致失眠、厌学、痛苦并害怕面对每天的学习。

教师小结：我对家长们深刻的分析表示认可。敏敏的压力更多来源于学业，她满怀信心和憧憬去好好应对学业，却没有收获到自己期待的结果，于是反反复复，便造成了敏敏内心的习得性无助，觉得自己怎么努力都会没有好的结果。而心理的压力慢慢引起生理上的变化，比如肠胃问题、睡眠问题，这些点点滴滴都会产生负面情绪的积累，于是压力慢慢倍增。如果不引起重视，将产生很严重的后果，正如这个视频中的女孩子。

【设计意图】通过小组合作，集思广益，认真分析，找到压力形成的原因。通过老师小结，再次明确压力形成的原因。

（三）追根溯源（11 分钟）

教师活动：播放公益短片《别让课业负担逼死你的孩子》（3 分钟）。

教师小结：短片最后的悲剧让我们扼腕，对于孩子的辛苦和努力，大多数家长都看在眼里疼在心里，在大环境下却又无可奈何，有太多的心酸和无奈。其实，很多时候，孩子的压力都是来源于父母。想要缓解孩子的学习压力，首先得父母缓解自己的压力。

【设计意图】家长认真观看短片，思索，当孩子需要帮助时你做了什么？引导家长对于高中阶段心理压力过大的后果有震撼人心的认识，让家长正视并正确看待学生心理压力问题。

师：那么，您是否有压力呢？我们先来觉察一下自身的情况。

教师活动：教师PPT展示家长自我觉察内容（4分钟）：

①短期内体重下降。

②对孩子身体状况比以往关注。

③经常会下意识地提醒孩子"不要有压力"。

④对孩子使用电子产品的举动尤为敏感。

⑤睡眠质量下降。

⑥工作质量有所下降。

⑦除了与高考相关的，对其他事情的关注度有所下降。

⑧疏于照顾家庭其他成员。

⑨常借故对其他家庭成员发脾气。

师：若有以上状况，那么我们自己得先自我减压，因为处在压力下的我们无法更好地看到孩子的需求，并且给到孩子需要的帮助。

【设计意图】通过自查的方式明确家长是否存在压力，使家长更加明确自己的现状，对自己的压力值有一个准确的、具体的了解。

教师活动：寻找压力源（4分钟）

师：那么我们的压力源是什么呢？请家长们在纸上写上以下问题的答案。（教师PPT展示）

1. 我目前最关切的担忧的事是什么？

2. 我希望孩子考进名校的原因是什么？

答案预设：面子、改变命运（一考定终身）、只有稳定才能取胜、考进我心中的大学……

【设计意图】通过压力源的寻找，让父母明白自己的焦虑源于对孩子的期待值过高。孩子应该有自己的人生。

（四）知行合一（19分钟）

环节一：（4分钟）

师：作为父母，我们应当如何调适自己帮助孩子呢？睿智的爸爸妈妈们，请为焦虑的家长们制作心理调适锦囊，帮他们一家渡过难关。

（将家长分为四个小组，要求家长讨论思索，提出切实有效的缓解压力的方法，制作成小锦囊分享。）

环节二：（8分钟）

（请家长分享展示制作的解压小锦囊。）

1. 情绪调控组成果展示（预设答案）

注意转移法：改变注意焦点、做自己感兴趣的事、改变环境。比如看书，听音乐，看电影，看喜剧，逛街，散步等；

理智控制法：用意志去控制不良情绪。比如自我解嘲，自我安慰；自我暗示、自我激励；心理换位、学会升华。

合理宣泄法：在适当的场合哭一场、向他人倾诉、吃点美食、听听音乐、剧烈运动。注意：如果不分时间、场合、地点随意发泄不仅不能调控好不良情绪，还会造成不良的后果。

2. 时间管理组成果展示（预设答案）

时间管理之父博恩崔西的时间管理法则：明确目标，培养专注力，立刻行动，排除干扰事件；给孩子介绍四象限时间管理法；陪同合理规划碎片时间。

3. 积极暗示组成果展示（预设答案）

第一步：教会孩子觉察消极的自我暗示的方法。（例如别人学习效率都比我高，我该怎么办？今天的题目好多没听懂，哎又落了一截。）

第二步：引导孩子用积极的自我暗示替代消极的自我暗示。（例如，我也可以拥有高效率学习，加油！我会尝试更认真更专注，我能够做到的。）

第三步：陪同孩子重复进行心理演练。（暗示的内容一定要全身心地相信，像已经拥有了一样，潜意识的力量才能发挥出来，才会朝着这个暗示去做。）

4．动机调整组成果展示（预设答案）

陪同孩子树立合理的学习目标，并清晰化。同孩子一起对学习状况进行合理归因。每一次进步都给孩子适当的奖励。

【设计意图】通过众多家长的建言献策，集思广益，认真分析寻找到缓解压力的办法。因家长的认知和程度不同，生成答案也不同。但可以把握大方向，注重课堂生成。

环节三：（7分钟）

（家长在老师准备的锦囊中抽取心理专家对解压的建议，并且念出来给其他家长听。）

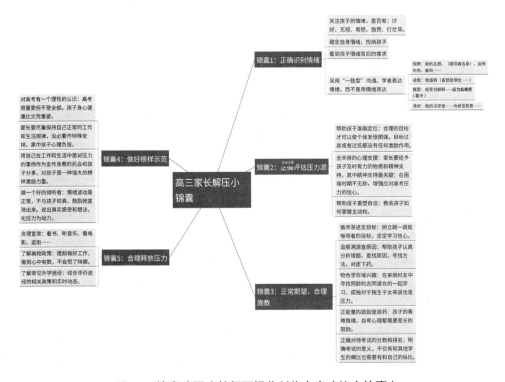

图20　锦囊脑图（教师可据此制作专家建议小锦囊）

【设计意图】大部分人对专家说法是比较认可的，通过专家建议的分享，让家长再次明确具体做法。

九、教师总结及延伸拓展（2分钟）

（一）教师总结

缓解压力的方法多种多样，实用最好。压力大的现象如果发生在自己孩子身上很正常，证明孩子对自己高标准、严要求。我们不需要将压力太妖魔化了，我们用我们学到的锦囊试着改变对它的态度和处理方式，这样压力才能转化为激励我们前行的动力。只要对它有正确的认识，并且找到积极的方法去应对，这段时期还是很容易过去的。家长们要善于觉察孩子的情绪，孩子是家庭的未来，请家长们在关注孩子的同时，也要关心自己。切莫将自己的焦虑和压力转嫁到孩子身上，影响孩子的发挥和学校的正常教学秩序。希望来年六月花开日，就是咱孩子的金榜题名时。

（二）延伸拓展

由于课堂时间有限，为了加深学生对自我的认知，强化心理调控意识，推荐学生和家长观看以下资源。

资源	类型	提取方式
和压力做朋友	Teb学习视频	https://mp.weixin.qq.com/s/7k16OlYmlTF-DqLOdP2q2A
《优质思考的力量》	书籍	当当网和各大书店均有销售
《高敏感是种天赋》	书籍	当当网和各大书店均有销售

参考文献：

[1] 李明昌. 家庭教育知行读本 [M]. 北京：东方出版社，2018：103-106.

[2] 李明昌. 家庭教育知行读本 [M]. 北京：东方出版社，2018：103-106.

[3] 中华人民共和国教育部. 中小学心理健康教育指导纲要，2012-03.